Stephen Lungu & Anne Coomes
DER AUS DEM SCHATTEN TRAT

Stephen Lungu & Anne Coomes

Der aus dem Schatten trat

Vom Bombenleger zum Missionar

FRANCKE

Verlag der Francke-Buchhandlung GmbH

Bibliografische Information Der Deutschen Bibliothek
Die Deutsche Bibliothek verzeichnet diese Publikation in der Deutschen
Nationalbibliografie; detaillierte bibliografische Daten sind im Internet über
http://dnb.ddb.de abrufbar.

ISBN 3-86122-597-2
Alle Rechte vorbehalten
Originaltitel: Out of the Black Shadows
© 2001 by Anne Coomes
Published by Monarch Books, London, England
© der deutschsprachigen Ausgabe
2003 by Verlag der Francke-Buchhandlung GmbH
35037 Marburg an der Lahn
Deutsch von Lotte Bormuth
Umschlaggestaltung: Henri Oetjen, DesignStudio Lemgo
Satz: Verlag der Francke-Buchhandlung GmbH
Druck: Wiener Verlag,, Himberg, Österreich

Inhaltsverzeichnis

Vorwort

Stephen Lungu hat einen großartigen Bericht über Gottes wunderbare Taten in seinem Leben gegeben. Sie geschahen in den Jahren, in denen sich die Unabhängigkeit Südafrikas allmählich anbahnte. Ich war tief bewegt, als ich diese anschauliche, ergreifende und zugleich erschütternde Lebensgeschichte las: denn ein großer Teil meines Lebens war mit seinem Leben und später auch mit dem von Rahel verbunden. Zum ersten Mal konnte ich mir ein vollständiges Bild seiner Geschichte machen. Besonders beeindruckt war ich von dem starken Ringen in den Jahren, die seine Persönlichkeit am intensivsten geformt haben. In mancher Hinsicht sind dazu auch Anstöße von mir ausgegangen, die mir aber nicht bewusst waren.

Was für ein Zeugnis von Gottes Gnade und Macht verbirgt sich in seinem Leben! Ich kann darin nur einen großartigen Beweis für Gottes Freundlichkeit und Güte erkennen. Er hat es bewirkt, dass ein Mensch, der selbst nie viel elterliche Liebe und auch kein geborgenes Familienleben erfahren hat, mit seiner Frau Rahel ein wunderbares Paar wurde, das anderen in Eheproblemen Hilfe und Wegweisung geben konnte. Menschen, die es nicht wagen in den Dienst Gottes zu treten, weil ihr eigenes Leben unter keinem guten Stern stand, können hier ganz neuen Mut gewinnen.

Stephen hat in wohltuender Weise erwähnt, was Jill und ich ihm bedeutet haben. Wir waren alle etwa gleich alt, und ich musste auch noch sehr vieles lernen. Ich danke Gott für all das, was Afrika und besonders meine afrikanischen Mitarbeiter mich gelehrt haben im Blick auf Liebe, auf taktvollen Umgang, auf das Verstehen ihrer Kultur so wie auf das Leben mit dem Herrn. Es gab harte Zeiten, manche Auseinandersetzungen und schmerzvolle Erfahrungen, doch sie waren die Voraussetzung für meinen späteren so gesegneten Dienst.

In vieler Hinsicht stand mir Stephen von allen meinen afrikanischen Mitarbeitern am nächsten. Von ihm habe ich auch am meisten gelernt. Ich möchte das hier zum Ausdruck bringen, denn Stephen hat viel dazu beigetragen, dass unser Miteinander zu einem gegenseitigen Lernprozess führte.

Möge dieses Zeugnis für viele zu einem geistlichen Anstoß werden und Jesus die Ehre geben.

Patrick Johnstone
WEC International
Verfasser von Operation World

Einleitung

Im Frühjahr des Jahres 1962 war Salisbury in Rhodesien nicht gerade ein Hort des Friedens. Die Weißen hatten die Armee und die Polizei auf ihrer Seite und besaßen genügend Waffen, um die Regierung des rechten Flügels und den politischen Status quo aufrechtzuerhalten. Aber sie verfügten nicht über alle waffenfähigen Männer und auch nicht über alle Gewehre.

Die Stadt wurde von Parteikämpfern des linken Flügels heimgesucht, die von den Ostblockstaaten finanziert wurden. Sie wollten Rhodesien unter ihre Kontrolle bringen. Deshalb mobilisierten sie eine zweite geheime Armee und rüsteten sie aus mit Benzinbomben, Handgranaten und russischen Gewehren und Pistolen.

Warum ist es der Regierung nicht gelungen, diese zweite Armee von Rhodesien auszuschalten? Weil sie überall gegenwärtig war und praktisch in Rhodesien die Mehrheit bildete. Die linken Gruppen rekrutierten sich aus Zehntausenden armer schwarzer Jugendlichen, die kaum eine Ausbildung, wenig Arbeit und denkbar schlechte Zukunftsaussichten hatten. Die meisten von ihnen waren gar nicht politisch interessiert. Wie alle anderen wollten auch diese jungen Leute einfach nur ein besseres Leben, ausreichende Ernährung und ein Dach über ihrem Kopf haben.

Die linken Gruppen versprachen diesen jungen Leuten grenzenlosen Wohlstand. Sie sagten ihnen, sie würden eines Tages Anteil am Besitz, an den Luxusvillen und den Nobelkarossen der Weißen haben. Dazu brauchten sie weiter nichts zu tun, als dem „Befreiungskampf" beizutreten. Ihre Feinde seien die Weißen, vor allem die Christen. Denn offensichtlich hätten die Missionare die Bibel dazu benutzt, um sie zu unterdrücken.

Ist das nicht eine Versuchung für Menschen, die ohne Unterkunft und Arbeit, hungrig, schlecht gekleidet und verzweifelt sind?

Mir ging es so. Als mich die politischen Propagandisten entdeckten, war ich ein Teenager und lebte allein unter einer Brücke. Mein Bett war eine Sandkuhle, die ich mir zur Nacht grub, und meine Decke ein alter Leinensack. Ich konnte weder lesen noch schreiben. Ich fand keine Beschäftigung. Die Weißen hatten mir geholfen, indem sie ihre Abfalltonnen unbewacht stehen ließen. Jahrelang habe ich sie geplündert, um zu überleben. Ich trug ihre abgelegten Hemden und Hosen und band mir ihre verschlissenen Schuhe mit Bindfäden unter die Füße. Auch meine tägliche Nahrung holte ich mir aus den Abfallkübeln – alten Haferbrei, angefaulte Früchte, Reste von Fleisch und trockenes Brot.

Bei Tage trieb ich mich mit anderen schwarzen Jugendlichen herum. Wir nannten unsere Bande „Schwarze Schatten". Wir tranken Bier, nahmen Drogen und lebten vom Diebstahl. Die politischen Propagandisten stachelten uns und hunderte andere junge Leute an, Unruhe zu stiften.

Ende der fünfziger und Anfang der sechziger Jahre trieben die „Schwarzen Schatten" in Salisbury ihr Unwesen. Wir hatten Anweisung, so viel wie möglich öffentlichen Terror und Unruhe zu schaffen. Ich muss zugeben, es ist uns auch gelungen. Wir warfen Benzinbomben in Restaurants der Weißen und in friedliche Menschenansammlungen. Wir inszenierten Aufstände, schafften Unruhe und setzten Polizeiautos in Brand. Mit gezückten Messern überfielen wir die Leute auf offener Straße und nahmen ihnen das Geld weg.

Ich hatte Spaß daran. Mit Furcht und Ärger war ich aufgewachsen. Jetzt bekam ich endlich das Gefühl, jemand zu sein. Als an einem Sonntagabend im Frühjahr 1962 meine Bande in einem nahe gelegenen Einkaufszentrum eine Bank in die Luft sprengen wollte, machte es mir Spaß, dass ich der Anführer sein sollte.

Kurz nachdem wir uns mit unserem selbst gemachten Sprengstoff, Benzinbomben und Messern auf den Weg gemacht hatten, kamen wir an einer großen christlichen Zeltevangelisation vorbei. Das bedeutete für mich einen äußerst glücklichen Zufall. Eine Benzinbombe in ein Zelt mit einigen Tausend Christen zu werfen, schien mir lohnenswerter zu sein, als eine Bank in die Luft zu sprengen. Das würde mir viel Lob und Anerkennung einbringen. In großer Eile plante ich meinen Angriff und postierte meine „Soldaten" am Eingang des großen Zeltes. Sobald sie ihre brennenden Benzinflaschen geworfen hätten, könnten sie die Christen in ihrer Panik überfallen. Ich sagte ihnen, in fünf Minuten würde ich das Zeichen für den Überfall geben. In der Zwischenzeit wollte ich mich umsehen, was die Christen dort im Zelt machten. Vorsichtig hielt ich meinen Beutel mit Sprengsätzen fest und schlüpfte ins Zelt.

Allein der Tatsache, dass ich an diesem Abend so neugierig war, ist es zu verdanken, dass ich dieses Buch schreiben konnte.

1. Mein elendes Zuhause

Ich lag auf dem großen, schmutzigen Bett, das total zerwühlt war, und sah zu, wie meine Mutter aus einem Krug ihr Bier trank. Sie hielt ihn mit beiden Händen hoch, warf ihren dunklen Kopf zurück und trank jeden Schluck mit Genuss. Schließlich atmete sie zufrieden aus und stellte den Krug auf die Erde. Mit dem Arm wischte sie sich die letzten Tropfen von ihrem Kinn und den Lippen ab.

„Ah", atmete sie tief durch. Dabei schob sie mit ihren schwieligen Zehen den Krug wieder in sein Versteck unter das Bett. Ich bekam einen Hustenanfall und spuckte auf die geblümte Bettdecke. Ich steckte die Faust in den Mund, damit man mich nicht so husten hörte; denn Mama wurde immer ärgerlich, wenn ich so viel hustete. Bei meinen Tanten klagte sie darüber, dass ich immer gegen Krankheiten anfällig sei. Aber die Schmerzen in meiner Brust quälten mich heute wirklich schlimm. Als ich die Augen wieder aufmachte, schaute sie mich erstaunt an. Immer wenn sie Bier getrunken hatte, war sie nicht mehr so zornig und ärgerlich.

„Ach Stephen, was fange ich nur mit dir an? Du bist wirklich ein armes, erbärmliches Geschöpf."

„Mama."

Zufrieden streckte sie sich auf meinem Bett aus, und ich schmiegte mich an sie. Ihr warmer, noch jugendlicher Körper und ihre Brust strahlten Liebe und Zufriedenheit aus. Sie war ziemlich klein und hatte eine sehr dunkle Hautfarbe. In meinen Augen war sie schön. Draußen in der späten Nachmittagssonne gluckten die Hennen herum. Sie waren müde. Ein paar junge Hühner flogen gackernd umher und wirbelten ganze Staubwolken auf. Einige Männer auf der Straße riefen sich etwas zu. So war es im Jahre 1946, und das schwarze Viertel von Highfield in den Außenbezirken von Salisbury war eine ziemlich ruhige Gegend. Die Menschen waren allerdings sehr arm.

Mama strich mir über die heiße Stirn. „Wo bleibt denn nur

dein Vater?", regte sie sich auf und beobachtete die Fliegen, die an der Decke herumkrochen. Schon seit Tagen hatten wir ihn nicht gesehen, und Mama war nicht sehr glücklich darüber. „Ich habe kein Geld, um dich ins Krankenhaus zu bringen."

Papa arbeitete für die Regierung. Er musste Telefonleitungen reparieren. Sein Arbeitsplatz war in einer Post in Salisbury. Wenn er nach der Arbeit nicht nach Hause kam, ließ Mama ihren Ärger an mir und John, meinem zwei Jahre alten Bruder aus. Am nächsten Morgen ging sie dann mit anderen Frauen zur Arbeit auf die Felder. Dabei schimpfte sie immer leise vor sich hin. John und mich ohrfeigte sie wegen jeder Kleinigkeit, da wir in der Nähe der arbeitenden Frauen spielten.

Wenn mein Vater wie gewöhnlich abends nach Hause kam, war Mama seltsamerweise gar nicht so froh darüber. Sie stand dann in der Tür, schlug die Arme über ihrem bunten Kleid zusammen und ihr Gesicht färbte sich noch dunkler vor Wut.

Wie ich später erfuhr, war die Ehe mit meinem Vater immer schwierig gewesen. Mama war erst 13 Jahre alt, als er nach Highfield kam. Er war damals ein Mann von fast 50 Jahren und hatte schon zwei Ehen hinter sich. Nach der herkömmlichen Sitte wurden damals die Ehen von der Verwandtschaft geschlossen. Aus irgendeinem Grunde hatten Mamas Eltern beschlossen, sie an ihn zu verheiraten. Das gefiel Mama überhaupt nicht. In ihrem ersten Ehejahr war sie oft von ihrem Mann weggelaufen und hatte bei ihren Eltern Zuflucht gesucht. Das war auch der Fall, als sie schwanger wurde. Die Eltern brachten ihre Tochter aber immer wieder zurück und zwangen sie, bei ihrem Mann zu bleiben. Ich war das Kind dieser unglücklichen Verbindung. Damals war Mama erst 14 Jahre alt.

Ich liebe dich, Mama. Können wir nicht einfach fröhlich miteinander leben? Das empfand ich als Vierjähriger, obwohl ich es in diesem frühen Alter noch nicht recht in Worte fassen konnte.

So gefiel es mir, wenn sie entweder für sich allein oder zusammen mit einigen Freundinnen Bier getrunken hatte. Das half ihr, das Elend für kurze Zeit zu vergessen. Bier war ihr einziger Trost.

Wenn sie trank, durchlebte ich eine ruhige, zufriedene Zeit, in der ich sogar träumen konnte. Sie saß still da, und ich schmiegte mich an sie. Mein Bruder John, der knapp zwei Jahre alt war, spielte neben ihr. Manchmal drückte sie mich sogar an sich.

In Afrika geht die Sonne schnell unter. In unserem schwarzen Stadtteil von Highfield wurden die Leute dann sehr munter. Sie sperrten die Hühner in die Ställe, riefen ihre Kinder ins Haus und suchten ihre Männer, allerdings oft vergeblich. Die Frauen machten sich draußen vor der Tür an ihren Feuerstellen zu schaffen, wo sie das Essen kochten, und die Männer kamen zusammenn, um den Abend bei einem Glas Bier zu verbringen. Die Sonne schickte ihre letzten Strahlen über die Häuser, die mit Asbest oder mit Stroh gedeckt waren.

Langsam erhob sich Mutter und zündete eine Öllampe an, und der Geruch von Qualm drang ins Innere des Hauses. Dann ging sie hinaus und machte sich am Kochtopf zu schaffen, während sie leise etwas vor sich hinsummte. In dem violetten Zwielicht schwirrten die Fledermäuse über unsere Köpfe. Sie kamen aus den nahe liegenden Wäldern.

Wir hörten Fußtritte, und beim Nachbarn bellte ein Hund. Mama richtete sich auf und horchte. Es waren die Schritte eines Mannes.

Mama ging ins Schlafzimmer und spülte sich den Mund mit Wasser aus. Mir tat vom Husten die Brust weh. „Mama!", rief ich und streckte die Arme aus.

Sie warf mir einen strengen, bösen Blick zu, der mich sofort zum Schweigen brachte. „Sei jetzt still. So schlimm ist es nicht."

Ich fing an zu weinen und musste erneut husten. „Mama", klagte ich. Sie kam an mein Bett und fasste mich fest an den Armen. „Du bist jetzt still! Und wenn du Papa sagst, dass ich Bier getrunken habe, schlage ich dich windelweich. Dann hast du Grund zum Weinen."

Aus Angst kroch ich noch tiefer unter die Bettdecke und zog sie über meinen Kopf. Durch ein Loch in der Decke beobachtete ich sie.

Mama fuhr sich mit der Hand durch die Haare und strich sie zurecht. Dann nahm sie schnell einige Schluck Wasser und schob sich eine kleine Zwiebel in den Mund, um den Biergeruch zu vertreiben. Sie strich über ihren schmalen Hüften den Baumwollrock glatt. Einen kurzen Augenblick schaute sie den Geckos zu, die an der Decke herumkrochen. Als sie das Zimmer verließ, hat sie wohl kaum mein leises Weinen gehört. Die Mücken schwirrten um ihre Öllampe. Die Geckos sahen zu, wie sie verschwand.

Ich lag ganz still und lauschte den Fußstapfen, die auf unser kleines rotes Backsteinhaus zukamen. Dann rief mein Vater: „Wo ist mein Abendessen?" Es klang fast so, als wäre er den ganzen Tag in Salisbury seiner Arbeit nachgegangen und käme nicht von einer seiner üblichen „Touren" zurück.

Die Antwort meiner Mutter klang schrill und vorwurfsvoll. Ich vergrub mein Gesicht im Kissen und versuchte nicht hinzuhören.

„... und Stephen ist wieder krank. Wie soll ich den Arzt holen, wenn ich kein Geld habe?"

„Der Junge ist sowieso immer krank", schimpfte mein Vater verächtlich. Ich schloss die Augen und zog das Deckbett noch fester über mich, als mein Vater in das Zimmer hineinstampfte. Er hielt die Öllampe über mich. Mit derber Hand zog er das Deckbett zurück und drehte mich auf den Rücken. Ich schlug die Augen auf und starrte ihn ängstlich an.

Meine Mutter verteidigte jetzt mit heftigen Worten meine Krankheiten, obwohl sie doch auch ärgerlich auf mich war.

„Wir könnten hier alle sterben, und du merkst es überhaupt nicht. Du bist nicht einmal zu Hause, wenn wir dich brauchen. Du hast eine andere Frau, das weiß ich."

Vielleicht hatte Mama Recht. Vor einigen Jahren hatte er seine damalige Frau und seinen Sohn in Malawi zurückgelassen. Er war zu den Goldminen nach Südafrika aufgebrochen und einfach nicht mehr zurückgekommen.

Aber mein Vater starrte auf mich, als ob er etwas suchte und es nicht finden könnte. Dann fuhr er sie an: „Warum soll ich denn überhaupt hier sein? Warum soll ich diesen Bengel großziehen?

Du sagst, das sei mein Sohn. Er sieht mir gar nicht ähnlich. Ich will hier etwas klarstellen: Ich bin gar nicht sein Vater." Das hatte er schon einmal behauptet. In mir ließ es immer ein seltsames Gefühl der Leere zurück, und ich fragte mich: *Wer ist denn eigentlich mein Vater?*

Meine Mutter schrie laut und protestierte. Doch dabei kam sie zu nahe an ihn heran. Argwöhnisch roch mein Vater den Biergeruch. "Eletina, du hast wieder gesoffen."

"Nein! Nein! Immer beschuldigst du mich."

Ich lag ganz still da und hoffte nur, dass mein Vater seinen Fuß nicht noch weiter unter mein Bett schieben würde. Dann würde er nämlich Mamas Bierkrug umstoßen. Meine Mutter rannte aus dem Zimmer, und er sauste hinter ihr her. Mein Husten interessierte sie jetzt nicht mehr. Als sie im anderen Zimmer immer weiter zankten, lag ich mit meinen Schmerzen da und weinte still vor mich hin. Wenn ich mich ruhig verhielt, war ich noch am sichersten.

Als ich am nächsten Morgen erwachte, war alles ganz anders. Im Haus war es still. Das helle Sonnenlicht flutete durch die Vorhänge herein, und sie wurden von einem sanften Windhauch wie von unsichtbaren Händen bewegt. Draußen vor der Tür gackerten die Hühner. Sie schienen zufrieden zu sein.

Mein Vater wusch und rasierte sich still über dem Waschbecken. Meine Mutter kramte im Schlafzimmer herum, kämmte ihr Haar, zog ihr bestes Kleid an und setzte einen schönen Hut auf. Dieser Hut und die Ruhe im Haus gaben mir Gewissheit: heute ist Sonntag. Ich streckte mich, musste dabei aber wieder husten. Dennoch überkam mich ein Gefühl der Zufriedenheit. Dies würde ein schöner Tag. An Sonntagen stritten meine Eltern nicht miteinander. Stattdessen gingen sie in die Kirche und begrüßten freundlich die anderen Leute. Ich konnte mir nicht erklären, warum das so war. Ich wusste nur, dass es so war. Und deshalb gefielen mir die Sonntage.

Mutter behauptete, es ginge mir heute so gut, dass ich in die Kirche gehen könnte. Sie zog mir ein anderes Hemd und eine andere Hose an. Dies war meine Sonntagskleidung. Sie trug John, und Papa setzte mich auf seine Schultern. Wie immer ging Papa voraus. Nach afrikanischer Tradition gingen die Frauen hinter ihren Männern her.

„Guten Morgen!", rief er allen Nachbarn zu, denen wir unterwegs begegneten. Dabei setzte er mit seinen blendend weißen Zähnen sein bestes Lachen auf. Papa war nicht sehr groß, aber er war drahtig, schmal und kräftig. In Highfield kümmerte es niemanden, dass er in Rhodesien weder geboren noch aufgewachsen war. In den letzten Jahren waren ohnehin viele Menschen von außerhalb zugezogen. Tausende von Männern aus Malawi (damals Nyassaland) und Sambia (damals Nordrhodesien) kamen nach Simbabwe (damals Südrhodesien). Sie wurden von den Goldminen und der aufkommenden Industrie Rhodesiens angezogen. Papa, der viel älter als Mama war, ging der Ruf voraus, dass er schon etwas vom Leben gesehen hatte. Nicht umsonst trug er den Spitznamen „Chiwaja". Das heißt „Großes Gewehr". Er hatte im ersten Weltkrieg gekämpft.

„Hallo, Chiwaja! Eletina!" Die Nachbarn lachten freundlich und nickten meinen Eltern zu. „Chiwaja, worüber wirst du heute Morgen predigen?"

Mein Vater lächelte zurück und tat ganz geheimnisvoll. „Wartet nur, ihr werdet es schon sehen." Er war Ältester in unserer Presbyterianergemeinde. Sein schwungvoller, mächtiger Redestil hatte ihn zu einem volkstümlichen Prediger gemacht. Einmal hörte ich, wie eine meiner Tanten sagte: „Großes Gewehr ist eine gute Beschreibung für seine Predigtweise."

Vor der Kirche schlug ein Junge gegen ein Stück Eisenbahnschiene, die man als Ersatz für die Glocke aufgehängt hatte. Die Gemeinde war ganz stolz auf ihre Kirche mit den neuen Lehmwänden und dem Grasdach. Innen hatte sie fünf Bankreihen, die aus Backsteinen errichtet waren.

Ich lag zufrieden in den Armen meiner Mutter, während mein

Vater immer wieder mit mächtigen Worten auf die Gemeinde ein-hämmerte. Er kannte sich gut mit den Sünden der Menschen aus und erntete viel Zustimmung. Ich freute mich, wenn ich ihn vor der ganzen Versammlung stehen sah. Doch zu Hause hatte ich immer Angst, in seine Nähe zu kommen.

Papas richtiger Name war William Tsoka. Tsoka bedeutete eigentlich „der Unglückliche". Dieser Name passte zu unserer Familie, denn in den folgenden Monaten waren die Sonntage nicht mehr die Ruhepunkte in der Familie.

Das kam dadurch, dass das Fernsprechamt der Regierung, für das Papa arbeitete, ihn von Salisbury in eine 80 Kilometer entfernte Stadt mit Namen Bindura versetzte. Papa musste dorthin gehen. Nachdem er zunächst auf einer Farm und dann in den Goldminen von Südafrika und Rhodesien gearbeitet hatte, brauchte er eine feste Anstellung für seine spätere Rente.

Mama war entsetzt, als sie von dem Umzug hörte. Obwohl sie aus Sambia stammte, hatte ihr Vater 40 Jahre lang bei der Polizei in Rhodesien gearbeitet. Sie selbst war in Salisbury geboren und auch dort aufgewachsen. Highfield war ihre Heimat. Hier lebten alle ihre Verwandten. Sie war meinem Vater begegnet, als er von den Goldminen von Eiffel Flats in Kadoma hierher gekommen war. Sie hätte nie daran gedacht, Highfield einmal zu verlassen.

Es gab noch manches Hin und Her, bis wir dann in einen kleinen Bungalow nach Bindura zogen. Vom ersten Tag an lief alles schief. Mama trank immer mehr Bier, um ihre Einsamkeit zu überwinden, wenn Papa bei der Arbeit war. Da uns nun die kleine Presbyterianerkirche in Highfield fehlte, waren die Sonntage genauso mit Bitterkeit und Ärger angefüllt wie die anderen Tage auch. Meine Mutter war total am Ende. Irgendetwas stimmte nicht mit ihr. Sie war oft müde und ihr Körper wurde immer dicker.

Jeden Abend gab es Streitereien. Johns laute Schreie übertönten alles. Oft war ich die Zielscheibe für Papas Zorn.

„Dieser Bengel ist nicht mein Sohn. Ich möchte wissen, von wem du das nächste Kind erwartest."

Wer war denn nun mein Vater? Immer wieder stellte ich mir

diese Frage. Mama wurde ganz hysterisch, wenn sie darauf beharrte, dass ich wirklich sein Sohn sei.

„Nein, das ist er nicht! Und du, Eletina, bist nur ..." Papa ließ einen Hagel von Fluchworten und abfälligen Bemerkungen auf sie niederprasseln. An einem Abend hat er Mama sogar verprügelt. Sie war übel zugerichtet. Er stieß sie gegen die Wand und schleuderte sie auf das Bett. Ich wollte ihn zurückhalten und griff nach seinem Bein. Er stieß mich aber durch das ganze Zimmer.

„Ich bringe mich noch um", schrie Mama. „Das tue ich wirklich."

Sie sagte es, als sei es das Schlimmste, was es gibt.

Ich kauerte mich auf die Erde und hatte Angst, mich zu bewegen. Umbringen muss etwas ganz Arges sein. Was war das eigentlich?

Eines Tages erhielt Mama die Nachricht, dass eine Verwandte von ihr in Salisbury gestorben sei.

„Ich fahre nach Hause", sagte sie entschlossen. „Zur Beerdigung", fügte sie dann noch hinzu, „und zur Geburt." Was für eine Geburt meinte sie?

Sie packte ihren Koffer und bestieg mit John und mir den Bus. Papa begleitete uns noch nicht einmal zur Busstation, um sich von ihr zu verabschieden.

Es war eine lange, ermüdende Fahrt. Wir blieben dann bei ihren Eltern in Highfield, und es folgten einige ruhige Wochen, bis Papa wiederkam. Die Regierung hatte ihren Plan geändert, und bald wohnten wir wieder in unserem kleinen Haus in Highfield.

Dann kam das Jahr 1947, und mir wurde ein Schwesterchen geboren. Mama war jetzt 19 Jahre alt. Sie war mit diesem Baby und mit John so beschäftigt, dass sie für mich keine Zeit mehr hatte. Meistens spielte ich draußen vor unserem kleinen Haus. Mama befahl mir, auf meinen kleinen Bruder Acht zu geben. Mit drei Jahren war er schon fast so groß wie ich mit fünf. Immer hatte er Blödsinn im Kopf und stellte etwas an. Mein Husten war noch nicht besser geworden, aber Mama schien das kaum zu beachten. Allerdings streichelte sie mich immer, wenn ich mein Gesicht an sie drückte. Doch in Gedanken schien sie ganz woanders zu sein.

Wenn Papa zu Hause war, stritt er sich mit Mama und warf ihr Dinge vor, die ich nicht verstand. Sie fing dann immer an zu weinen. Auch Mama war auf Papa böse, vor allem, wenn er abends nicht nach Hause kam. Ich konnte das nicht verstehen, aber ich fühlte mich irgendwie schuldig. Offensichtlich war ich der Grund, warum meine Eltern sich stritten. Wenn Papa überzeugt wäre, dass ich sein Sohn bin, würden die Dinge bestimmt besser laufen. So lag es wohl an mir, dass Papa meine Mama nicht lieben konnte. Ich verstand nicht, warum ich dann überhaupt noch am Leben war.

Als ich etwa sieben Jahre alt war, blieb Papa viele Tage hintereinander von zu Hause weg. Mama weinte ständig. Meine Tanten besuchten uns, und es gab viel lautes Debattieren und Weinen. Schließlich verstand ich, dass Papa wieder von der Regierung versetzt worden war und uns zu Hause zurückgelassen hatte. Lag das an mir? Das vermutete ich. Ich wollte bei Mama wieder etwas gutmachen. Ich fühlte mich schuldig, dass ich überhaupt am Leben war. Vermutlich war ich nicht Papas Sohn. Aber wer war ich dann? Ich war Mamas Sohn. Ich stand dicht neben ihr, als sie sich bei den Tanten beklagte und ausweinte.

2. Ausgesetzt

An einem Nachmittag, nachdem meine Tanten weggegangen waren, kam meine Mutter aus dem Haus und hielt meine kleine Schwester Malesi auf dem Arm. John und ich spielten gerade draußen auf der Straße, da rief sie uns zu sich: „Kommt her, wir wollen in die Stadt gehen."

Fröhlich kamen wir angelaufen. Mama war seit Wochen nicht mehr mit uns ausgegangen. Meist war sie ärgerlich gewesen oder hatte Tränen in den Augen. An diesem Nachmittag schien sie aber etwas anderes zu beschäftigen. Wir gingen hinter ihr her, fuhren mit dem Bus und stiegen wieder aus. Es freute uns, dass wir durch die Geschäftsstraßen von Highfield gehen konnten.

Es gab viel Interessantes für uns zu sehen, aber ich hielt mich immer ganz dicht an meine Mutter und fasste ihre Hand. Doch sie redete kein Wort mit mir. Ich versuchte sie auf all die schönen Dinge aufmerksam zu machen, die wir sahen, aber sie reagierte nicht darauf.

Es kam mir so vor, als wüsste sie gar nicht, wohin sie gehen sollte. Nachdem wir einige Geschäftsstraßen durchstreift hatten, nahm sie uns mit zum Markt und ließ uns dort stehen.

„Mama, schau doch mal!" Ich war von dem Mann fasziniert, der Gemüse von einem Wagen ablud.

Sie schien mich gar nicht zu hören. „Komm her", sagte sie bloß und ging weiter. Sie nahm uns mit zum Marktplatz in die Nähe des Machipisa Einkaufszentrums. John und ich schauten uns staunend um. Alles kam uns so groß und herrlich vor. Mama blieb stehen und blickte sich um, so als ob sie etwas suchen würde.

Dann sah sie mich an und sagte mit deutlicher Stimme: „Stephen, du musst unbedingt hier stehen bleiben!"

„Mama!" Ich war ganz erstaunt. John und ich klammerten uns an sie. Aber sie ließ uns plötzlich los.

„Nein, nein, ihr bleibt hier stehen. Ich muss zur Toilette gehen." Sie wurde jetzt energisch. „Bleibt hier!" Dann drückte sie mir meine kleine Schwester in den Arm. Ich hätte das kleine, zappelnde Bündel fast fallen gelassen. „Nimm sie und gib auf deinen Bruder Acht, damit er nicht wegläuft." Ihre Worte klangen aufgeregt.

Es war mir nicht neu, dass ihre Stimmung immer mal wieder schwankte. Ich versuchte sie zu beruhigen.

„Ja, Mama", sagte ich. Das kleine Kind in meinem Arm war ziemlich schwer. Ich umfasste es ganz fest, und es begann zu weinen.

Mama legte ihre Hand noch einmal kurz auf meinen Kopf und war dann in der Menge verschwunden.

Ich wiegte das Baby und versuchte es zu beruhigen. Meinem kleinen Bruder sagte ich, dass er stehen bleiben sollte.

Wir warteten und beobachteten die Leute, die vorübergingen. Sie waren uns alle fremd, und wir bekamen Angst. Das Baby auf meinem Arm war schwer. Ich trat von einem Fuß auf den andern und schaute mich nach meiner Mutter um.

Es war schon einige Zeit vergangen, und sie war noch nicht zurückgekehrt. Mein Bruder lief ein paar Schritte hin und her und schien zu spielen. Dann stieß er sich plötzlich seinen Zeh an und weinte. Mir taten die Schultern weh, und auch mir war nach Weinen zumute. Ich schaute mich nach allen Seiten um, aber von Mutter war keine Spur zu entdecken.

Es überläuft mich noch heute ein Schauer, wenn ich daran denke, wie ich mich damals fürchtete. Ich geriet in Panik. Ich wollte zu meiner Mutter. Wo war sie geblieben? Ich verlor meine Beherrschung, weinte, und auch John und Malesi liefen die Tränen über die Wangen.

Viele Stunden vergingen. Der Nachmittag neigte sich dem Ende zu. Die Sonne verschwand allmählich, und es wurde schnell dunkel, wie es in der Äquatorzone der Fall ist. In unserer Angst und Aufregung heulten wir alle drei. Wir gingen auf dem Platz umher und beklagten unser Elend.

Besorgte Erwachsene schauten uns an und fragten: „Wo ist eure Mutter?"

„Mama! Mama!", klagte ich. John und Malesi schrien. Noch mehr Passanten blieben vor uns stehen.

„Ich habe sie beobachtet. Sie stehen schon seit einigen Stunden ganz verlassen hier", sagte ein Fußgänger.

Bald danach erschien ein Polizist. Wir waren so aufgeregt, dass wir gar keine richtigen Sätze herausbrachten. So fragte er uns nicht weiter aus, sondern brachte uns zum Polizeirevier. Ich wehrte mich und schaute hinter mich in der Hoffnung, irgendwo meine Mutter zu entdecken. Die Erwachsenen hatten uns vergessen und gingen ihre eigenen Wege. Auf dem weiten Platz wurde es wieder still. Worüber sollte man sich schon weiter Gedanken machen? Ein paar kleine Kinder hatten ihre Mutter verloren. Weiter war nichts geschehen.

„Junge, komm jetzt mit." Der Polizist drängte mich, mit ihm zu gehen. Schließlich wandte ich mich von dem Platz ab und stolperte hinter ihm her. In diesem Augenblick erlebte ich mit meinen sieben Jahren, was äußerste Verzweiflung bedeutet. Meine Mutter hatte mein Vertrauen zerstört. Sie hatte mich ausgesetzt. Was für einem Schicksal hatte sie mich überlassen? Sie kam nicht wieder zurück. Den Grund konnte ich mir nicht erklären. Ich hatte Papa doch nie von ihrem Biertrinken erzählt. Wie konnte sie mir das antun?

In diesem Augenblick kam etwas in mir auf, das jenseits von Liebe, Angst und Schmerz lag. Es war wie ein Ungeheuer, gegen das ich in den kommenden Jahren noch oft ankämpfen musste, damit es mich nicht verschlang: Es hieß Selbsthass und Verbitterung. In mir klaffte eine tiefe Wunde. Es war meine Schuld, dass sich mein Vater mit meiner Mutter gestritten hatte. Meinetwegen hatte er uns verlassen. Und jetzt hatte mich auch noch Mama verlassen. Die Schuld musste bei mir liegen. Wie schrecklich muss ich für sie gewesen sein, dass sie mich im Stich ließen. Ich wusste nicht, was ich ihnen angetan hatte, aber ich fing an mich selbst zu verachten.

Der Polizist hinter dem Tisch blickte uns nicht gerade erfreut an. Er nahm Malesi in die Arme und roch an ihr. Schnell setzte er sie wieder ab und schaute entsetzt auf sein Hemd und seine Hand. Er holte tief Luft und sprach mit einem anderen Beamten, der Malesi schnell wegtrug. Malesi schrie, und auch der Polizist machte ein unglückliches Gesicht. John und ich saßen auf einer Bank. Vor lauter Angst konnten wir noch nicht einmal weinen. Bald kam ein anderer Mann in Uniform herein und stellte uns Fragen. Er redete erst mit John, aber dieser steckte nur seine Faust in den Mund. Dann fragte er mich: „Wie heißt ihr? Wo ist eure Mutter?"

Dicke Tränen rollten mir über das Gesicht. „Sie hat uns verlassen."

Später kam noch eine Dame dazu. Sie schaute Malesi an und schüttelte mit dem Kopf. Ich hörte Worte wie „zu jung", „hilflos" und „Krankenhaus". Sie schaute auch mich und John an und nickte uns zu. „Würdet ihr mit mir ins Waisenhaus kommen?"

Das gefiel uns gar nicht, aber man achtete nicht weiter auf unsere Tränen. Wir gingen mit der Dame zum Waisenhaus.

Dort war ein großer Raum mit vielen Betten. John und ich erhielten zwei Betten nebeneinander. Wir weinten, bis wir keine Tränen mehr hatten.

Die Leute im Waisenhaus verstanden es besser, mit uns umzugehen als die Polizisten. Am nächsten Tag fanden sie heraus, dass wir von Highfield gekommen waren, und dass dort noch einige Tanten von uns lebten. Wir kannten nur ihre Vornamen. Die Leute vom Waisenhaus gaben sich damit zufrieden, lächelten uns zu und schickten uns zum Spielen in die Sonne hinaus. John und ich saßen da und hielten die Hände vors Gesicht. Durch die Finger sahen wir ängstlich den anderen Kindern zu.

Etwa einen Tag später erschien Tante M. im Waisenhaus. In ihrem komischen Hut sah sie für mich etwas fremd aus. „Tantchen", riefen wir und flogen auf sie zu. Sie war nicht so begeistert, als sie uns sah.

„Junge, wo ist eure Mutter? Was ist mit ihr los? Was soll ich mit euch anstellen?"

Sie ließ uns im Flur stehen und sprach mit den Mitarbeitern vom Waisenhaus. Das Gespräch dauerte sehr lange, und John und ich warteten angespannt. Was war los? Einige Male erhob Tante M. protestierend ihre Stimme. Was verhandelten sie dort drinnen so lange?

Wenn Schwarze wütend werden, dann sehen sie noch schwärzer aus. Tante M. sah aus wie finstere Mitternacht, als sie aus dem Zimmer kam. Sie starrte uns an. „Um Himmels willen, habe ich nicht schon genug Probleme am Hals?" Mit festem Griff schob sie uns vor sich her nach draußen.

„Wo ist Mama? Wohin gehen wir?", fragten wir. Aber Tante M. murmelte nur ärgerlich vor sich hin und gab uns keine Antwort.

Tante M.'s Bungalow war nicht weit von unserem Haus entfernt. Aber der Weg für uns dahin war schrecklich. Es war auf einmal alles ganz anders. An diesem ersten Nachmittag liefen wir ziellos draußen zwischen den Hühnern hin und her, kauerten uns ängstlich in den Türeingang und versuchten mitzubekommen, was die Erwachsenen im Haus miteinander redeten. Sie führten eine heiße Debatte da drinnen. Eine ganze Versammlung von Tanten – sie waren alle Schwestern von Mama – war einberufen worden. Den ganzen Nachmittag hindurch sah man, wie sie ärgerlich, erregt und mit zornigen Blicken ein und aus gingen. Es passte ihnen nicht, dass meine Mutter ihnen die Kinder aufhalste.

Wir waren damals zu jung um zu verstehen, warum unsere Tanten für uns keine Verantwortung übernehmen wollten. Wir wussten nicht, dass unsere Mama nie gut mit ihren Schwestern ausgekommen war und dass sie immer Streit miteinander gehabt hatten. Mama war das schwarze Schaf in der Familie gewesen. Auf ihr hatte jeder herumgehackt. Nun übertrugen unsere Tanten die Abneigung gegen Mama auf ihre ausgesetzten Kinder. Sie vermittelten nicht den Eindruck, dass sie uns liebten. Auch ich empfand keine Liebe für sie. Im Laufe des Nachmittags schlich ich mich davon und lief wie ein streunender Hund durch die Straßen, zwischen den Häusern, Wagen und Kühen hindurch, bis ich wieder in unserem eigenen Haus ankam. Dort sah alles genauso aus wie immer: der gleiche schmutzige Hof und die gleichen verblichenen Vorhänge. Langsam schlich ich mich näher heran. Am liebsten hätte ich es gehabt, wenn Mama plötzlich die Tür geöffnet hätte und die Welt wieder heil gewesen wäre.

Doch alles war leer und verlassen. Ich ging durch alle Räume. Schließlich lehnte ich mich an eine Wand. Ich fühlte mich schwach und elend. Am liebsten wäre ich gestorben. Erst nach längerer Zeit ging ich langsam wieder zum Haus meiner Tante zurück.

Als ich bei der Versammlung meiner Tanten angelangt war, zeichnete sich eine vorläufige Lösung ab. Sie waren sich einig geworden, abwechselnd für uns zu sorgen. Man hörte Sätze wie: „Nun, diese Woche kann ich sie nehmen, aber nicht länger." Die anderen meinten zustimmend: „Gut, dann nimm sie für ein paar Tage."

So wurden John und ich und bald auch Malesi einige Wochen lang von einer Tante zur anderen weitergereicht. Wir schliefen auf dem schmutzigen Fußboden unter Fetzen von alten Decken. Wir ernährten uns von Abfällen aller Art. Teils kamen sie vom Küchentisch, teils fanden wir sie auch draußen auf der Straße. Dann wurde die Zahl der Tanten, die für uns sorgen wollten, immer geringer. Man hörte Entschuldigungen, Ablehnungen und Verweigerungen. Immer mehr wurden wir Tante M. zugeschoben. Aber sie machte auch kein Geheimnis daraus, dass sie frustriert und ärgerlich darüber war, weil sie für drei weitere Kinder sorgen musste.

Tante M. ließ ihre Wut an uns aus. Sie war sehr streng, und jedes kleine Vergehen war für sie ein Anlass, uns zu schlagen. Ich bekam oft Prügel. Ihr eigener Sohn hatte nämlich entdeckt, dass er nicht im Garten zu gießen oder im Haus zu kehren brauchte, wenn er mich vorschob. Er wusste, alles Wehren würde mir nicht helfen, denn man schenkte mir doch keinen Glauben.

Als die kleine Schule am Ort im Januar wieder ihre Tore öffnete, schickte Tante M. mich dorthin. Das geschah hauptsächlich aus dem Grund, damit sie mich eine Weile nicht zu sehen brauchte. Ich wurde in die erste Klasse gesteckt, kam aber mit dem Lernen kaum mit. Am ersten Tag war ich so unglücklich, dass ich die Hose nass machte. Ich konnte keine Freude an der Schule finden. Oft schwänzte ich die Schule, und das brachte mich noch mehr ins Hintertreffen. Während die Kinder fröhlich draußen spielten, schlenderte ich in der Stadt umher und beobachtete die andern Kinder und ihre Eltern. Eine abgrundtiefe Traurigkeit befiel mich, wie sie sonst bei einem Achtjährigen nur ganz selten ist. *Warum wurde ich in diese Familie geboren?*, fragte ich mich oft. Ich hatte den Eindruck, für mich schien kein leuchtender Stern auf dieser Welt. Was blieb mir eigentlich noch übrig? Ich fühlte mich fehl am Platz und sehr verloren. Am liebsten wäre ich gestorben.

Eines Tages wurde ich durch ein ganz neues Problem aus meinen Träumereien gerissen. Ich ging durch die Straßen und kickte einen Stein vor mir her, als plötzlich eine Gruppe von Jungen hinter einem Hühnerstall hervorkroch und mich umringte.

„Du hast keine Mutter!"

„Du hast keinen Vater!"

„Du bist so klein!"

Das traf genau meine Lage. Die Jungen sagten weiter nichts, sondern schlugen mit ihren Fäusten zu. Zum Glück hatte mein Bruder John meine Schreie gehört. Er eilte mir zur Hilfe. Mit seinen sechs Jahren war er viel stärker, aggressiver und größer als ich. Er freute sich auf den Kampf. Mit lautem Gebrüll stürzte er sich hinein ins Gewühl und schlug um sich. Die Angreifer flohen, und ich stand wieder auf.

„Du kannst ihnen ausrichten, dass ich sie zusammenschlage, wenn sie dich jemals wieder anfassen", prahlte mein kleiner Bruder.

Sie wollten mich später noch einmal angreifen. Ich lief dann schnell zu John, und er hielt sein Versprechen. Er ging hin und schlug die Bande zusammen. Einen Menschen auf der Welt zu haben, der für einen eintrat, auch wenn es nur ein sechsjähriger Bruder war, gab mir einen guten, inneren Halt. Ich war so stolz, als hätte ich selbst diesen Kampf gewonnen.

Die Monate vergingen. Das erste Schuljahr endete, und das zweite begann. Da ich die erste Klasse nicht geschafft hatte und noch nicht lesen und schreiben konnte, war es für mich schwierig, ganze Sätze zu bilden. Doch vorübergehend fand mein Problem eine ganz unerwartete Lösung.

John und ich kamen eines Tages in das Haus meiner Tante und standen plötzlich wie vom Blitz getroffen da. Unser Papa war wiedergekommen.

„Papa!", rief John und schloss ihn in seine Arme. Er und Papa hatten sich immer sehr gern gehabt. Papa umarmte ihn auch, mir aber nickte er bloß zu. Ich wollte gerne näher an ihn herankommen, aber ich wusste nicht, was ich da hätte tun müssen. Papa streckte seine Arme nicht nach mir aus. Meine Tante saß zufrieden auf ihrem Stuhl. Sie war so glücklich, wie ich sie seit Monaten nicht gesehen hatte. „Euer Vater ist wiedergekommen. Jetzt könnt ihr bei ihm in eurem alten Haus wohnen." Malesi saß auf Tantes Schoß. Sie erkannte ihren eigenen Vater nicht. Das war aber nicht so schlimm, denn meine Tante hatte sie schon mehr oder weniger adoptiert.

Doch Tante M. hatte sich in Papas Absichten getäuscht. Wie beiläufig sagte er, er müsse noch nach Highfield gehen und einige Sachen einkaufen. Auf diesem Weg könnte er uns Jungen mitnehmen. Er nahm uns auch mit ins Geschäft, aber das war noch nicht alles. Er setzte uns in einen Bus und brachte uns zum Bahnhof. Dann verfrachtete er uns in den Zug, und ohne viele Umstände wurden wir in unseren T-Shirts und kurzen Hosen nach Malawi mitgenommen. Anscheinend war Papa von der Regierung in Rhodesien in den Ruhestand versetzt worden. Er war in sein Heimatland zurückgekehrt und hatte zum vierten Mal geheiratet. Ich habe nie begriffen, warum er zurückkam und uns holte. Ob er wohl von Gewissensbissen geplagt worden war?

Papas neue Frau und seine Stiefkinder schauten uns seltsam an, als wir in Salima ankamen. Das ist eine Stadt im Zentrum von Malawi in der Nähe des Malawi-Sees. Sie waren nicht glücklich über unser Erscheinen.

Die häusliche Atmosphäre sah nicht sehr gut aus. Papa war grob zu seiner Frau und schrie sie oft an. Im Gegenzug hat sie mich oft verhauen, wenn Papa nicht da war. John ließ sie in Ruhe, weil er sich zu wehren wusste. Ich glaube sogar, dass sie etwas Angst vor ihm hatte.

Papa wusste, dass seine neue Familie nichts für seine beiden Söhne übrig hatte, denn dadurch stand ihnen weniger Geld zur Verfügung. So schaffte er uns bald wieder aus seinem Haus und brachte uns bei seiner Schwester unter. Seine Schwester jedoch war darüber ärgerlich, dass er seine Rente noch mit einer anderen Frau teilen musste und für sie selbst nichts übrig blieb, wie sie es eigentlich erwartet hatte. Dafür nahm sie Rache, indem sie John und mich schlecht behandelte. Wir hatten immer Angst, wenn sie in der Nähe war.

„Ich möchte nach Hause", vertraute ich einigen Frauen in Salima an. Verglichen mit den Schlägen, die ich hier in einem fremden Haus und fremden Land bezog, erschien mir das Leben in Highfield wie ein Paradies. Ich dachte immer wieder darüber nach, wie meine Tante M. es wohl aufnehmen würde.

Die Frauen im Dorf hatten Verständnis für meine entsetzliche Situation. „Armer Stephen. Dein Vater will nichts von dir wissen. Deine Stiefmutter lehnt dich ab. Auch deine Tante hat nichts für dich übrig. Warum gehst du nicht wieder nach Highfield?"

„Ich kann die Bahnfahrt nicht bezahlen."

„Du kannst dein Fahrrad verkaufen. Dafür bekommst du eine Fahrkarte nach Hause."

Für sie und für mich Zehnjährigen schien dies ein guter Plan zu sein. Sie machten mich darauf aufmerksam, besonders an der Grenze vorsichtig zu sein. Dann zeigten sie mir, wie ich zum Bahnhof kommen konnte. Einige Tage danach verschwand ich. Diesmal ließ ich Papa und John zurück. Ich machte mir keine Gewissensbisse. Papa und John waren jetzt sehr eng miteinander verbunden. Ein solches Verhältnis hatte es zwischen meinem Vater und mir nie gegeben. Ihre enge Beziehung zueinander erweckte in mir das Gefühl, ein Außenseiter der Familie zu sein. Durch Papas Liebe zu John wurde meine Beziehung zu John zerstört. Ich wusste, dass Papa mich nicht liebte und ihm deshalb auch nichts an meinem Verschwinden lag. Ich wollte unbedingt nach Highfield zurück.

3. Der Hühnerstall

Niemand bemerkte, wie ich zum Bahnhof ging. Viele Züge fuhren dort. Die einzige Schwierigkeit bestand darin, dass ich herausfinden musste, welcher Zug nach Rhodesien fuhr. Ich hielt mich auf dem Bahnsteig in der Nähe des Stationsvorstehers auf. Auf der Herfahrt hatte ich gehört, wie die Bahnbeamten die Züge ausriefen. Schließlich ertönte das magische Wort: „Blantyre". Man hatte mir erklärt, dies sei meine erste Station, wo ich umsteigen und auf einen neuen Zuganschluss warten müsste.

Mein Herz schlug mir bis zum Hals, als ich mich dem Zug näherte. Ich wollte versuchen ohne Fahrschein durchzukommen, weil das Geld für das Fahrrad mein einziger Besitz war. Ich brauchte doch so dringend einen Notgroschen. Einige Wagentüren standen offen. Ich kroch durch eine Tür hinein, die ganz im Schatten lag. Ich war klein und hatte eine ziemlich dunkle Hautfarbe. Wenn ich erst mal im Zug wäre, dann würden mich die Erwachsenen kaum entdecken. Überall um mich herum wurde das Gepäck hoch aufgestapelt.

Der einzige Nachteil einer solchen Reise bestand darin, dass ich weder zu essen noch zu trinken hatte. Am nächsten Tag schlängelte sich der Zug in der heißen Afrikasonne langsam dahin. Wenn er gelegentlich hielt, trieb mich der Durst aus meinem Versteck. Auf den Bahnhöfen fand ich Wasser und bettelte die Leute an, mir etwas zu essen zu geben.

Dann entdeckte ich, dass ich mit den anderen Reisenden zusammen fahren konnte. Eine mütterliche Frau lud mich ein, bei ihr und ihren Angehörigen ins Abteil zu kommen, und gab mir zu essen. Immer wenn der Schaffner kam, kroch ich unter die Bank und versteckte mich unter ihrem langen Rock. Nachdem wir zwischen Salima und Blantyre einige Male umgestiegen waren und durch Mozambique gefahren waren, erreichten wir Salisbury. Der schwer beladene Zug keuchte angestrengt, als er in den Bahnhof einfuhr. Die Bremsen quietschten laut und dann hielt er an. Sofort gingen die Türen auf, und die Menschen bewegten sich dem Ausgang zu. Niemand bemerkte den kleinen Jungen, der aus einem Abteil kam, sich zwischen zwei Wagen duckte und dann im Menschengewühl des Bahnhofs verschwand.

Es war ein herrliches Gefühl, wieder zu Hause zu sein. Ich blieb im Bahnhofsgebäude stehen und betrachtete staunend die großen weißen Leute, die an mir vorübergingen. Ihnen folgten die Gepäckträger mit ihren schweren Koffern. Ich verglich mein unbeschreiblich schmutziges Hemd, meine kurze, zerschlissene Hose und meine bloßen Füße mit den schönen Kleidern und der weißen Haut der Frauen und den weißen Anzügen der Männer. Mit ehrfürchtigem Staunen betrachtete ich sie. Die Weißen waren wunderbare Menschen. Sie sahen aus wie Götter. Wie blieben sie nur so sauber? Sie kamen mir übermenschlich vor.

Wenn ich an meine vielen internationalen Reisen denke, die ich in späteren Jahren unternahm, dann erscheint mir die Rückfahrt als Zehnjähriger nach Highfield ohne Fahrkarte wie ein Abenteuer. Ich hatte Tränen in den Augen, als ich mich an dem Schaffner vorbeischlängelte und den Bus verließ. Ich hatte solche Angst gehabt, dass es Highfield gar nicht mehr gäbe. Aber der Ort mit seinen Häusern in Schmutz und Staub lag wie eh und je friedlich vor mir. Hühner pickten auf der Erde, streunende Hunde liefen umher und Menschen bevölkerten die Straßen. Mir kamen die Tränen. Ich war wieder zu Hause.

Schnell ging ich zum Haus von Tante M. Dabei nahm ich mich sehr in Acht, wenn ich einer Gruppe von Jungen begegnete. Denn mir kam zum Bewusstsein, dass ich John nicht zu Hilfe rufen konnte, wenn mir die Bande der bösen Jungen wieder über den Weg lief.

Das Haus der Tante hatte sich überhaupt nicht verändert. Von drinnen hörte man laute Stimmen. Die kurze afrikanische Dämmerung war schon fast vorüber. Auf dem Weg vor dem Haus blieb ich stehen und sah, wie der Rauch vom Küchenfeuer aufstieg. Für einen Moment wurde es dunkel im Eingang, und die Tante erschien mit dem Kochtopf in der Hand. Sie trat aus der Tür und ging zur Feuerstelle. Dann bemerkte sie, wie ein kleiner Junge am Ende des Weges ganz still dastand. Sie wollte mich wegjagen. Doch dann erkannte sie mich.

„Tante M.?" Ich wollte laut rufen, aber stattdessen kam nur ein Flüstern heraus, als ich sah, wie entsetzt und ungläubig sie mich anschaute.

„Um Himmels willen!", schrie sie auf. „Doch nicht du!" Sie kam mir auf dem Weg entgegen und fasste mich an der Hand, doch ich wich vor ihr zurück. Ihre Augen blieben auf mich gerichtet, als könne sie nicht begreifen, was sie da sah. „Stephen!", stieß sie hervor. „Was machst du denn hier?"

„Ich habe es bei Papa nicht ausgehalten. Deshalb bin ich nach Hause gekommen", antwortete ich.

„Nach Hause!" Sie schüttelte mich und schlug mir auf den Kopf. Ich schrie und wand mich in ihren Armen. Plötzlich brach die ganze Wut aus ihr hervor. Mit Gewalt hielt sie mich am Arm fest, schlug heftig auf mich ein und kratzte mit ihren spitzen Fingernägeln durch mein Gesicht. Dann schleuderte sie mich zu Boden. „Wie kannst du es wagen, wieder zu mir zu kommen?", rief sie, „nachdem dein Papa ..." Hier versagten ihr die Worte und sie stieß mich mit den Füßen fort.

Sie zeigte auf den Hühnerstall. Dann beugte sie sich nieder, griff mein Ohr und zog mich hoch.

„In mein Haus kommst du mir nicht mehr! Das will ich nicht!" Sie ging zum Hühnerstall und zog mich hinter sich her. Schnell schob sie den Riegel zurück, trat zur Seite und stieß mich hinein. Schluchzend fiel ich zu Boden, dann verschloss sie die Tür.

„Elender Bengel, hier bleibst du jetzt! Denk bloß nicht daran, einen Fuß über meine Schwelle zu setzen."

Die Hühner waren aufgescheucht, gackerten und flatterten umher, während mir die Tränen wie Bäche über meine Wangen liefen. Schließlich packte mich der Zorn. Ärgerlich ging ich im Hühnerstall hin und her. Zwischen Hühnerfedern und anderem Gerümpel fand ich die Reste eines alten Leinensacks. Ich wickelte mir die Fetzen um die Schultern. Von dem Schock und der Kühle der Nacht klapperten mir die Zähne. Im Zug war es zwar stickig, aber warm gewesen. Später am Abend ließ sich meine Tante dazu herab, mir ein paar Überreste vom Abendbrot über den Zaun zu werfen. Am nächsten Tag hatte sich die Tante etwas beruhigt und ließ mich mit den Hühnern wieder aus dem Stall heraus. In den kommenden Tagen fand sie dann eine gewisse Zwischenlösung für mich. Einerseits wollte sie mich nicht. Andererseits konnte sie mich nicht wieder nach Malawi zurückschicken. Sie brachte es doch nicht übers Herz, ihren Neffen auf die Straße zu werfen. So ergab sich dann ein Kompromiss. Ich musste ihr beim Kehren, Wasserholen und beim Ausmisten des Hühnerstalls helfen. Dafür durfte ich über Nacht bleiben, manchmal unter einer kleinen Decke auf dem Fußboden in ihrem Haus, manchmal, wenn sie schlechte Laune hatte, wieder im Hühnerstall. Doch während des Tages wollte sie mich nicht in ihrer Nähe sehen. Von Schule war gar keine Rede mehr.

Ich war froh, dass ich tagsüber das Haus verlassen konnte. Die Essensreste, die sie mir zuwarf, reichten nicht zum Sattwerden aus. So musste ich mir selbst etwas Essbares suchen. Einige Monate nach meinem 11. Geburtstag machte ich mich wie üblich auf den Weg. Die Mahlzeit war an diesem Morgen äußerst mager ausgefallen, und ich war gierig, mir irgendetwas zum Essen in den Mund zu stecken. Den ganzen Morgen bettelte ich vergeblich in der Stadt um Brot. Ich suchte überall nach etwas, das meinen entsetzlichen Hunger stillen konnte. Völlig entmutigt kauerte ich in der Nähe einiger Männer, die ihr Bier tranken. Plötzlich erschien ein heruntergekommener Kerl. Er hatte ein paar abgetragene Lederschuhe an, und alle bewunderten ihn.

„Mein Boss hat sie weggeworfen. Ich habe sie mir aus dem Mülleimer geholt. Das weiß er gar nicht." Der Mann lief stolz hin und her. Jeder sollte seine Schuhe bewundern. „Ihr glaubt gar nicht, was diese Weißen alles wegwerfen! Schuhe, Kleider, Lebensmittel ..."

Als ich das Wort Lebensmittel hörte, wurde ich hellwach. Der Mann redete weiter, aber die Unterhaltung drehte sich jetzt um andere Dinge. Ich wagte nicht weiter zu fragen, aber ich war sehr aufgeregt. War es möglich, dass die Weißen Lebensmittel wegwarfen? Sicherlich nicht. Aber dieser Schwarze hatte es behauptet. Er arbeitete als Diener in einer weißen Familie. Ich war noch niemals in einem europäischen Viertel von Salisbury gewesen, aber wie alle andern wusste ich, wo sie sich befanden.

Unruhig ging ich hin und her. Ich zögerte noch und hatte Angst, wenn ich daran dachte, die Grenzen meines Viertels zu verlassen. Aber schließlich trieb mich der Hunger, und ich legte den weiten Weg in eines der weißen Viertel am Rande der Stadt zurück.

Niemand warf einen Blick auf mich, als ich die große Straße entlangging. In großen, üppigen Gärten sah ich Bungalows, die mir wie Paläste vorkamen. Es verschlug mir den Atem. Ich entdeckte auch, dass viele Weiße sich große Hunde hielten. Ich musste erst einmal die Gegend genau auskundschaften. Dann aber sah ich, wie es hinter den Häusern eine Art von Zufahrtsweg für Anlieferungen von Waren gab. Dort stellten die Hausangestellten die Mülltonnen ab.

So entdeckte ich meine erste „weiße" Mülltonne. Mit offenen Augen ging ich näher heran. Ich dachte immer noch, ein Wächter könnte plötzlich auftauchen und mich festnehmen. Doch es war niemand in der Nähe. Begierig hob ich den schweren Deckel hoch und hoffte, ein üppiges Mahl vorzufinden. Stattdessen kam mir ein übler, fauler Geruch entgegen, und mir wurde schlecht. Allerhand Haushaltsabfälle lagen vor mir. Aber irgendwo mussten doch auch Lebensmittel zu finden sein. Ich nahm einen Stock und stocherte darin herum. Da lagen verschimmelte Apfelsinen und undefinierbare Essensreste. Dann fand ich einen Klumpen Haferbrei, der vom Frühstück übrig geblieben war. Mir war noch übel von dem Geruch, aber ich steckte den Finger in diesen Brei. Er war klebrig und schmeckte wie eine Mischung von Haferbrei und verdorbenem Gemüse. Gierig schlang ich es hinunter und versuchte mit dem Stock, noch mehr Nahrungsmittel zu finden. Doch der Geruch von verdorbenen und verfaulten Nahrungsmitteln war so ätzend, dass ich schnell einen Busch suchte, um mich zu übergeben. Ich lag auf dem Boden und weinte. Hätte mich meine Mutter doch bloß nicht verlassen.

Aber keine Mutter trat an meine Seite, um mir meine Tränen wegzuküssen. Nach einer Weile versuchte ich es mit einer anderen Abfalltonne. Zum Glück fand ich ein paar Scheiben verbranntes Toastbrot zwischen einigen Teeblättern und einer angebissenen Mangofrucht. Diesmal aß ich meine Beute nicht über der Mülltonne; denn ihr Geruch war einfach nicht zu ertragen. Ich zerbröckelte den Toast in kleine Stückchen und wischte die Teeblätter ab, so gut ich konnte. Sie schmeckten nämlich schrecklich bitter. Der Toast war sehr trocken, und ich wurde durstig. Deshalb saugte ich an der Mango herum. Ich wurde jetzt wieder froh, vor allem weil ich in einer der nächsten Abfalltonnen einen Knochen fand, an dem noch Fleischstückchen hingen. Mittlerweile war es schon später Nachmittag, und ich wollte nicht, dass man mich in einem europäischen Stadtteil erwischte. Ich machte mich auf den Heimweg. Zum ersten Mal seit langer Zeit fühlte ich mich nicht mehr hungrig.

Meine Tante war an diesem Abend wieder in keiner guten Stimmung. So landete ich im Hühnerstall unter meinem Sack. Aber ich schlief trotzdem ein und fror nicht.

In den folgenden Monaten machte ich mir oft an den Mülltonnen der Europäer zu schaffen. Meiner Tante kam es nicht in den Sinn, mich wieder in die Schule zu schicken. In meinem elften Lebensjahr lernte ich die europäischen Vororte in der Nähe von Highfield kennen. Vor allen Dingen wusste ich, in welchen Abfalltonnen man die besten Dinge erbeuten konnte. Ich gab mir viel Mühe, dass mich keiner dabei entdeckte, und schloss auch die Deckel sofort. Niemand schien sich weiter um mich zu kümmern. Eines Tages hob ich einen Deckel hoch, der nicht gut verschlossen war, und entdeckte eine riesengroße Ratte. Bei einer anderen Gelegenheit fand mich ein Hausangestellter, als ich mich gerade übergeben musste, weil ich verdorbenes Fleisch gegessen hatte.

An so manchen Anblick konnte ich mich ja gewöhnen, aber nicht an den scheußlichen Geruch der Mülltonnen, denn dabei kam mir immer das Essen hoch. Ich ging durch die großen Alleen und bewunderte die Bungalows mit ihren herrlichen Gärten. Ich bestaunte die farbigen Hausangestellten, die tadellos in weiße Gewänder gekleidet waren. Lautlos bewegten sie sich hin und her. Was musste das für ein Gefühl sein, wenn man an einem solchen Ort arbeiten und solch schmucke weiße Kleidung tragen durfte. In meinen Träumen stellte ich mir vor, ich könnte später auch mal so einen Job bekommen. Aber ich wusste, dass das aussichtslos war. Dieses vornehme Leben war solchen Kerlen, wie ich einer war, verschlossen.

Ein anderes Ziel schien mir eher erreichbar. Ich wollte gerne als Caddie in dem wunderschönen, nahe gelegenen Golfplatz arbeiten. Bei früheren Ausflügen hatte ich ihn entdeckt und stand oft davor. Ich presste mein Gesicht gegen den Zaun und beobachtete die älteren, schwarzen Jungen, die stolz darauf warteten, dass ihre weißen Herren aus dem Klubhaus kamen und mit ihrem Spiel begannen.

Am Anfang beachteten mich diese Jungen gar nicht. Doch im Laufe der Wochen und Monate schloss ich mit ihnen Bekanntschaft. Ich bewunderte sie und war beeindruckt von dem, was sie erzählten.

Eines Tages trat ein weißer Herr heraus und schaute mich an. Er fragte mich, ob ich sein Golfjunge sein wollte. Ich konnte es kaum glauben und stellte mich in voller Größe vor ihn hin.

„O ja, Sir!", sagte ich stolz. Dabei wünschte ich, mein Hemd hätte nicht so ein großes Loch auf dem Rücken gehabt.

Er zeigte auf seinen Karren mit den Schlägern und marschierte los. Ich bückte mich und wollte ihn anheben, aber es gelang mir nicht. Ich gab mir alle Mühe, sodass mir die Augen fast aus den Höhlen traten, aber ich konnte meinen Karren nicht fortbewegen. Ein Baumstumpf hinderte mich daran. Es gelang mir schließlich, ihn ein paar Schritte vorwärts zu bewegen, dabei rollte er mir aber über den Fuß. Vor Schmerz sprang ich auf und stieß ihn immer noch voran. Mit meiner ganzen Kraft kämpfte ich gegen den Widerstand, der sich mir entgegenstellte. Ich wagte kaum, den weißen Herrn anzuschauen, als er zurückkam und sah, dass seine Golfschläger nicht für ihn bereitlagen. Er würde sicher böse werden. Meine Tränen aber sollte er nicht sehen.

Stattdessen begegnete er mir sehr freundlich. „Ach, Junge, ich habe viel zu viele Golfschläger für dich eingepackt. Das ist nicht schlimm. Du hast dir ja alle Mühe gegeben, und bald wirst du auch stark genug für diese Aufgabe sein. Ich gebe dir trotzdem eine Kleinigkeit." Er drückte mir ein paar Silbermünzen in die Hand, während mir die Tränen über das Gesicht liefen. Ganz erstaunt schaute ich zu ihm auf. Zum ersten Mal hatte ein Weißer mit mir liebevoll ein paar Worte gewechselt. Er war ein wunderbarer Mensch.

Als die anderen Jungen merkten, dass ich keine Konkurrenz für ihren Verdienst darstellte, gaben sie mir einen geheimen Tipp. „Stephen, willst du nicht mal auf den Tennisplatz gehen und die Bälle einsammeln? Dafür bekommst du auch Geld." Der Tennisklub war ganz in der Nähe.

Im Vergleich zu den Golfschlägern war ein Tennisball sehr leicht. Mit meinen 12 Jahren hatte ich viel Erfolg in meiner neuen Karriere. Ich versuchte schon im Voraus zu erkennen, wohin die Spieler ihre Bälle verschlagen würden. Ich lernte so die wesentlichen Grundzüge des Spiels kennen. Wenn ein Mann spielte, flog der Ball gewöhnlich über die Linie oder leicht an der Ecke vorbei, in die er ihn schlagen wollte. Einige Männer schlugen ihn öfter in eine ganz bestimmte Richtung. Gewöhnlich wurde der Schlag mit Flüchen oder einem lauten Stöhnen begleitet. Die Frauen, die noch Anfänger waren, schienen den Ball überhaupt nicht unter Kontrolle zu haben. Er flog in alle Richtungen. Einmal wurde ein Ball kerzengerade in die Luft geschlagen und landete ausgerechnet auf dem Kopf einer jungen Dame. Sie war genauso überrascht wie ich.

„Sind Sie o.k., Miss?", fragte ich besorgt.

„Ich denke schon", meinte sie etwas benommen.

Ich liebte den Tennisplatz und den Golfklub. Sie wurden meine zweite Heimat. Zum ersten Mal, seit mich meine Mutter verlassen hatte, hatte ich das Gefühl, irgendwo zu Hause zu sein.

Mit der Zeit hatte ich genug verdient, um mir ein neues Hemd zu kaufen. Das war nötig, aber auch ein großer Fehler. Mein einziges Hemd, das ich bisher besaß, wäre mir bald vom Leib gefallen. Doch als meine Tante merkte, dass ich Einnahmen hatte, war sie ganz außer sich.

An diesem Abend holte sie mich ins Haus, setzte sich auf ihren Stuhl und stellte mich vor sich. Sie wollte genau wissen, was ich getrieben hatte. Vorher hatte sie sich nie darum gekümmert, wie ich meine Tage rumbrachte. Ich erzählte ihr keine Einzelheiten, aber aus meinen abgehackten Sätzen erkannte sie bald, dass ich regelmäßig auf dem Tennisplatz Geld verdiente.

„Du bist ein böser Kerl, Stephen", sagte sie. „Das Geld gehört mir."

„Nein!", rief ich bestürzt.

„Ja! Ich muss dich und deine Schwester ernähren." Malesi war kein liebes, kleines Baby mehr, sondern eine widerspenstige kleine Göre, die wie ich auch allerhand Unsinn trieb.

Ich war aus dem Häuschen. „Das ist mein Geld, und ich brauche es." Ich hatte nur das eine Ziel, am Tag ein paar Pfennige zu verdienen. Wie konnte sie es wagen, mir mein Geld abzunehmen?

„Ich brauche es auch! Gib mir, was du verdient hast!"

„Nein!"

„Elender Bengel, komm her!" Sie schlug auf mich ein.

„Nein!" In dieser Nacht wurde ich wieder in den Hühnerstall gesperrt. Die Ohren dröhnten mir noch von den heftigen Ohrfeigen, die ich von ihr einstecken musste. An den Hühnerstall und die Schläge war ich mittlerweile gewöhnt. Dass sie aber mein Geld wegnahm, weckte ganz neue Gefühle in mir: Entrüstung und Wut. Vielleicht waren dies auch die ersten Anzeichen der Pubertät. Aber ich war auch nicht mehr das verschüchterte ängstliche Kind. Ich war ein aufsässiger, zorniger junger Mann. In dieser Nacht stieg Hass in mir auf. Er hielt mich stundenlang wach. Mein Gesicht glühte vor Zorn.

4. Die Brücke

Am folgenden Tag war ich im Tennisklub so langsam und benommen, dass mir sogar ein Ball an den Kopf flog. Ich hatte einfach nicht aufgepasst.

„Was ist los mit dir?", fragten die anderen Jungen.

„Nichts", sagte ich und zuckte die Achseln. Doch dann fügte ich hinzu: „Meine Tante will mir mein Geld wegnehmen."

„Gib es ihr nur nicht", war ihre prompte Antwort. Doch die half nicht viel, denn in den folgenden Tagen merkte ich: dies ist leichter gesagt als getan. An meiner Tante war eine gute Polizistin verloren gegangen. Sie hatte die geniale Fähigkeit, einen festzuhalten und zur gleichen Zeit die Taschen nach Geld zu durchstöbern. Ich wurde immer aufsässiger und rebellierte. Mich wurmte das Ganze schrecklich.

Eines Tages hatten wir Jungen wesentlich mehr verdient als sonst. Die Anfängerinnen beim Tennis hatten gespielt. Ihre Bälle flogen kreuz und quer über den Platz. Nach dem Spiel waren die Damen ins Klubhaus gegangen, um sich ein wenig zu erfrischen. Wir streckten uns auf dem Rasen aus. Meine Freunde hatten große Pläne, wie sie ihr Geld unter die Leute bringen konnten. Einige kauften sich Zigaretten, andere gaben es für Alkohol und Drogen aus. Daran konnte ich noch keinen Geschmack finden, aber ich hatte schon eine Vorliebe für Zigarettenkippen entwickelt.

„Armer Stephen, deine Tante wird dir die Moneten abnehmen", meinte einer der Freunde ein wenig mitleidsvoll. Seine Eltern hatten ihn nie ausgebeutet. Er zündete sich eine Zigarette an.

Dann sagte jemand: „Warum sollen wir eigentlich nach Hause gehen? Ich gehe nachts nicht immer in unsere Wohnung."

Ich stand wie vom Blitz getroffen da. Nicht nach Hause gehen? Aber wohin sollte ich dann gehen?

„Ich schlafe manchmal unter der Brücke", sagte einer. „Ich gehe heute Nacht dorthin. Du kannst mitkommen."

Ich war zunächst begeistert. So könnte ich Tante M. loswerden. Aber als der Tag zu Ende ging, hatte mein Freund sein Angebot vergessen, und die Gewohnheit trieb mich nach Hause. Ich machte mich sehr widerwillig auf den Weg. Ich hatte viele Pfennige verdient und wollte sie auf jeden Fall behalten.

Am späten Nachmittag kam ich zum Haus meiner Tante. Ich hörte, wie sie mit ihrem Mann herumschimpfte. Dann schrie Malesi, die sie geschlagen hatte. An diesem Abend hatte sie denkbar schlechte Laune. Aus Erfahrung wusste ich, dass ich jetzt wieder in den Hühnerstall musste.

Unschlüssig trieb ich mich lange Zeit draußen herum. Ich hatte Angst, die Nacht allein zu verbringen. Ich war ja erst 12 Jahre alt. Ich hockte draußen in der Dämmerung, bis die Nacht hereinbrach und die Herdfeuer angezündet wurden. Solange ich in der Nähe von zu Hause war, konnte ich die Angst unter die Füße bekommen. Aber je später es wurde, desto mehr blieb für mich nur noch der Hühnerstall übrig. Doch den hasste ich wie die Pest. Im Grunde war mir alles zuwider. Ich wollte sterben, aber ich wusste nicht, wie ich das anstellen sollte.

Schließlich trabte ich hinaus in die Nacht. Es war jetzt natürlich zu spät, um noch Freunde oder Brücken zu finden. Ich hörte Stimmen in der Dunkelheit und war so erschrocken, dass ich auf einen Mangobaum stieg und mich dort ängstlich an den Baumstamm klammerte. Die Blätter um mich herum verdeckten mir die Weite des Himmels. Angelehnt an die Äste verbrachte ich eine kalte und unbequeme Nacht. Ich war froh, als die Vögel ihre Morgenlieder anstimmten und die ersten Lichtstrahlen am Himmel erschienen. Ich fühlte mich so verlassen, dass mir die Tränen über die Wangen kullerten.

Im frühen Morgenlicht ging ich zum Markt und hockte mich zitternd zwischen Kisten und Kästen hin. Jetzt war ich wenigstens unter Menschen. Um mich herum legten die Händler ihr Gemüse zum Verkauf aus. Ich aß einige überreife Bananen. Als meine Lebensgeister wieder erwacht waren, dachte ich noch einmal über die vergangene Nacht nach. In zweierlei Weise hatte ich Tante M.

ausgetrickst. An mir klebte kein Hühnerdreck, und ich hatte noch mein kostbares Geld in der Tasche.

Im Verlauf des Vormittags durchsuchte ich auf dem Weg zum Tennisklub die Mülltonnen der Weißen. Für mein Geld kaufte ich mir Zigaretten und Bier und schlief am Nachmittag wie ein Murmeltier in der warmen Sonne.

Am Abend ging ich wieder zu meiner Tante. Ich musste viele Ohrfeigen einstecken und bekam fast nichts zu essen. So entschloss ich mich, die nächste Nacht draußen zu verbringen. Diesmal plante ich es besser und suchte mir eine Brücke, wo ich etwas bequemer schlafen konnte als auf dem Mangobaum.

Als ich mir das nächste Mal ein paar Münzen verdient hatte, suchte ich mir wieder ein Nachtlager. Ich stöberte in den Mülltonnen und in dem Abfall der Händler herum. Dort fand ich auch einen Sack. In der Dämmerung schlich ich zur Brücke. Ich wickelte mich in diesen Sack ein. Doch ich hatte nicht mit dem heftigen Wind gerechnet, der wie mit kalten Fingern nach mir griff. Zitternd lag ich da und wühlte mich etwas tiefer in den Sand. Schließlich setzte ich mich auf und grub eine Mulde in den Sand. Dann legte ich mich hinein und zog den Sack über mich. Dadurch hatte ich etwas Schutz und schlief allmählich ein. Über mir zogen am hohen afrikanischen Nachthimmel die Sterne ihre Bahn. Ich fragte mich ängstlich, ob ich hier überleben könnte?

Ich weinte kaum noch, aber tief in mir steckte die Verzweiflung. Ich wollte nicht mehr weiterleben, aber ich wusste auch nicht, wie ich mein Leben hätte beenden können. Musste ich eines Tages verhungern? Ich sah keinen Ausweg mehr. Der ständige Hunger, die Angst und der Husten setzten mir übel zu.

Meine Zukunft lag vor mir wie ein endloser, einsamer Kampf ums Überleben. Jede Hoffnung auf Besserung war verschwunden. Die Angst vor dem nächsten Tag quälte mich. Ich konnte mich auf nichts mehr konzentrieren und machte auch keine Pläne mehr. Es ging ums reine Überleben. Ich konnte mich zu nichts mehr entschließen. Ich wagte gar nicht, an die nächsten Stunden zu denken.

Die Sterne schienen mir so nahe. Sie erinnerten mich an den Gott, von dem ich in der kleinen Presbyterianerkirche gehört hatte. Dort hatte man gepredigt, dass er die Menschen liebt. Ich war ärgerlich, weil ich meinte, ich sei ihm genauso gleichgültig wie meinen Eltern. Am nächsten Morgen war ich ganz mit Sand bedeckt. Es blieb mir nichts übrig, als mich zu waschen. Ich sah nicht mehr schwarz aus, sondern braun wie ein Kamel. Langsam schlich ich mich zum Fluss hinunter, zog mich aus und wusch schnell mein Hemd und meine Hose. Dann schwamm ich ein paar Züge und legte die Kleider zum Trocknen ans Ufer, während ich mich in den Büschen versteckte, bis sie getrocknet waren. Dann ging ich wieder zu den „weißen" Mülltonnen und begab mich am Nachmittag auf den Tennisplatz.

Von nun an begannen einige sehr schwere Jahre für mich. Meine inneren Ängste nahmen noch zu; denn meiner Tante war ich total egal geworden. Sie regte sich gar nicht mehr auf, wenn ich in der Nacht nicht mehr nach Hause kam, sondern war sogar froh darüber. Bald wurde sie sogar böse, wenn ich auftauchte und unbedingt etwas zu essen haben wollte. Während der Regenzeit verdarben die Lebensmittel noch schneller in den Mülltonnen. Öffnete ich den Deckel, dann sah ich nur noch eine faule, schlammige Masse vor mir.

Als ich etwa 13 Jahre alt war, meinte Tante M., ich sei jetzt alt genug, um mich selbst zu ernähren. Mich überfiel die bodenlose Angst, dass ich nun niemanden in der Welt hatte, an den ich mich wenden konnte. Das raue Leben auf der Straße schafft in manchen jungen Leuten ein starkes Selbstvertrauen. Sie werden zu Überlebenskünstlern. Bei mir war das nicht der Fall. Ich sehnte mich nach Geborgenheit, nach einem Ort, wo ich Ruhe und Sicherheit finden konnte. Ich hatte das starke Verlangen, von meiner Familie geliebt zu werden. Es schmerzte mich am meisten, dass die Menschen, von denen ich es hätte erwarten können, mir keine Liebe gaben. Grenzenlose Einsamkeit plagte mich.

So kämpfte ich mich durch, so gut es ging. Als meine leichten Tennisschuhe schließlich aus allen Nähten platzten, konnte ich ein paar alte Hausschuhe aus einer Mülltonne ergattern. Sie waren zwar viel zu groß, aber besser als gar keine Schuhe. Einen ganzen Nachmittag mühte ich mich ab, sie mit Bindfäden an meinen Füßen zu befestigen. Sie boten meinen Füßen zwar Schutz, aber die Jungen auf dem Tennisplatz lachten, wenn ich mit schlurfenden Schritten den Bällen nachjagte. Eine weiße Frau schaute meine Schuhe ungläubig an und wandte sich entsetzt von mir ab.

Ihr Blick verletzte mich sehr. Das Geld brauchte ich fürs Überleben. Ich versuchte, schneller zu laufen. Am Ende aber streifte ich die Hausschuhe wieder ab und lief barfuß. Abends band ich sie mir wieder an die Füße und schlich mich weg, um irgendwo ein Nachtquartier zu finden. Ich fürchtete die Kälte und die Dunkelheit. Gelegentlich schlief ich unter Brücken, auf Mangobäumen und auf Baustellen. Stundenlang lag ich wach, aber am Morgen hatte ich noch mehr Angst, wie ich diesen Tag überleben sollte. Ich wäre gerne sorglos umhergelaufen wie ein kleines Kind an der Hand seiner Mutter.

Die Jungen auf dem Tennisplatz waren die einzigen, mit denen ich reden konnte. Sie nahmen mich an und wurden meine Ersatzfamilie. Alles, was ich wusste, lernte ich von ihnen. Ich fürchte, das war nicht immer das Beste. Gelegentlich rauchte ich mit ihnen zusammen Marihuana und Zigaretten, schnüffelte Leim und trank Alkohol. Sie gaben mir ein paar schöne Stunden, in denen ich mein Elend vergessen konnte.

Mittlerweile hatte ich noch einen anderen Weg gefunden, wie ich meinem jammervollen Elend entkommen konnte. Es war das Kino in der Cyril Jennings Halle in Highfield.

Die älteren Jungen nahmen mich mit. Der Kinobesitzer kannte seine Besucher und hatte meist amerikanische Western im Programm. Zum ersten Mal erlebte ich, wie man für Stunden das Elend des Lebens vergessen kann. Ich war ganz einfach hingerissen. Für ein bis zwei Stunden fühlte ich mich in dem warmen Kinoraum geborgen und wurde in eine Welt von Luxus und Abenteuer entrückt. Die Guten und die vom Leben Benachteiligten wurden am Ende belohnt. Sie zogen das große Los. Die Gewalt, die Kämpfe und Siege rissen mich mit. Ich hätte alles dafür gegeben, wenn ich Cowboy im Wilden Westen hätte sein können und nicht ein ausgesetztes schwarzes Waisenkind auf den Straßen von Salisbury. Alles, was in den Filmen gezeigt wurde, hielt ich für die Wirklichkeit. Niemand hatte mich auch eines Besseren belehrt. Wie gerne hätte ich meine alten Hausschuhe mit glänzenden Lederstiefeln und meine zerrissenen Klamotten gegen Lederjacke und Lederhose eingetauscht. Ich war fasziniert, wenn die Cowboys ihre Pistolen mit dem Finger am Abzugshahn herumwirbelten. Ich wollte auch so dastehen und die Leute mit einer Pistole in Schrecken versetzen.

Stattdessen besorgten meine Freunde und ich uns Messer, die wir wie Rasierklingen schärften. Stundenlang übten wir Messerwerfen und stachen sie in Baumstümpfe. Dabei stellten wir uns vor, wie wir Menschen abmurksen würden. Das gab uns innere Kraft, und wir hatten das Gefühl, wir könnten auf den Straßen von Salisbury überleben.

Die Geldzuwendungen auf dem Tennisplatz flossen immer spärlicher. In den kommenden Wochen fanden immer weniger Spiele statt. Wir litten unter der Regenzeit. Die Freundschaft unter uns Jungen brach auseinander, weil jeder versuchte, dem anderen den Verdienst abzunehmen. Wir konnten uns keine Drogen und auch keine Kinobesuche mehr leisten. Einige Jungen gingen immer öfter zu ihren Familien zurück, um sich etwas zu essen zu holen. Bitterkeit und das Gefühl von grenzenloser Einsamkeit machten mir zu schaffen. Ich litt auch wieder unter Angstzuständen. Ich hatte viel zu lange eine Last getragen, die für mich zu schwer war. Es gab niemanden, der sich um mich kümmerte.

Eines Tages, als die Abfalltonnen von Maden übersät waren und der Tennisklub verlassen dastand, ging ich in meiner Verzweiflung wieder nach Highfield. Meine Tante, die ich wochenlang nicht gesehen hatte, würde mir vielleicht dieses eine Mal etwas zu essen geben. Jedenfalls wollte ich es versuchen.

Es war seltsam, mitten am Nachmittag saß meine Tante draußen auf einer Matte zwischen dem Haus und dem Hühnerstall. Als ich um die Ecke bog, sah ich, wie sie sich mit jemandem unterhielt. Ich ging auf sie zu und bat sie um ein Stück Brot. Am Morgen hatte ich etwas Marihuana geraucht und Klebstoff geschnüffelt. Davon war ich noch benommen.

Dann fiel mein Blick auf Tante M.'s Besucherin, die neben ihr auf der Matte saß. Sie war klein und von sehr dunkler Hautfarbe. Wir starrten uns an, und plötzlich blieb mir die Luft weg.

„Stephen, sag deiner Mutter guten Tag", meinte Tante M. ganz trocken.

Meine Mutter! Da saß sie nun dick und behäbig vor mir. Nachdem ich jahrelang um sie geweint und sie vermisst hatte, hockte sie mir jetzt gegenüber. Sie hatte mich allein gelassen, und es war ihr gleichgültig gewesen, ob ich sterben könnte. Ich hatte gedacht, dass ich sie immer noch liebte. Doch plötzlich wurde mir bewusst, dass ich sie aus tiefstem Herzen hasste.

Ich hatte ein Messer griffbereit in der Tasche. Es war ein Springmesser. Es war so gefährlich, dass die Regierung seinen Gebrauch später verboten hat. Ich zog es hervor, ließ die Klinge herausspringen und schleuderte es auf meine Mutter. Sie duckte sich und warf sich mit einem lauten Schrei auf die Seite. Ich hatte sie um wenige Zentimeter verfehlt. Sie schrie noch einmal laut: „Stephen!"

Ich wandte mich um und rannte weg. Mit meinen alten Hausschuhen wirbelte ich den Staub auf. Weit weg unter einer Brücke fand ich ein Versteck, wo ich mich zusammenkauerte und laut schluchzte. Ich wünschte, ich wäre nie als ihr Sohn auf die Welt gekommen. Ich lag die ganze Nacht über wach, nicht nur vor Hunger, sondern in dem Gefühl, dass ich jetzt nie mehr zu Tante M. zurückkehren könnte. Sie würde mir nie verzeihen, was ich getan hatte.

Am Morgen trieb mich der Hunger wieder auf den Markt. Bei dem Versuch, einige Bananen zu stehlen, wurde ich fast verprügelt. Der Schock, den ich bei der Begegnung mit meiner Mutter erlitten hatte, verwandelte sich in eine tiefe Depression. Obwohl ich an diesem Nachmittag einige Abfälle ergattern konnte, hatte ich doch jeglichen Überlebenswillen verloren. Eine schreckliche

Hoffnungslosigkeit überfiel mich. Wenn ich sterben würde, würde kein Hahn nach mir krähen. Ich hatte Angst, und ich fand keinen Menschen, an den ich mich hätte wenden können. Ich hatte kein Geld und wusste keinen Ausweg. Entweder ich bekam etwas zu essen oder ich würde sterben. So beschloss ich eines Tages, meinem Leben ein Ende zu setzen. Ich fragte mich, ob ich dann Gott begegnen würde. Wenn ich auf der andern Seite ankäme, bevor er mich erwartete, dann wäre das seine Schuld. Er und meine Mutter und alle andern hatten mir zu verstehen gegeben, ich sei hier auf der Erde unerwünscht. Das waren meine Gedanken.

Aber wie sollte ich meinem Leben ein Ende machen? Wenn ich mich erstach oder mir die Pulsadern aufschnitt, würde das wehtun. Vor Hunger zu sterben würde zu lange dauern. Da kam mir zu Hilfe, was ich in den Wildwestfilmen gesehen hatte. Aufhängen war die richtige Methode. So nahm ich einen Strick, den ich auf einer Baustelle gefunden hatte, und ging in ein kleines Wäldchen nicht weit von der Stadt entfernt. Ich fand einen großen Felsen in der Nähe eines Baumes am Rande des Mukuvisiflusses. Er befand sich nahe bei dem Versteck, in das meine Freunde und ich uns oft zurückzogen. Mit einigen Schwierigkeiten konnte ich den Felsen erklettern und das Seil über einen Ast schwingen. Dabei wäre ich beinahe abgestürzt und hätte mir das Bein gebrochen. Ich band den Strick fest, so gut ich konnte, und legte mir die Schlinge um den Hals.

Einen Augenblick wartete ich noch und dachte nach. Bald würde ich keine Sorgen mehr haben. Ich schloss die Augen. Ich konnte noch das Gesicht meiner Mutter vor mir sehen, als ich das Messer nach ihr geworfen hatte. Das alte Verlangen nach Geborgenheit und das Gefühl des Verlassenseins überkamen mich wieder. Meine Mutter und mein Vater hassten mich. Und ich hasste mich auch. Niemandem bedeutete ich etwas, und ich war zu verletzt, um weiterleben zu wollen. Tränen der Verzweiflung und der Sinnlosigkeit liefen mir über das Gesicht. Dann sprang ich.

Wenn ich die Kunst der Cowboyknoten beherrscht hätte, wäre

meine Lebensgeschichte hier zu Ende gewesen. Aber die Schlinge war nicht fest genug. Ich war nur teilweise erstickt, und bald schlug ich wie wild um mich, während es mir schwarz vor Augen wurde. Meine Ohren dröhnten.

Dann griffen Hände nach meinen Beinen und lösten die Schlinge von meinem Hals. Ich hörte die Stimme von Frauen, die ärgerlich durcheinander riefen. Dann wurde ich behutsam auf die Erde gelegt.

Verschwommen sah ich dunkle Gesichter von Frauen über mir. Sie schienen sehr besorgt zu sein. „Junge, was machst du nur? Weißt du nicht, dass du dich hättest umbringen können? Schnell, holt einen Arzt!" Ich wurde aufgehoben und fortgetragen. Eine fasste mich am Kopf, eine andere an den Beinen, und viele Arme trugen meinen Körper. Dann kam eine der stärkeren Frauen, nahm mich einfach auf den Rücken und schleppte mich bis zur Straße.

Mein Selbstmordversuch brachte mir die herrlichsten zwei Wochen, die ich in meinen bisherigen 14 Lebensjahren je gehabt hatte. Ich wurde in die Notaufnahme des Regierungskrankenhauses gebracht. Nachdem ein Polizist vergeblich versucht hatte herauszufinden, woher ich kam, bedrängte er mich nicht weiter, und ich wurde ins Krankenhaus gebracht. Verständlicherweise wollte ich es nach dem Vorfall mit dem Messer vermeiden, dass meine Tante ausfindig gemacht wurde. Die Krankenschwestern und Ärzte behandelten mich hervorragend. Der Himmel hätte nicht besser sein können als dieses Krankenhaus.

Was mich zunächst berührte, waren die freundlichen Worte und die Zuwendung, die mir entgegengebracht wurden. Niemand schrie mich an. Eine nette schwarze Schwester strich mir sogar einmal übers Haar. Dann erschien der weiße Doktor und untersuchte mich sehr gründlich. Ich hatte Angst, aber er stellte mir seine Fragen in einer sehr freundlichen Stimme. Am nächsten Tag schenkte er mir sogar ein Spielzeug. Es war das erste und das letzte Spielzeug, das ich je besessen habe. Ich betrachtete es mit solcher Ehrfurcht, dass ich es nicht wagte, damit zu spielen. Und dann das Bett! Ein so großes, weißes und sauberes Bett hatte ich zuvor noch nie kennen gelernt. Es hatte eine breite Matratze, die mit einem blitzsauberen Laken bezogen war. Das alles sollte für mich sein. Ich hatte noch niemals zwischen Betttüchern geschlafen. Und dann waren da noch zwei große weiße Kissen. Bisher hatte ich gar keine Kissen gekannt und wusste auch nicht, was ich mit ihnen anfangen sollte.

Und dann das Essen! Es war frisch und nicht alt und verdorben. Keine Würmer krabbelten darin herum. Es roch gut, war warm und wurde auf Tellern serviert. Seit Jahren hatte ich kein warmes Essen mehr gehabt. Ich bekam auch ein Messer und eine Gabel, aber ich wusste nicht, wie ich sie benutzen sollte.

Sogar ein Bad stand für mich bereit. Es war eine große Überraschung, da ich bisher nur in Flüssen gebadet hatte. Am Anfang hatte ich Angst, sie würden mich ertränken. Aber die schwarzen Schwestern hielten mich fest und schrubbten mich gründlich ab. Liebevoll schimpften sie dabei ein bisschen. Es war mir nicht so ganz angenehm, von Frauen gebadet zu werden, aber ich fand es doch schön und überwand meine Scham.

Der ganz große Luxus war dann für mich ein Schlafanzug. Er war einfach herrlich, denn ich hatte noch nie zuvor einen besessen.

Zwei Wochen dauerte der Aufenthalt in diesem unbeschreiblichen Paradies. Ich war schüchtern, aber ich freundete mich bald mit den Krankenschwestern an. Und auch sie spürten, dass mir ihre Zuwendung gut tat. Ich sehnte mich nach Liebe, und sie gaben mir mehr, als ich je erfahren hatte. Am liebsten wäre ich immer hier geblieben. In meinem jugendlichen Optimismus glaubte ich auch, dass dies möglich sei. Schließlich war ich ja jetzt Patient und befand mich in der Klinik. Niemand hatte mir gesagt, dass man das Krankenhaus wieder verlassen müsste.

Aber dann schlug die Stunde des Abschieds für mich. Eines Abends, als die Schwester das Bett machte und mir das Abendessen brachte, auf das ich schon ganz gespannt war, sagte sie zu mir: „Nun, Stephen, wir werden dich sehr vermissen, wenn du morgen entlassen wirst."

„Warum denn das?", guckte ich sie ganz verblüfft an.

„Der Arzt sagt, du bist jetzt völlig gesund und brauchst nicht länger hier zu bleiben." Dabei schüttelte sie meine Kissen auf.

Verzweifelt griff ich nach ihrem Arm und suchte nach einer Lösung. Wenn man im Krankenhaus sein wollte, musste man nicht nur krank gewesen sein, sondern man musste immer krank sein.

„Schwester, es geht mir doch gar nicht gut", stöhnte ich verzweifelt. „Ich bin ernsthaft krank."

Aber sie schüttelte mich ab und schaute mich nur lächelnd und verständnisvoll an. „Nein. Stell dich nicht so an! Du bist jetzt gesund."

Gierig schlang ich mein Essen hinunter. Es würde mir fehlen, wenn die Schwestern nicht mehr an mein Bett kämen und mit mir scherzten. Ich musste jetzt darum kämpfen, wie ich im Krankenhaus bleiben könnte.

Den Rest des Abends lag ich im Bett und stöhnte jedes Mal laut auf, wenn eine Schwester vorbeiging. Einige der jüngeren Schwestern wurden davon beunruhigt. Doch bald sagten sie: „Stephen, bleib doch still liegen und weck nicht alle Leute auf. Nein, ich messe jetzt nicht deine Temperatur. Vor einer halben Stunde war sie noch ganz normal. Du bist nicht krank."

„Ich bin krank, wirklich krank. Es ist ganz schlimm." So rief ich jedes Mal, wenn sie an meinem Bett vorbeigingen. Aber zu meiner Enttäuschung blieben Puls, Temperatur und Gesichtsfarbe völlig normal. Auf die vielen anderen Krankheitssymptome wie Bauchweh, Kopfschmerzen, Druck in der Brust und schmerzende Beine gingen sie gar nicht ein. So wurde ich am nächsten Tag nach dem Frühstück entlassen. Sie hatten wohl nie einen Patienten gehabt, der so unzufrieden über seine Genesung war wie ich.

Es war ein herrlicher sonniger Morgen. Ich stand einsam vor dem Krankenhaus und war das Gefühl der Angst so leid. Es war, als ob sich eine dunkle Wolke auf mich legte, als ich das Krankenhaus verließ. Jetzt war keine Schwester mehr da, die mir das Essen brachte. Wovon sollte ich mich ernähren? Ich wusste es nicht. Die Verzweiflung umgab mich wie ein dichter Nebel. Nicht einmal die Ärzte und die Schwestern zeigten Erbarmen mit mir. Demnach war auch ihre Freundlichkeit falsch gewesen. Ich hasste mich und war überzeugt, dass alle anderen mich auch hassten.

Der Tod schien mir der einzige Ausweg aus meiner Misere zu sein. Mit dem Selbstmord hatte es nicht geklappt. Der Polizist war böse auf mich und hatte mir sogar mit Verhaftung und Gefängnis gedroht, wenn ich es noch einmal versuchen würde. Doch das brachte mich plötzlich auf einen Gedanken. Ich dachte dabei an die amerikanischen Wildwestfilme. Es war doch gar nicht so schlimm, wenn man ins Gefängnis kam. Im Kino hatte ich gesehen, dass die Gefangenen dort ihre regelmäßigen Mahlzeiten bekamen. Wenn ich ein Verbrechen beging, vielleicht sogar jemanden tötete, würde die Polizei mich festnehmen, mich sogar ernähren und das Aufhängen würden sie dann selbst besorgen. Ich musste nur in meiner Zelle sitzen, schlafen und essen, bis die Stunde des Todes für mich schlug.

Ich ging zum Marktplatz und dachte immer wieder über meinen Plan nach. Mit meinen 14 Jahren, von denen ich nur vier Monate in der Schule zugebracht hatte, fand ich gar nichts Schlimmes daran. Tatsächlich war dies wie ein erster Hoffnungsschimmer zur Lösung meines Problems. Ich brauchte nur irgendwo ein Messer zu stehlen und musste ein leichtes Opfer finden. Dann würde ich diese Person töten und es so anstellen, dass mich die Polizei dabei erwischt. Im Gefängnis würde man für mich sorgen, bis ich hingerichtet würde. Damit wäre mein Problem gelöst.

5. Die „Schwarzen Schatten"

Die ahnungslosen Einwohner von Salisbury hatten Glück, dass ich an diesem Morgen kein Opfer fand. Niedergeschlagen und ohne Hoffnung ging ich schließlich wieder zum Golfplatz. Als ich mich neben meine Freunde ins Gras legte, war ich mürrisch und ärgerlich. Nachdem ich für kurze Zeit das wunderbare Leben im Krankenhaus genossen hatte, erschien es mir unerträglich, dass ich jetzt wieder ganz allein auf mich gestellt war. Ich hasste die Leute im Krankenhaus. Ich hasste mich selbst. Ich wollte sterben.

„Wo bist du gewesen?", fragten meine Kumpels.

„Ich habe mich in der Gegend herumgetrieben." Ich hielt es nicht für gut, von meinem missglückten Selbstmordversuch zu erzählen.

„Du warst nicht unter der Brücke."

Ich schreckte auf. „Woher wisst ihr das?"

Es stellte sich heraus, dass zwei der Jungen Probleme in ihren Familien hatten. In einer Familie war ein neues Baby geboren worden. Bei meinem anderen Kumpel war der Vater ein Trinker. Deshalb wollten sie von zu Hause fort. Ein dritter Junge hatte sich ihnen noch angeschlossen.

„Wir dachten, wir könnten uns mit dir zusammentun."

Ich war erstaunt und froh. Wenn wir zu viert in dieser Nacht unter der Brücke schliefen, wäre das viel besser, als wenn ich allein dort im Sand läge.

So wälzte ich mich unter meinem Sack in meiner Sandmulde hin und her, blieb wach und überlegte: *Ich möchte immer noch sterben. Die Polizei soll mich töten. Deshalb muss ich jemanden umbringen. Aber vorher will ich noch einen großen Coup landen, wie es in den Wildwestfilmen gezeigt wird.* Dieser Gedanke spornte mich zu einem wilden Traum von einem Kampf mit der Polizei an, aus dem ich dann am Ende als Held hervorgehen würde.

Nun, ich war nicht John Wayne oder ein anderer Held des Wilden Westens. Doch in den kommenden Wochen wurde aus uns heimatlosen, verwilderten Teenagern eine Art Bande.

Wir brauchten noch einen Namen. Nach einigem Überlegen wählten wir einen Namen, der romantisch und ganz gefährlich klang: Die „Schwarzen Schatten". Einer meiner Freunde hatte diesen Namen in einem Film gehört. Er hatte einen bedrohlichen Klang, und das gefiel uns.

Wir wollten uns bewähren und wie Pech und Schwefel zusammenhalten. Andere Jungen wollten sich uns anschließen. Für die meisten von uns war dies eine Art Familie. Wir kauften uns größere Messer. Wir imitierten vieles von anderen Banden, von denen wir schon gehört hatten. Die Hauptsache war, groß und stark zu sein und niemals Mitleid zu zeigen. Mitleid hielten wir für Schwäche. Auch Liebe bedeutete Ohnmacht. Liebe hieß für uns nur Treue zu den „Schwarzen Schatten".

In den nächsten Wochen entwickelten wir ein so starkes Bandenbewusstsein, dass keiner von uns etwas auf eigene Faust unternahm. Wer allein war, lebte gefährlich. Wenn man mit den „Schwarzen Schatten" zusammen war, kam man sich groß, sicher und wichtig vor.

Aber wie wurde man ein Mitglied der „Schwarzen Schatten"?

Wir beschlossen einen Aufnahmeritus für unsere Bande festzulegen. Einen Nachmittag auf dem Golfplatz und einen langen Abend auf dem Markt verbrachten wir damit, dieses Problem zu erörtern. Wir wollten beweisen, wie brutal wir waren. Darin waren wir uns einig. In diesem Augenblick ging eine alte Dame an uns vorbei. Wir wollten ihr den Spazierstock aus der Hand schlagen. Darin sahen wir unsere erste Erprobung. Einer der Jungen setzte unsere Gedanken in die Tat um. Als die alte Frau hinfiel, fing sie an zu schreien. An ihren Angst- und Hilferufen hatten wir unseren Spaß. Mein Freund ging zu ihr und versetzte ihr noch einen Tritt. Dann rannten wir weg und gratulierten uns noch gegenseitig zu unserem Erfolg.

Ganz außer Atem kamen wir schließlich am Ende des großen Einkaufszentrums an. Sofort fassten wir den Entschluss, dass der

Angriff auf eine alte, unschuldige Frau der Aufnahmeritus in unsere Bande sein sollte.

Ein anderes Aufnahmeverfahren bestand darin, dass wir unser Blut zusammenmischten. Wir schnitten uns in den Arm und rührten dann das Blut zusammen. Das machte alle Mitglieder der „Schwarzen Schatten" zu Blutsbrüdern. Dieses Ritual nahm ich sehr ernst.

Wenn ich jetzt zurückschaue, dann wird mir eines klar: Aus brutalen, rücksichtslosen Kindern waren wir nun zu gemeingefährlichen Teenagern geworden, die auch vor einem Verbrechen nicht zurückscheuten. Teenager sind vor allen Dingen Herdentiere. Die Bande geht ihnen über alles. Wir waren entweder von unseren Eltern ausgesetzt worden oder unsere Eltern waren Bettler. Wir fühlten uns als Außenseiter der Gesellschaft und aus lauter Trotz schlossen wir uns zusammen. Das Zusammengehörigkeitsgefühl unserer Bande war stark. Als Einzelner war jeder schwach und hilflos, aber gemeinsam konnten wir der erbarmungslosen Welt trotzen. Die Bande wurde unsere einzige Identität. Sie war sozusagen unsere Familie. Die anderen in der Bande waren mitunter rau und rücksichtslos. Aber sie bedeuteten mir viel, ja sie waren mein Ein und Alles.

Natürlich wollten wir von unseren Messern Gebrauch machen. Bei unserem ersten Versuch bedrohten wir unsere Opfer und nahmen ihnen Geld oder Wertsachen ab. Das war der Test für unsere Männlichkeit. Jetzt hatten wir das Gefühl, dass wir nicht nur überleben, sondern auch die Straßen beherrschen könnten.

Mein erster Stich mit dem Messer war dramatisch für mich. Zum ersten Mal in meinem Leben hatte ich das Gefühl, über einen anderen Menschen Macht zu haben. Doch in der folgenden Nacht, als ich unter der Brücke lag, ließ mich diese Sache nicht mehr los. Sie verfolgte mich wie ein Alptraum. Zwar hatte ich den Mann nicht schwer verletzt, aber sein verängstigtes Gesicht stand mir immer vor Augen und trieb mich um. Ich fühlte mich rastlos und elend. Im Schlaf warf ich mich hin und her und redete vor mich hin. Meine Freunde wurden davon wach und ahnten, woher meine Unruhe rührte.

„Steve, die einzige Lösung ist, dass du es wieder tust. Wenn du es mehrmals hinter dich gebracht hast, wirst du darüber hinwegkommen", rieten mir meine Freunde am nächsten Morgen. Leider hatten sie Recht. Nachdem ich noch einige Male zugestochen hatte, ließ es sich leichter damit leben.

In den folgenden Monaten griffen wir viele andere Leute an. Gewöhnlich am Freitagabend, weil dies der Zahltag war. Wir wollten ihre Geldbörsen rauben. Deshalb folgten wir einsamen Fußgängern, wenn sie durch unbelebte und dunkle Straßen gingen. Wir bedrohten sie mit unseren Messern, und es gab uns einen Kick, wenn wir die Angst in ihren Augen sahen. Es bereitete uns das größte Vergnügen, unsere Macht auszukosten. Wenn sie sich nicht zur Wehr setzten, ließen wir sie unbeschadet wieder laufen. Einige meiner Freunde überfielen auch Frauen und raubten sie aus. Manchmal haben sie sie auch in meiner Gegenwart vergewaltigt. Damit wollte ich nichts zu tun haben. Ich grinste, aber es war mir nicht wohl dabei, wenn die Frauen um Gnade winselten. Die Tränen ihrer Hilflosigkeit regten mich auf, und ich wollte, dass meine Freunde so schnell wie möglich von ihnen abließen.

Doch bald wurde ich wieder krank, und in den folgenden Monaten verbrachte ich viele Tage unter der Brücke, wo ich vom Fieber geschüttelt wurde oder still in der Sonne lag, während die „Schwarzen Schatten" ihr Unwesen weiter trieben. Sie wurden immer rücksichtsloser und brutaler. Zunächst raubten sie Autoradios. Dann stahlen sie auch die Autos. Einmal war es sogar ein Rolls Royce, wodurch sie Schwierigkeiten mit der Polizei bekamen. Erregt hörte ich ihnen zu, wenn sie mir ihre Geschichten erzählten. Ich war stolz darauf, zu den „Schwarzen Schatten" zu gehören. Die armen Viertel der Schwarzen in Salisbury waren alles, was wir von der Welt kannten. Unser einziges Ziel war, dort zu überleben.

Ein Menschenleben war hier nicht viel wert, und wir waren fest entschlossen, keine Verlierer zu sein.

Die fünfziger Jahre gingen zu Ende, und ich war mitten in meiner Teenagerzeit. Allmählich bekam ich einen Blick für die politischen Spannungen in Rhodesien. Die Leute sagten, unser Land dürfe nicht in der Hand der Weißen bleiben und auch nicht den Namen Rhodesien tragen. Es war ein Land der Schwarzen, unser Land. Echte Patrioten sollten sich dem Befreiungskampf von Simbabwe anschließen. Diese Freiheitsbewegung entstand, als Menschen sich der nationaldemokratischen Partei anschlossen. Aber sie wurde von kommunistischen Interessen außerhalb des Landes finanziert.

Der Gedanke einer schwarzen Herrschaft fand natürlich großen Zuspruch bei Millionen unseres Volkes, vor allem aber zog er junge, arme und heimatlose Jungen wie uns an. Unsere Wut und unsere allgemeine Frustration erhielt so ein Ziel. Wir hatten jetzt ein Ideal, für das wir kämpfen konnten.

Viele der jungen Leute, die ich kannte, waren sofort von der Idee begeistert, sich für die Befreiung von Simbabwe ausbilden zu lassen. Ich besuchte eine der ersten Versammlungen, die in einem Haus in Highfield abgehalten wurde. Wir gingen einzeln dorthin in Abständen von einer halben Stunde. Die Regierung hatte wohlweislich jede Zusammenrottung von Schwarzen unterbunden.

Der geheimnisvolle Fremde, der dort zu uns sprach, hatte eine aufrüttelnde Botschaft. Der Kampf wäre der einzige Weg, um das Land von dem weißen Unterdrücker zu befreien. Wenn wir bereit wären, für unser Land zu kämpfen, dann würde er uns zurüsten. Wir würden lernen, wie man die Waffen des allgemeinen Bürgerkriegs einsetzen kann: Benzinbomben werfen, Aufstände anzetteln, Sabotage an Banken, Postämtern, Kneipen und Regierungsämtern verüben. Das waren alles Methoden, die der Regierung Kopfzerbrechen und viel Arbeit verursachen würden.

Alle waren von der großartigen Idee überzeugt. Auch ich stimmte zu und vertrat diese Meinung. Doch irgendwie konnte ich mich in den nächsten Monaten zu keiner derartigen Tat aufraffen. Einerseits fehlte mir das Selbstvertrauen, das viele meiner Freunde besaßen. Warum sollte man mich als Mitglied des Jugendverbandes der NDP haben wollen? Außerdem war ich tief in meinem Herzen gar kein politisch interessierter Mensch. Mein Hauptinteresse richtete sich auf das eigene Überleben. Das ganze Dasein war nur eine elende Suche nach etwas Essbarem. Jeder Schluck Bier und jeder Zug Marihuana waren mir eine willkommene Gelegenheit, mein Elend vorübergehend zu vergessen. Ich fühlte mich kaum stark genug, mich selbst am Leben zu erhalten, geschweige denn es mit der starken weißen Regierung unseres Landes aufzunehmen. Der Alltag setzte mir so zu, dass keine Zeit für politische Aktivitäten blieb.

Während die anderen jungen Burschen eifrig darüber sprachen, wie sie im Befreiungskampf mitmachen könnten, verhielt ich mich sehr zurückhaltend, bis zwei Ereignisse eintraten, die mir den nötigen Impuls gaben. Das Erste geschah eines Tages, als ich in einem Anfall von Nostalgie hinter der kleinen Presbyterianerkirche stehen blieb, wohin mich meine Eltern vor vielen Jahren mitgenommen hatten. Das schien endlos lange her zu sein. Als ich dort in der Sonne herumlungerte, kam ein Mann mit einem Stehkragen und einem Anzug heraus.

„Was suchst du hier?", fragte er argwöhnisch.

Ich wollte nicht als ein herumstreunender Kerl gelten und sagte ganz arglos: „Ich bin in dieser Gemeinde groß geworden. Bevor Sie kamen, hat mein Vater hier gepredigt."

Der Herr schaute mich plötzlich sehr interessiert an. Freundlich erzählte ich ihm meine Geschichte, wie er sie sicher gerne hören wollte. Ich gab ein lebhaftes Bild von meiner Familie und mir und schilderte uns als ernste und fromme Kirchenbesucher. Wir seien jahrelang die Säulen der Gemeinde gewesen.

„Willst du eine Tätigkeit übernehmen?", fragte er ganz überraschend.

Warum sollte ich das nicht? Sein interessierter Blick schmeichelte mir, und ich war dazu bereit. Ein neues Abenteuer lag vor mir.

Die Tätigkeit bestand darin, die Mitgliedskarten der Gemeinde in Ordnung zu bringen. „Da du ja alle Leute kennst, wird das für dich nicht schwer sein", sagte der Pastor.

„O ja, gewiss." Ich zwang mich zu einem Lächeln und zog die Stirn in Falten, als ich dann an die Karten dachte. Ich kannte gerade so viel vom Alphabet, dass ich einige Buchstaben lesen konnte. So quälte ich mich einige Stunden in den folgenden Tagen ab. Es war gut, dass ich etwas Geld verdienen konnte. Schwierig wurde es nur, als man mich beim Rauchen erwischte. Vielleicht brachte das den Pfarrer auf den Gedanken, ich könnte vielleicht etwas weltlicher eingestellt sein als seine Schäfchen. Jedenfalls nahm er mich bald beiseite und bat mich um Hilfe in einer peinlichen Angelegenheit. Er sagte, er hätte bei einer Wette beim örtlichen Pferderennen auf einen bestimmten Hengst einen hohen Betrag gesetzt. Es wäre ihm deshalb wichtig, dass dieses Tier gewinnt. Dafür brauchte er einen Zaubertrank von einem Medizinmann. Er fragte, ob ich ihm diesen holen könne. Mittlerweile waren die Mitgliedskarten der Gemeinde so durcheinander geraten, dass mir die Unterbrechung gerade recht kam. Der Pfarrer lieh mir sein Fahrrad, und ich machte mich auf den Weg zur Rennstrecke. Dort traf ich einen Kirchenältesten, der bei der Rennleitung mitarbeitete und sich in seiner freien Zeit auch als Medizinmann betätigte. Neben anderen Gegenständen gab er mir ein Gefäß mit Pferdemist und Urin und den Fußabdruck eines Pferdes im Lehm. „Halt das gut fest", sagte er, „und auf keinen Fall darfst du dich umschauen, sobald du den Rennplatz verlassen hast. Sonst machst du den Zauber unwirksam."

Als ich mit dem Fahrrad zurückfuhr, ging mir vieles durch den Kopf. Meine Kenntnisse des presbyterianischen Glaubens waren zwar sehr lückenhaft, aber ich wusste doch, dass die Presbyterianer sich nicht mit schwarzer Magie abgeben. Warum handelte der Pfarrer so? Als ich sah, wie sich der Pastor über seinen Pferdemist, den Urin und den Fußabdruck freute, fragte ich ihn danach.

Es schien ihn in Erstaunen zu versetzen, dass ich das alles nicht verstand. „Natürlich brauche ich den Trank. Wie kann ich sonst gewinnen? Aber du darfst keinem deiner Freunde etwas davon erzählen."

„Meine Freunde?" Was würden sich die „Schwarzen Schatten" um den Abdruck eines Pferdehufes kümmern?

„Ja, die Kirchenältesten."

„Oh". Ich hatte ganz vergessen, dass ich diese ehrbaren Personen meine Freunde genannt hatte. Bald darauf entdeckte der Pfarrer, welch ein Chaos ich bei den Mitgliedskarten angerichtet hatte. Er warf mich hinaus. Nun hatte ich einen Nachmittag lang Zeit, in der Sonne zu liegen, und mir über den Gott der Christen meine Meinung zu bilden. Mir wurde klar, dass in dieser Religion keine Kraft stecken konnte, wenn selbst der Pfarrer bei den Geistern Hilfe suchte. Aber der Pfarrer wollte ja nicht, dass die Gemeinde davon erfuhr. Sie sollten ja glauben, dass er den Gott der Christen um Hilfe gebeten hatte. Warum führte er sie dann an der Nase herum? Als presbyterianischer Pfarrer hatte er eine gewisse Macht über sie, während er selbst wohl überzeugt war, dass seine Religion kraftlos sei.

Dann erinnerte ich mich daran, wie mein Vater freundliche Beziehungen zu einigen weißen Missionaren aufgenommen hatte. Sie hatten uns eingeladen, sie zu besuchen. Und er hatte mich, der ich damals noch ein kleiner Junge war, mitgenommen. Als wir zu ihnen kamen, führten sie uns nicht in ihr Haus und ließen uns auch nicht aus ihren Tassen trinken. Wir mussten draußen auf der Veranda sitzen und aus alten Blechdosen trinken. Währenddessen erzählten sie uns von ihrem Gott, dem wir gehorchen müssten. Sonst könnten wir nicht auf ein ewiges Leben hoffen.

Das erinnerte mich daran, was die Nationalisten bei der NDP gesagt hatten. Die Missionare hätten den Afrikanern befohlen, zu dem Gott der Christen zu beten und dabei die Augen zu schließen. Dann könnten ihnen die Weißen das Land stehlen.

An der Stelle setzte ich mich aufrecht hin. Zum ersten Mal in meinem Leben spürte ich, wie echter politischer Eifer in mir erwachte. Mein Vater, meine Mutter und ich waren an der Nase herumgeführt worden. Die ganze Zeit, in der Papa in der Kirche gepredigt hatte, war er nur ausgenutzt worden. Das Christentum hatte gar keinen Wert.

Natürlich war das schon lange her, und meine Eltern waren nicht mehr bei mir. Doch ich saß in der Sonne und die Wut stieg in mir auf. Wir waren missbraucht worden. Wozu, wusste ich nicht. Doch ich wurde ärgerlich und hatte für den Gott der Presbyterianer nichts mehr übrig. Trotzdem brachte mich das auf eine Idee, die ich erfolgreich umsetzte. Von da an besuchte ich die Presbyterianerkirche in Highfield mit einem zweifachen Ziel: Ich wollte mich mit den netten Mädchen im Chor unterhalten, und ich wollte Geld vom Kollektenteller stehlen, um mir dafür Bier und Drogen zu kaufen. Wenn presbyterianische Pfarrer ihre Gemeinde betrügen, warum sollte ich es dann nicht auch tun?

Der zweite Vorfall ereignete sich kurz danach. Eines Tages begegnete ich in der Stadt einer weißen Frau, die ich vom Tennisplatz her kannte. Zu meinem Erstaunen bot sie mir in ihrem herrschaftlichen Haus eine Arbeit als Diener an. Ihre Villa lag in dem Vorort Southerton. Sie erklärte mir, ihr Hausboy habe sie ohne Vorankündigung im Stich gelassen, und sie sei verzweifelt.

Ich machte einen Freudensprung. Mir fielen die Jahre ein, in denen ich mir als armes Kind vorgestellt hatte, dass die Arbeit für einen Weißen die Spitze auf der Erfolgsleiter sein würde.

Frau Smith, so möchte ich sie nennen, merkte bald, dass sie einen völligen Chaoten eingestellt hatte. Während ich erstaunt ihre Luxusvilla betrachtete, zeigte sie mir, wie man ein Hemd bügelt und den Fußboden aufwischt. Leider hatten wir hier ganz unterschiedliche Maßstäbe. Ich hatte mich nie darum gekümmert, ob ich Falten in meinen Kleidern hatte oder nicht. Ich konnte es auch gar nicht verstehen, dass sie sich aufregte, wenn ich immer noch einige Falten übersah oder neue Falten in den Stoff einbügelte. Ein anderes Missgeschick passierte mir, als ich nach dem Bügeln der Hemden ihres Mannes und ihrer Söhne die Ärmel zuknöpfte. Ich dachte, das müsste so sein. Wenn sie dann schnell in die Ärmel schlüpfen wollten, rissen die Knöpfe jedes Mal ab. Die Männer wurden dann sehr ärgerlich. Ich versprach mich zu bessern, aber beim nächsten Mal hatte ich es wieder vergessen und beging den gleichen Fehler.

Genauso ungeschickt stellte ich mich an, wenn die Fußböden geputzt werden sollten. Die einzigen Häuser, die ich bisher kannte, hatten schmutzige Fußböden. Als sie mich in ihre Küche mit den glänzend weißen Fliesen führte und mir sagte, ich solle den Schmutz wegwischen, konnte ich gar keinen Schmutz sehen. Schmutz bedeutete für mich, wenn ich beim Regen bis zum Hals in einer Sandkuhle lag, aber doch nicht ein paar graue Fleckchen auf einem sonst tadellos sauberen Boden.

Trotzdem gab ich mir alle Mühe. Doch bald rief meine Chefin entsetzt: „Ihr schwarzen Kaffer! Ihr seid wie die Affen, wisst ihr das? Darwin hat es bewiesen. Ihr habt früher auf Bäumen gelebt."

Soweit ich wusste, war ich diesem Herrn Darwin nie persönlich begegnet. Ich wusste auch nicht, ob er es wirklich bewiesen hatte oder nicht. Doch ich wehrte mich gegen den Gedanken, dass ein Weißer in Salisbury herumläuft und behauptet, die Schwarzen stammten von Affen ab. Aber es gab mir doch zu denken. Die weißen Menschen sahen so fein aus. Vielleicht hatte dieser Darwin Recht. Würde er in dieses Haus kommen und mir zeigen, dass ich von einem Affen abstammte? Wie sollte ich mich dann verhalten?

„Wir Weißen, wir kommen von Gott", fügte Frau Smith hinzu und ließ mich weiter auf allen Vieren den Küchenfußboden schrubben.

Geld bekam ich wenig, und sie hatte auch immer etwas an mir auszusetzen. Nach einigen Tagen hatte ich genug von den Weißen. Sie hassten uns Schwarze, lachten uns aus und behandelten uns mit Spott und Hohn. Ich konnte allerdings nicht über Frau Smith lachen oder sie von oben herab behandeln, denn sie war reich und klug. So blieb mir nur der Hass ihr gegenüber. Ich lief fort und ließ Türen und Fenster offen stehen. Ich hoffte im Stillen, sie würde ausgeraubt.

Meine Freunde zeigten kein Mitleid, als ich mich über die Kirche und über die Weißen beschwerte. „Das haben wir dir doch gleich gesagt."

„Sei kein dummes Huhn, Stephen. Für die Weißen bist du doch bloß eine Fußmatte. Sie stellen dir sogar ihren Schuh auf den Nacken."

Wenn ich an Frau Smith dachte, kam ein Augenblick lang die Rebellion in mir hoch. Die Nationalisten hatten Recht. Es war Zeit, die Weißen zu vertreiben und unser Land selbst zu besitzen.

„Du musst zu den geheimen Versammlungen der Befreiungsbewegung kommen, die in Highfield stattfinden", schlugen mir meine Kumpels vor.

Ich ging einmal hin und dann immer wieder. Meine Freunde nahmen an einem geheimen Treffen der Nationalisten im Wald vor Highfield teil. Ich schloss mich ihnen an. Der geheime Treffpunkt war eine Felsenhöhle. Gerade zehn von uns konnten darin Platz finden. Mehr durften es auch nicht sein, denn wir wollten die Aufmerksamkeit nicht auf uns ziehen. Sobald wir in der Höhle waren, hörten wir auf die Worte des örtlichen Leiters der Nationalisten. Er schob für unsere Armut und verzweifelte Lage den Weißen die Schuld in die Schuhe. Er sagte uns, dass wir niemals die Freiheit erlangen könnten, wenn wir nicht zum Kampf bereit wären. Das war eine der vielen Versammlungen, in denen junge Schwarze von den Führern der Nationalisten geschult wurden. Man zeigte uns, wie wir Unruhe und Aufruhr stiften konnten. Dann wurden wir wieder in unsere Städte zurückgeschickt.

Dass ich zu dieser politischen Jugendorganisation gehörte, erweckte in mir das freudige Gefühl, wirklich gebraucht zu werden. Endlich wusste ich, dass auch ich für etwas nützlich war. Die Führer der Bewegung akzeptierten mich so wie ich war. Und niemand machte mir Vorwürfe oder spottete über mich, weil ich arm, schwarz und ohne Schulbildung war. Man trichterte uns ein, dass wir das Recht auf unserer Seite hätten und davon auch Gebrauch machen sollten.

Das Trainingslager wurde für mich bald zu einer erweiterten Familie. Meinen Freunden ging es genauso. Zum ersten Mal wurde ich geachtet und nicht arrogant von oben herab behandelt. So lernte ich die Geschichte Afrikas aus dem Blickwinkel des Marxismus zu betrachten. Unsere Lehrer erklärten uns das ganz einfach. Ihre Hauptthesen lauteten so:

Früher einmal waren alle Schwarzen in Afrika gut und glücklich. Sie besaßen ihr eigenes Land. Dann kamen die Weißen. Sie sahen den Reichtum des Landes und wollten ihn für sich ausbeuten. Deshalb schickten sie die Missionare, die uns das Land wegnehmen sollten. Sie kamen mit Gewehren und Bibeln. Sie lasen aus der Bibel vor und führten uns hinters Licht. Sie befahlen uns niederzuknien und zu ihrem weißen Gott zu beten. Während wir so für die Wirklichkeit blind wurden, nahmen sie uns unser Land und seine Reichtümer weg. Als wir die Augen wieder öffneten, war es schon zu spät. Sie hatten Gewehre in der Hand, mit denen sie uns hätten töten können.

Als Beweis für diese Geschichtsschau zeigten sie uns ein Bild von David Livingstone. Es war ein Standbild von ihm, bei dem er eine Bibel und ein Gewehr in der Hand hält. Wir nickten alle zustimmend. So war es also. Ein Bild konnte nicht lügen. Wir lachten die Leute aus, die bisher geglaubt hatten, Gewehre seien nur dazu da, um Tiere zu töten.

Ich war schon ein älterer Teenager, und dies war die erste Geschichtsstunde meines Lebens. Sie wurde mir von Leuten erteilt, die zum ersten Mal freundlich mit mir umgingen. Ich glaubte nun, dass ich die wahre Ursache für den Jammer meines Lebens entdeckt hatte. Von jetzt an würde ich alle Weißen, alle Missionare und alles, was mit der Bibel zu tun hatte, hassen.

Nun wandten unsere Lehrer diese Sicht auf die Gegenwart an: „Ihr lebt in Armut, aber die Reichen schwelgen im Luxus. Sie fahren teure Autos, wohnen in großen Villen, haben eine gründliche Bildung erhalten und besitzen viele Kostbarkeiten. All das gehört euch. Ihr habt ein Recht darauf. Wollt ihr untätig dasitzen und den Weißen euren Besitz überlassen, während ihr am Hungertuch nagen müsst?" Diese Idee zündete in uns. Unsere Anführer konnten uns hoffnungslos verarmte Teenager mühelos davon überzeugen, wie ungerecht es war, dass die Weißen von allem immer das Beste hatten.

Wo lag also die Lösung? Nach Meinung unserer Anführer im Nationalismus. Nur wenn unser Land in der Hand von schwarzen Nationalisten wäre, könnten wir auf soziale Gerechtigkeit und auf ein anständiges Leben hoffen. Sie malten uns eine herrliche Zukunft vor Augen. Sie würde beginnen, sobald die Revolution ausgebrochen wäre und jeder Anteil an allem haben könnte. Eine gerechte Güterverteilung war ihr Ziel.

Als Beispiel wurden die großen Luxuslimousinen der Weißen angeführt, die immer abgeschlossen waren. „Wenn unsere Zeit gekommen ist, dann lässt man die Zündschlüssel im Auto stecken. Man kann dann einfach einsteigen und losfahren. Alles steht für jeden zur Verfügung."

Ich dachte an einen weißen Mercedes, den ich immer im Golfklub bewundert hatte. Ich stellte mir vor, dass der weiße Besitzer erschossen würde und ich dann mit dem Auto wegfahren könnte. Der Gedanke begeisterte mich. Und erst recht die Häuser! Man könnte in seiner Lieblingsvilla wohnen. Das wäre toll! Ich müsste nicht mehr unter Brücken schlafen. Wenn es so weit wäre, würde ich mir das Haus von Frau Smith nehmen. Das geschähe ihr recht.

Immer wieder wurde uns eingehämmert: Ihr werdet in eurem eigenen Land wie Sklaven behandelt. Wer gibt den Weißen das Recht dazu? Was tut ihr, um diesen Zustand zu beenden? Wenn ihr nichts unternehmt, dann nehmen sie euch alles weg.

Als Nächstes wurden wir unterwiesen, was wir im Einzelnen zu tun hatten. Man zeigte uns, wie wir den Kampf zu führen hatten, und wie wir Sabotage verüben und Unruhe stiften konnten. Ich lernte den Umgang mit Handfeuerwaffen und Benzinbomben. Manchmal wurde ich dabei an die amerikanischen Wildwestfilme erinnert. Meine Träume waren wahr geworden. Endlich wusste ich, wie man Leute erschießen konnte. Ich war einem regelrechten Machtrausch verfallen, wenn ich daran dachte, zum Wohl meines Landes Menschen zu töten.

Wir unerfahrenen Mitglieder der politischen Jugendorganisation erhielten Unterricht, wie man zum Aufruhr anstiftet und Terror verbreitet. Dazu gehörte auch, Benzinbomben auf öffentliche

Plätze zu werfen. Das Ganze hatte nur ein Ziel: Es ging weniger darum, hier und dort ein paar Dutzend oder ein paar hundert Menschen zu töten. Vielmehr sollte bei Tausenden Panik ausgelöst und damit die Regierung und das Gesetz Rhodesiens untergraben werden. Unsere Ausbildung war nichts für schwache Gemüter. Wir wurden einer strengen Zucht unterworfen. Manchmal bekamen wir tagelang nichts zu essen, um uns an die Härte zu gewöhnen. Man sagte uns, dass wir bald die Herrschaft im Land übernehmen würden. Gemeinsam würde es uns gelingen, die Weißen, den Kapitalismus, das Christentum und die ganze weiße Kultur auszurotten. Jeder von uns würde seinen Fähigkeiten entsprechend eingesetzt.

Das löste in mir wieder Trauer und Frustration aus. Denn einige meiner Freunde im Lager konnten lesen und schreiben. Sie wurden für die Weiterbildung und für Führungsstellen vorgesehen. Ich zählte nicht dazu. Was sollte man mit einem Teenager anfangen, der überhaupt keine Schulbildung hatte? Mir blieb nur ein bitterer Geschmack auf der Zunge. Meinen neuen Anführern konnte ich kaum die Schuld dafür geben. Mein ganzes Elend stand mir wieder vor Augen. Meine Eltern hatten mich ausgesetzt und damit mein ganzes Leben ruiniert.

Hass und Selbstmitleid kamen wie bittere Galle in mir hoch. Das Leben hatte mir nie eine Chance gegeben. Doch unsere Führer waren klug. Durch ihre geschickten Reden weckten sie in mir Rachegefühle und lenkten damit meine Frustration in eine ganz andere Richtung. Die Weißen und die Kirche sollten ausgeschaltet werden.

„Du kannst noch Großes für den Stadtteil erreichen, in dem du wohnst, Stephen. Bleib nur dort und sorge für Aufruhr. Damit unterstützt du unsere Ziele."

Im Jahre 1960 wurde ich vollwertiges Mitglied der nationalistischen Jugendbewegung und arbeitete für die Befreiung von Simbabwe. In den Augen der Regierung war ich ein elender Marxist, den man wegen Landesverrats erschießen sollte. Aber ich hätte mein Leben für unsere Sache gegeben. Ich war der festen Überzeugung, dass die Revolution alle meine Probleme lösen und mich glücklich machen würde.

So vergingen die Monate. Solange ich bei den „Schwarzen Schatten" war, konnte ich meine Nöte vergessen und mich an ihren Aktivitäten beteiligen. Wir waren immer im Einsatz. Wir warfen Benzinbomben in Parks und verübten Überfälle auf Kirchen, Polizeiautos und Versammlungen im Freien. Am besten erinnere ich mich noch an einen solchen Überfall auf die Cyril Jennings Halle in Highfield, wo der Premierminister Edgar Whitehead sprechen sollte. Wir zettelten einen Aufruhr an, indem wir uns unter die Leute mischten und sie zu gewaltsamen Demonstrationen aufstachelten.

Durch meine Zugehörigkeit zu dieser verschworenen Gruppe hatte ich zwar viele Kampfgenossen, aber im Lauf der Monate kaum echte Gemeinschaft. Alle waren von Wut und Hass erfüllt. Ich konnte es ihnen auch nicht zum Vorwurf machen, denn mir ging es doch genauso. Doch im Inneren spürte ich, dass mir die Revolution das versprochene Glück noch nicht gebracht hatte. Manchmal war ich todunglücklich. Dann redete ich mir ein: Sei geduldig, die Revolution hat ihr Ziel noch nicht ganz erreicht. Du musst noch etwas warten, bis du das Haus und das Auto hast.

Aber ich konnte nicht immer mit den „Schwarzen Schatten" zusammen sein. Wenn ich allein war, überfiel mich wieder eine große Leere und Niedergeschlagenheit. Ich kam mir schrecklich einsam vor.

Im Mai 1962, als ich fast zwanzig Jahre alt war, sollte eine große politische Versammlung stattfinden. Die NDP, die UNIP von Sambia und die Malawi-Kongresspartei wollten sie auf dem Gelände der Cyril Jennings Halle in Highfield abhalten. Die politische Stimmung war bis zum Siedepunkt aufgeheizt. Tausende von Arbeitern wollten einen großen Streik in der kommenden Woche durchführen. Dadurch sollte das ganze Land in Aufruhr versetzt werden. Wir Mitglieder der Jugendorganisation planten gegen jeden vorzugehen, der den Streik brechen und zur Arbeit gehen wollte.

Dies war für Montag vorgesehen. Wir wollten aber gerne etwas am Sonntag unternehmen, an dem die politische Versammlung stattfinden sollte. So brachte einer von uns die Idee auf, dass wir in das Machipisa Einkaufszentrum gehen und am Abend Benzinbomben in die Bank werfen sollten.

Ich fand die Idee großartig. Meine Freunde und ich verbrachten den Nachmittag in einer Höhle, wo uns weder die Polizei noch die Wachmannschaften entdecken konnten. Wir füllten die Flaschen mit Benzin und legten unsere Messer zurecht. Es war für uns eine gemütliche Beschäftigung. Zwischendurch tranken wir Bier und legten uns in die Sonne. Wir waren gespannt, was am Abend passieren würde.

6. Die Zeltversammlung

Etwa um sechs Uhr, als die Dämmerung hereinbrach, verließen wir unser Versteck und setzten uns in Richtung Machipisa in Bewegung. Auf einem Feld in der Nähe der Stadt sahen wir ein Zelt auf dem Anwesen der Niederländisch-Reformierten Kirche. Einige Tage zuvor, als wir dort vorbeigekommen waren, hatte es noch nicht dort gestanden. Es war ein sehr großes Rundzelt. Anscheinend sollte eine Versammlung stattfinden, denn drinnen waren schon viele Menschen versammelt, und noch immer kamen viele dazu. Draußen parkten einige Autos. Wir konnten den Gesang der Leute hören.

„Was ist denn das?", meinte mein Freund Edson erstaunt.

„Vielleicht ein Zirkus", meinte ich hoffnungsvoll. Jede Form von Unterhaltung war mir willkommen. Wenig später hörten wir aus dem Inneren des Zeltes den Klang eines Klaviers. Wir blieben stehen. Die Leute fingen an zu singen.

Ein Chor! Kein Zirkus würde einen Chor auftreten lassen. Das musste eine christliche Versammlung sein! Wir schauten uns nur kurz an, und dann war klar, dass wir die Sache unter die Lupe nehmen mussten. Wir gingen näher an das Zelt heran. Auf einem schmalen Band an der Seite lasen wir: „Dorothea-Mission".

„Oh, das ist die Dorothea-Mission", sagte Edson, der gerne damit angab, dass er lesen konnte.

„Was sind das für Leute?"

„Nun, sie sind eine Mission."

„Und?"

„Näheres weiß ich nicht. Da steht nur Dorothea-Mission", meinte er achselzuckend.

„Das ist ja großartig." Ich warf ihm einen vernichtenden Blick zu. Da ich selber nicht lesen konnte, reagierte ich sehr empfindlich, wenn einer mit seinem Wissen prahlte.

„Dorothea-Mission" sagte tatsächlich keinem von uns etwas. Aber wir befanden uns jetzt schon mitten in der Menschenmenge und konnten vielleicht etwas Näheres erfahren.

„Dorothea-Mission?" Eine Dame blieb stehen, als sie diese Frage hörte. „Das sind Christen aus Südafrika. Kommt in die Versammlung und hört zu!" Dann ging sie schnell weiter.

Südafrikanische Christen! Ich war wie elektrisiert. Dabei konnte man es nicht bewenden lassen. Ich wandte mich meiner Bande zu. „Hört mal, aus Südafrika kommt nichts Gutes. Da gibt es nur Rassentrennung und Apartheid. Warum kommen solche Leute nach Rhodesien und predigen von ihrem Gott? Sie sind nur hier, um uns einer Gehirnwäsche zu unterziehen. Wir sollen friedlich werden und nicht für unsere Freiheit kämpfen."

Ärgerlich nickten sie. Ein Plan zeichnete sich ab. Schnell fuhr ich fort: „Diesen Christen müssen wir eine Lektion erteilen. Heute Abend werde ich es ihnen zeigen. Dann jagen wir sie in die Luft!"

Es gehörte nicht viel Phantasie dazu, sich vorzustellen, dass einige gut gezielte Benzinbomben in diesem Zelt eine Panik hervorrufen und einen beträchtlichen Schaden anrichten würden. So etwas würde uns auch mehr begeistern, als wenn wir nur Betonwände in einer Bank zerstörten. Es würde uns bestimmt ein Gefühl von Macht verleihen und beweisen, dass wir doch zu etwas Großem fähig wären. Wir würden ein Zeichen setzen. Wir hätten die Gelegenheit, unseren Hass zu nähren. Schnell hatte ich einen einfachen Plan ausgearbeitet. Ich teilte meine 12 Freunde in Zweiergruppen auf. Sie sollten sich rings um das Zelt postieren. Niemand würde Verdacht schöpfen, wenn sich zwei von ihnen am Ausgang aufhielten. Sie könnten sich unauffällig unter die neugierigen Beobachter mischen.

Nun musste ein genauer Handlungsablauf festgelegt werden. Es war das größte Unternehmen, das ich je geplant hatte. Präzise und strategisch sollte es ablaufen. Um sieben Uhr sollte der Überfall beginnen.

„Um sieben Uhr abends werde ich pfeifen, und jeder schleudert seine Steine oder Benzinbomben in den Zelteingang", gab ich

Anweisung. Meine Kumpels lachten, als sie sich das Chaos vor-stellten. „Ich will", fuhr ich fort, „dass alle Leute im Zelt umkommen."

„Alles klar", kam die Antwort.

Das war natürlich bei den wenigen Waffen, die wir hatten, gar nicht möglich. Aber auch meine Freunde waren voller Hass auf das Christentum und hatten sich genau wie ich durch die politische Agitation an diesem Morgen aufhetzen lassen. Ihre Augen sprühten vor Erregung. Ich liebte dieses Machtgefühl und machte mir keine weiteren Gedanken über den Terror und den Schaden an Leib und Leben, den wir anrichten würden. Ich, Stephen Lungu, plante einen Überfall auf ein Zelt, in dem sich Hunderte von Menschen befanden. Kein anderes Mitglied unserer Jugendorganisation hatte so etwas schon vollbracht. Das würde mein Ansehen ungemein steigern.

Noch einmal wies ich darauf hin: „Denkt daran: Keiner der Besucher darf lebend das Zelt verlassen. Wenn ihr jemanden entkommen lasst, dann ist euch die Kugel sicher." Das klang gewaltig, und in diesem Moment meinte ich es auch so. Ich war ein rachsüchtiger, bösartiger und gefühlskalter Kerl geworden.

Nachdem wir im Flüsterton beraten hatten, uns danach im Einkaufszentrum zu treffen, sagte George plötzlich: „Aber es ist schon fünf vor sieben. Wir haben nur noch fünf Minuten."

„Fünf Minuten? Gut, dann lasst uns hineingehen und schauen, was geschieht", schlug ich vor. „Wir bleiben nur zwei Minuten drin."

Ich hatte keine Ahnung, welche Bedeutung diese zwei Minuten für mich gewinnen sollten. So gingen wir ins Zelt und sahen, dass die hinterste Bank frei war, als hätte man sie für uns reserviert. Wir setzten uns in einer Reihe hin und schauten uns um. Viele einfache Menschen aus Highfield waren gekommen. Schlanke Männer in abgetragenen Hemden und Hosen und Frauen in bunten, wunderschönen Kleidern.

Sie sangen noch Chorusse, und wir stimmten lachend mit ein. Wir sangen aber bewusst falsche Töne, um die Leute zu ärgern.

Das gelang uns auch. Ein Prediger, der, wie ich später erfuhr, aus Sambia stammte, war in dem Zelt Ordnungshüter. Er kam auf mich zu und legte mir die Hand auf die Schulter. „Sing nicht so falsch, junger Mann!"

Ich ließ mich nicht gern anfassen. Ich wandte mich ihm zu und zog mein Messer. „Mach dich aus dem Staub! Wenn du mich noch einmal anrührst, bringe ich dich um", fauchte ich ihn an.

Verwirrt wich er mehrere Schritte zurück.

Dann hörte der Gesang plötzlich auf. Die zwei Minuten waren vorbei, und wir wollten gerade gehen, als ein Mann auf das Podium in der Mitte des Zeltes trat. Er kündigte an: „Wir haben ein junges Mädchen unter uns. Sie stammt aus den Straßen von Soweto. Aber ihr Leben hat sich völlig verändert. Sie will jetzt davon Zeugnis ablegen, wie Jesus in ihr Leben kam. Ihr Name ist Rebecca Mpongose."

Ein Mädchen sollte predigen? Wir waren erstaunt und blieben verwirrt sitzen. Dass eine Frau vor einer großen Zeltversammlung sprach, hatten wir noch nie gehört.

Ich war sehr erstaunt und reckte meinen Hals, um sie genauer sehen zu können. Eine nette junge Frau trat ans Mikrofon und fing an zu sprechen. Mit angenehmer Stimme begann sie: „Ich bin Rebecca Mpongose aus Soweto in Südafrika."

Im Moment waren wir so verblüfft, dass wir gar nicht mehr hörten, was sie noch sagte. Ich hatte noch nie in meinem Leben eine Frau gesehen, die predigte. Und dass eine so hübsche, junge Dame vor so armseligen Leuten wie den Christen sprach, ging mir gegen den Strich. In meinen wildesten Träumen hätte ich mir nicht vorstellen können, dass attraktive, junge Frauen irgendetwas mit dem Christentum zu tun haben könnten. Alte Omas und hässliche Mädchen mit platten Nasen hatte ich unter den Christen wahrgenommen. Hübsche Frauen aber sollten stolz durch die Straßen gehen, damit sie anziehend auf uns Männer wirkten. Hier verschwendete Rebecca ihre Schönheit.

Aber ich konnte nicht leugnen, dass sie eine gewisse Ausstrahlung hatte. Das machte sie interessant, und ich hörte ihr zu. Sie sprach von Jesus, ihrem Freund. Als sie ihn gefunden hatte, sei ihr Leben ganz neu geworden. Seine Liebe habe sie völlig verwandelt. Sie sprach mit einer seltsamen, unwiderstehlichen Autorität. Man musste einfach hinhören, wenn sie von Vergebung und einem Neubeginn im Leben berichtete. Ich kam mir plötzlich schäbig und schmutzig vor.

Durch die Freude, die sie ausstrahlte, schlug sie mich ganz in ihren Bann. Ich beugte mich vor. Von ihren Worten wurde ich innerlich tief bewegt. Ich sehnte mich nach einer solchen Freude. *Wen hat sie gefunden? Jesus?* Ich hatte diesen Namen vor Jahren in unserer Kirche schon einmal gehört. Aber er bedeutete mir nichts. Christentum verband ich immer nur mit Gott. Dann richtete ich mich kurz auf.

Für einen afrikanischen Mann war es undenkbar, dass eine Frau ihn zu irgendetwas veranlassen konnte. Aber ich war von Rebecca und ihrem Zeugnis von Jesus beeindruckt. Es hatte mich im Innersten erschüttert. Ich wagte jedoch nicht, ihrer Einladung zu folgen und zu Jesus zu kommen, denn ich gehörte ja zu meiner Bande. Sicherlich würden sie mich für einen Schwächling halten.

Meine Kumpels wurden unruhig. „Lass uns gehen", flüsterte Edson. Doch ein unbeschreibliches Verlangen wühlte mich auf. Ich war hier einer Frau begegnet, die etwas Wunderbares gefunden hatte. Ich hätte niemals gedacht, dass Religion so befreiend sein könnte. Zauberei und Ahnengeister übten einen ganz anderen Einfluss auf die Menschen aus.

„Noch zwei Minuten, bitte!", flüsterte ich ungehalten und zog Edson wieder auf seinen Sitz neben mich. Es machte mir gar nichts aus, so zu reagieren, denn wir alle bewunderten dieses hübsche Mädchen. Unsere Bande sollte wissen, dass ich nicht nur von ihr begeistert war, sondern auch hören wollte, wie ihr Leben sich tatsächlich verändert hatte. Meine Freunde rollten die Augen und saßen etwas ungehalten auf der Bank. Ich wandte mich wieder der jungen Dame zu, um auf ihre Botschaft zu hören. Sie sprach gerade ihre letzten Sätze.

„Wir wollen jetzt auf das hören, was Sadrach Maloka, ein Evangelist aus Südafrika, zu sagen hat." Mit einem gewinnenden Lächeln trat sie zur Seite. Ein großer Schwarzer von etwa dreißig Jahren stieg aufs Podium.

Das hätte für mich das Signal sein müssen, mich umzudrehen und den anderen das Zeichen zum Angriff zu geben. Schließlich war sieben Uhr schon lange vorbei. Aber ich blieb sitzen und ließ mich nicht von meinen unruhigen Kameraden bedrängen. Ich war immer noch von der jungen Frau begeistert und wollte hören, ob dieser Prediger auch etwas von diesem Jesus sagen würde, der ein so hübsches Mädchen in seine Nachfolge gerufen hatte. Ich nahm an, dass von dem Mann die gleiche Freude ausginge.

Doch davon war nichts zu spüren.

Langsam ging dieser Sadrach Maloka ans Mikrofon und schaute über die versammelte Menschenmenge hinweg. Der Mann hatte Vollmacht. Aber er schaute uns zunächst nur an, und alle im Zelt richteten ihre Blicke auf ihn. Völlige Stille lag über der Versammlung. Sie schlug uns in ihren Bann. Dann donnerte er unvermittelt los: „In Römer 6,23 heißt es: Denn die Sünde wird mit dem Tod bezahlt. Gott aber schenkt uns in der Gemeinschaft mit Jesus Christus, unserem Herrn, das ewige Leben, das schon jetzt beginnt und niemals aufhören wird. Und in 2. Korinther 8,9 hören wir: Denkt daran, was unser Herr Jesus Christus für euch getan hat. Er war reich und wurde doch arm, um euch durch seine Armut reich zu machen."

Wie viele andere Leute stand ich auf. *Was für ein rauer Bursche!*, dachte ich ärgerlich. *Eine Begrüßung hätte ich mir anders vorgestellt.*

Ich wollte mich gerade abwenden und das Zeichen zum Angriff geben, als ich merkte, dass der Prediger ganz still geworden war. Seine Augen streiften über die Menge wie große Scheinwerfer, aber er sagte kein Wort. Es herrschte äußerste Stille. Regungslos stand er da. Ich konnte es nicht begreifen und starrte ihn an. Während dieser Stille klang aber das Wort noch in meinen Ohren: Die Sünde wird mit dem Tod bezahlt.

Sünde bedeutete also Tod.

Wie ein Echo erklang dieser Satz immer wieder in der Stille des

Zeltes. Aus Sekunden wurden Minuten. Er stand einfach da und schaute uns mit einem durchdringenden Blick an. Die Menge schien wie elektrisiert. Sünde bedeutete Tod.

Alles Böse, das ich in der letzten Zeit getan hatte, ging mir durch den Sinn, auch der Hass, der mich fast auffraß. Nach dem Leben, das ich geführt hatte, brauchte mir niemand zu sagen, dass ich sterben würde. Es durchzuckte mich, wie ich meinen Vater, meine Mutter, meine Tanten hasste. Auch mein gegenwärtiges Verhalten stand mir lebhaft vor Augen: die Gewalttaten, die räuberischen Überfälle und der Hass gegen alle Menschen, die nicht zu meiner Bande gehörten. Und dann verzog dieser Mann sein Gesicht. Seine großen dunklen Augen füllten sich mit Tränen, die ihm über die Wangen rannen. Er schluchzte laut und weinte. Ich war tief betroffen. Ich hatte damit gerechnet, dass eine schlimme, wüste Strafpredigt auf uns niederprasseln würde und wollte mich schon innerlich dagegen wappnen. Aber auf das, was jetzt kam, war ich nicht vorbereitet.

Abwechselnd lief es mir heiß und kalt über den Rücken. „Das ist etwas ganz Neues", flüsterte ich meinem Freund zu. Selbst wenn ich es gewollt hätte, ich hätte mich nicht von der Stelle rühren können. Erst der Auftritt dieses hübschen Mädchens, und dann das! Warum musste der wortgewaltige Prediger nur weinen? So etwas hatte ich noch nicht erlebt. Es kam mir fast unheimlich vor.

Und dann begann er langsam und mit feierlichen Worten wieder zu reden. Alle Augen im Zelt waren auf ihn gerichtet.

„Ich muss weinen. Ich muss weinen, weil der Heilige Geist mir gesagt hat, dass heute Abend viele Leute hier sind, die sterben müssen, wenn sie Christus nicht in ihr Leben aufnehmen."

Wie ein elektrischer Schlag durchfuhr es mich, als ich daran dachte, warum ich eigentlich hier war. Ich wollte ein Chaos anrichten, und dieser Redner behauptete, er würde unseren Plan kennen. Ich musste tief durchatmen. Woher wusste er von unserer Bande und den Benzinbomben? Bei dem Schock, der mich traf, hätte ich beinahe meine Papiertüte mit den Benzinflaschen fallen gelassen.

Dann sprach er weiter: „Viele von euch sind in ernster Gefahr. Wir leben in Zeiten, in denen die Gewalt herrscht. Es könnte sein, dass ihr bald nicht mehr am Leben seid." Das wiederholte er einige Male.

Dass er sich mit seiner Behauptung so sicher war, konnte nur einen Grund haben: Jemand musste ihm von mir berichtet haben. Aber wie war das möglich? Wir hatten diesen Plan doch gerade erst gefasst. Langsam geriet ich in Panik. Wenn er unseren Plan kannte, wüssten auch seine Helfer, wer wir waren. Es war also keine Zeit zu verlieren.

„Macht euch fertig!", flüsterte ich. Ich hatte Angst, dass die Saalordner jetzt auf uns zukämen. Ich hantierte in meinem Beutel herum, um die selbst gebastelten Benzinbomben zum Einsatz zu bringen. Ich wollte gerade meinen Leuten sagen, dass sie schnell nach draußen gehen sollten.

Doch dann fing der Prediger wieder an zu reden: „Wenn ihr für eine bestimmte Firma arbeitet, dann bekommt ihr auch von dieser Firma euren Lohn. Ihr könnt ihn nicht von einer anderen erwarten. Wenn ihr für den Teufel arbeitet, bekommt ihr von ihm euren Lohn. Ihr alle verdient den Lohn des Teufels, nämlich den Tod!"

Plötzlich nahm die Stimme von Sadrach Maloka einen bedrohlichen Ton an. Anklagend richtete er seinen Finger auf die Versammlung.

„Ihr alle habt gesündigt. Ihr habt betrogen. Ihr habt gelogen. Ihr habt anderen Menschen Unrecht getan."

Immer wieder schnellte sein Finger in die Höhe. Mir fielen die Leute ein, die ich überfallen hatte. Es schien so, als ob der Prediger direkt auf mich zeigen würde und alle Sünden kannte, die ich jemals begangen hatte. Ich war völlig bestürzt. Vor meinen Freunden wollte ich mich verteidigen und flüsterte ärgerlich:

„Dieser Prediger hat überhaupt keine Manieren. Warum zeigt er immer auf die Leute?"

Edson starrte mich verständnislos an.

Dann fuhr der Prediger fort:

„Ihr seid Gott ungehorsam gewesen und glaubt noch, Gott würde nicht sehen, was für ein böses Leben ihr führt. Ihr sündigt jedes Mal, wenn ihr euren Mund auftut. Ihr lästert und betrügt. Eure Zungen sind giftig wie bei gefährlichen Schlangen."

Ich war wie gelähmt. Erst am Tag vorher hatte ich vergeblich versucht, den kleinen Ofen von Robert anzuzünden. Weil es nicht klappte, hatte ich wütend dagegengetreten und dabei gemeine Flüche ausgestoßen. Woher konnte der Pastor das wissen?

Es gab für mich nur eine Erklärung. Robert, der neben mir saß, musste ihm davon erzählt haben. So zog ich mein Messer heraus und schimpfte leise in sein Ohr:

„Wie kannst du es wagen, diesem Mann von meinen Sünden zu erzählen. Ich bring dich um!"

Robert sprang auf und starrte mich entsetzt an. Offensichtlich fühlte auch er sich schuldig. Er sagte nämlich zu mir: „Du hast ihm auch von mir erzählt. Ich bring dich auch um!"

Zornig schauten wir uns ins Gesicht. Inzwischen sprach der Prediger weiter über die Sünde und ihre Folgen. Immer wieder zeigte er mit seinem Finger auf die Leute. Je länger er redete, desto mehr hatte ich den Eindruck, er würde mich ganz persönlich ansprechen.

Nachträglich weiß ich, dass ich damals unvermittelt in eine tiefe geistliche Krise geraten war. Doch zu der Zeit ahnte ich nicht, dass ich in meinem Geist von Gott angesprochen wurde, und ich begriff auch nicht im Geringsten, was mit mir geschah. Ich war ein ganz einfacher, normaler Mensch, der sich keinerlei tiefer gehende Gedanken machte. Mir kam es so vor, als ob der Prediger dastand und nur zu mir sprach und vor allen Leuten die Geheimnisse meines Herzens preisgab. Es war mir damals noch gar nicht klar, dass die anderen Menschen ein genauso böses Herz hatten.

An unseren geplanten Überfall dachte ich mittlerweile gar nicht mehr. Der Finger des Predigers, der auf mich gerichtet war, hatte mich hypnotisiert. Ich dachte nicht mehr daran, das Zelt zu verlassen. Ich versuchte nur diesem Finger zu entgehen, indem ich mich immer wieder duckte, wenn er in meine Richtung zeigte.

Ich benahm mich wie ein Stehaufmännchen. Edson wurde ungeduldig. Mein Beutel mit den Benzinbomben baumelte gefährlich hin und her. In dieser inneren Krise verstand ich mich selber nicht mehr. Ich befand mich im hinteren Teil des Zeltes und trug einen Beutel mit tödlichen Waffen bei mir. Und dennoch hatte ich Angst vor dem Finger, den ein unbewaffneter Prediger auf mich richtete.

Dann wechselte der Prediger plötzlich das Thema. In warmen, einfühlsamen Worten sprach er jetzt von Jesus. Dieser Jesus hatte vor langer Zeit gelebt und hatte selber viel Schweres durchmachen müssen. Er war kein großer Herrscher, sondern ein armer und ohnmächtiger Mann. Er stammte aus einem Volk, das wie wir von einer fremden Macht unterdrückt wurde. Er hatte kein Zuhause und kein Geld. Niemand verstand ihn wirklich. Dennoch hatte er eine gewaltige Vollmacht. Er wusste um das Geheimnis des Lebens, heilte Kranke und half ihnen. Sein Leben fand ein Ende, als er von denen umgebracht wurde, zu deren Rettung er gekommen war. Durch seinen Tod hat er uns Frieden mit Gott erworben. Deswegen kann jeder von uns ewiges Leben von ihm erhalten.

Dann wiederholte der Prediger wieder 2. Korinther 8,9: „Denkt daran, was unser Herr Jesus Christus für euch getan hat. Er war reich und wurde doch arm, um durch seine Armut reich zu machen."

Plötzlich begriff ich, worum es beim Christentum ging. Es hatte eine Botschaft für Menschen wie mich. In diesem Jesus konnte ich *mich* wiederentdecken. Er hatte in jeder Hinsicht gelitten wie ich auch. Armut, Unterdrückung, Hunger, Durst und Einsamkeit waren ihm nicht unbekannt. Doch das Erstaunliche war, dass er gar nicht hätte leiden müssen. Allein aus Liebe zu mir hat er alles auf sich genommen. Um meinetwillen ist er auf die Erde gekommen, um den Preis für meine Sünde zu bezahlen. Der Lohn für meine Sünde wäre der Tod. Aber Jesus hat mich freigekauft. Am Kreuz ist er arm geworden, damit ich reich werden kann.

Der Prediger wies darauf hin, dass jeder, der es wollte, Jesus in sein Leben aufnehmen kann. Ich könnte meine Armut und meine

Sünde gegen seine Liebe und seinen Reichtum eintauschen. Da wurde mir plötzlich klar, welchen Tausch mir Jesus anbot. Ich sprang jetzt nicht mehr ständig auf, sondern blieb still sitzen. Ich war mit mir selbst am Ende. Die Tränen über all den Schmerz, die Einsamkeit, den Selbsthass und die Angst, die ich erfahren hatte, flossen mir über die Wangen. Wenn Jesus diese schwere Last nicht von mir nehmen könnte, wollte ich nicht länger leben.

Die Afrikaner können es gut ertragen, wenn Menschen ihren Gefühlen Ausdruck geben. Aber das hat auch seine Grenze. Die Leute in der Versammlung drehten sich um und schauten neugierig zu mir hinüber, als ich weinend da saß. Für die anderen Mitglieder unserer Bande war das zu viel. Sie wurden sehr unruhig. Doch mich kümmerte das im Augenblick nicht. Ich wollte nur frei werden von dieser unerträglichen Last, die der Schmerz, die inneren Verletzungen und das Böse mir auferlegt hatten.

So fasste ich meine Tasche mit Benzinbomben, stolperte zwischen den Menschen hindurch und ging nach vorne. Ich war noch nie in einer solchen Versammlung gewesen und wusste auch gar nicht, dass der Prediger am Ende die Leute einladen würde, nach vorne zu kommen. Ich hatte einfach nur das Verlangen, in seiner Nähe zu sein. Er sollte mir helfen, diesen Jesus zu finden.

Ich meinte, die anderen Leute im Zelt müssten verstehen, dass ich mich nur bei dem Prediger ausweinen wollte. Die Spannung und die Belastung, die hinter mir lagen, zerrissen mich innerlich. Das Elend und die Angst, die ich als Kind durchgemacht hatte, kamen jetzt wieder in mir hoch. In meinem Herzen schrie ich nach Liebe und Geborgenheit.

Von Reue und Vergebung hatte ich nie etwas gehört. Der Prediger hatte auch einfach nur gesagt, dass ich meine Armut gegen den Reichtum von Jesu eintauschen könnte. Und das wollte ich tun. Die Augen des Predigers leuchteten auf, als er mich nach vorne kommen sah; aber er war so in Fahrt, dass er weiter predigte. Im nächsten Augenblick war ich vorne bei ihm. Meine Knie versagten, und ich fiel vor ihm auf den Boden. Wie ein Sturmwind dröhnten seine Worte über mich hinweg. Ich verstand sie kaum. Ich wusste nur, dass er mir Erleichterung versprach. Ich streckte meine Hände aus und hielt mich an seinen Füßen fest. Später erfuhr ich übrigens, dass meine Bande in diesem Augenblick geglaubt hatte, ich wollte den Prediger überfallen und ihn umbringen.

Dann griffen starke Arme nach mir und wollten mich wegziehen. Die Helfer waren herbeigeeilt, weil sie es als störend empfanden, dass ein weinender junger Mann die Beine des Predigers umklammerte. Aber ich hätte nicht gewusst, wohin ich mich sonst hätte wenden sollen. So hing ich wie eine Klette an ihm. Mein klagendes Weinen wurde nur noch stärker. Der Pastor war zwar ein Mann, der nicht so leicht aus der Fassung zu bringen war, aber selbst er konnte nicht übersehen, welches Handgemenge sich zu seinen Füßen abspielte. Er wollte schließlich eine Versammlung von vielen Hunderten von Menschen ansprechen, doch unser wildes Hantieren verstellte ihm die Sicht auf die Menschen. Er unterbrach seine Rede und sagte zu seinen Ordnern: „Lasst diesen jungen Mann in Ruhe. Ihr stört mich sonst nur." Sein Blick war so streng, dass er keinen Widerspruch duldete. Erstaunt wichen die Mitarbeiter zurück. Sadrach Maloka warf einen kurzen Blick auf mich, der ich weinend zu seinen Füßen kauerte, holte noch einmal tief Luft und predigte dann weiter.

Im nächsten Augenblick flog ein Hagel von Steinen ins Zelt. Panisch vor Angst schrien die Menschen auf, und ein Chaos brach los.

7. Die Benzinbombe

Es erfolgte eine Explosion. Eine Benzinbombe wurde von draußen an die Zeltplane geschleudert und setzte sie in Brand. Kleine Flammen züngelten hoch, aber glücklicherweise breiteten sie sich nicht aus. Menschen schrien. Kurz danach wurden Dutzende von Steinen gegen das Zelt geworfen. Viele drangen auch ins Innere und verletzten die Leute. Entsetzt wandte ich mich um. Hatten meine Freunde ohne mich angefangen? Ich hatte gar nicht mehr an sie gedacht. Bestürzt drängten die Besucher ins Freie. Manche wurden dabei umgestoßen und beinahe niedergetrampelt. Mütter stellten sich schützend vor ihre Babys. Im Zelt und auch außerhalb hörte man Schreie. Später erfuhr ich, dass die politische Anspannung, die am Morgen in der Versammlung aufgeheizt worden war, zu einem Aufruhr geführt hatte. Überall in unserem Stadtteil kam es zu gewaltsamen Ausschreitungen. Junge Schwarze zeigten offen ihre Wut und ihre Auflehnung gegen die weiße Herrschaft. Highfield war für die Regierung immer ein Unruheherd gewesen und ist es auch noch in den Jahren nach dem Aufstand geblieben. Viele schwarze Nationalistenführer waren schließlich in Highfield zu Hause.

Der Prediger stand immer noch auf dem Podium. Zitternd kniete ich neben ihm. Die Mitarbeiter der Dorothea-Mission versammelten sich vorne ums Podium und stimmten leise ein Lied an. Sie sangen: „Es ist Kraft, Kraft, wunderbare Kraft in dem Blut des Lammes allein."

Im Vergleich zu dem Aufruhr ringsumher klang dieses Lied beruhigend und voller Hoffnung.

Ich schaute zu dem Prediger. Sein Gesicht war angespannt, aber doch gefasst. Er schloss die Augen, und ich erkannte, dass er beten wollte. Es fiel mir ein, was er zu Beginn seiner Rede gesagt hatte. Er würde weinen, weil heute Abend viele Menschen hier sterben könnten. Woher hatte er von der Gefahr gewusst? Wer hatte ihn darauf aufmerksam gemacht?

Man hörte laute Rufe und das Getrampel von Füßen. Der Prediger und ich kamen uns vor, als seien wir mitten im Auge des Orkans der Gewalt eingeschlossen. Kurz danach hörten wir, dass viele Autos vorbeifuhren. Später wurde uns erzählt, dass die Regierung ihr Sonderkommando geschickt hatte, um Aufstände in Highfield niederzuschlagen. Draußen sah es so aus, als tobte die Hölle. Offensichtlich waren dort Hunderte von gewalttätigen Demonstranten zu Gange. Das Zelt der Dorothea-Mission war nur eines von vielen Angriffszielen in dieser Nacht gewesen.

Die Verantwortlichen des Missionsteams waren um die Sicherheit der Menschen besorgt, die das Zelt verlassen hatten und in das Chaos hinausgestürmt waren. Sie versuchten, den Zelteingang zu erreichen und die Besucher zurückzurufen. Doch ein Steinhagel hielt sie davon ab.

Mittlerweile waren nur noch ganz wenig Menschen im Zelt. Um sie zu beruhigen, stimmten die Mitarbeiter noch ein Lied an. Die wunderbaren Klänge wirkten beruhigend in diesem Tollhaus. Dann beteten die Mitarbeiter und baten Gott, er möge sie vor allem Übel bewahren.

Plötzlich hatte der Prediger mich wieder entdeckt. Seine dunklen Augen, die so traurig über dieses schreckliche Zerstörungswerk waren, sahen mich besorgt an. „Junger Mann, was kann ich für dich tun?", fragte er mit warmherziger Stimme.

Ich schaute mich um. Überall herrschten Angst und Gewalt, und doch gab es hier im Zelt auch ruhige Stimmen, die Lieder sangen und zu Jesus beteten. Es war wie ein Bild für meine eigene Situation. Mitten im fürchterlichen Hass war ich in einer Oase der Liebe und des Friedens geborgen. Danach sehnte ich mich. Ich wollte Jesus haben.

So fragte ich den Prediger: „Kann dein Jesus einen solchen Menschen wie mich retten?"

„Ja", antwortete er. „Jesus starb für dich. Gott liebt dich."

Gott liebt mich! Warum brachte er jetzt Gott ins Spiel? Was hatte Gott jemals für mich getan? Er hat mich fast verhungern lassen. Ich war auf Gott böse. Und deshalb antwortete ich auch sehr direkt:

„Prediger, du sagst mir, dass Gott mich liebt. Dafür bringe ich dich um." Ich griff nach meinem Messer. „Von Gott will ich nichts hören, aber du sollst mir von Jesus erzählen." Der Prediger sah mich von oben bis unten ganz ernst an. Mein Beutel mit Benzinbomben muss ihm dabei aufgefallen sein. Dann sagte er wieder ganz ruhig: „Junger Mann, vielleicht sagst du mir erst mal etwas über dich, und warum du diesen Jesus haben willst."

Ich fing an ihm von mir zu erzählen. Zunächst kamen die Worte nur bruchstückhaft über meine Lippen. Dann erzählte ich ihm aber meine ganze Geschichte. Alle schmerzlichen Erfahrungen und Verletzungen klagte ich ihm.

Zum ersten Mal interessierte sich jemand für mich und wollte etwas über mich hören.

Ich berichtete ihm von meiner unglücklichen Kindheit in meiner Familie. Mein Vater hatte mich gehasst und verstoßen. Die Ehe meiner Eltern war auseinander gebrochen. Meine Mutter hatte mich als kleines Kind ausgesetzt. Beim Erzählen durchlebte ich noch einmal die ganze Angst und Verzweiflung.

Zu meinem großen Erstaunen weinte der Pastor mit mir. Darüber wunderte ich mich sehr. Die Tränen liefen ihm immer noch über die Wangen, als ich ihm berichtete, wie ich nachts unter der Brücke schlief, jeden Tag in den stinkenden Abfalltonnen nach Lebensmitteln suchte, Mitglied in einer Bande wurde und unter großer Angst litt.

Er schaute mich an, wie ich es bisher nicht gewohnt war. Mitleid war in seinem Blick. Das brachte mein Herz zum Schmelzen. Bisher hatte es keinen Menschen gegeben, dem etwas an mir gelegen war. Dass dieser Fremde über mein Elend weinen konnte, war so, als wenn die Liebe Christi mich bescheinen würde.

Als ich ihm meine ganze Geschichte erzählt hatte, sagte er zu mir:

„Junger Mann, jetzt will ich dir eine Geschichte erzählen. Vor vielen Jahren war da ein 14-jähriges Mädchen, das schwanger wurde. Man fragte sie, wer der Kindsvater, sei und sie zeigte auf einen jungen Mann. Aber er lehnte es ab, die Verantwortung zu übernehmen. Er wollte das Kind nicht. Zwei Wochen später wickelte sie ihr Baby in ein Handtuch, verbarg es in einer Toilette und lief davon. Eine Frau, die in der Nähe war, hörte ein leises Wimmern. Sie forschte nach der Ursache und fand das Baby, das schon fast in der Toilettenschüssel ertrunken war. Sie brachte es ganz schnell in ein Krankenhaus, und das Kind überlebte.

Junger Mann, das Kind war ich. Meine Mutter habe ich nie wieder gesehen. Ich weiß auch gar nicht, wer sie ist. Auch meinen Vater kenne ich nicht. Es ging mir wie dir. Beide haben mich nicht gewollt."

Tief erstaunt schaute ich ihn an. Das durfte doch nicht wahr sein. Dieser Mann machte doch den Eindruck, dass er geliebt würde und dass er sich geborgen fühlte. Wie war das möglich?

Der Prediger schlug seine Bibel auf. „Ich möchte dir etwas vorlesen", sagte er, „das für Leute wie dich und mich bestimmt ist. Es ist eine Zusage Gottes und seines Sohnes Jesus Christus für uns. In Psalm 27,10 lesen wir: Wenn Vater und Mutter mich verstoßen, nimmst du, Herr mich doch auf."

Diese Worte bewegten mich. Der Herr will mich aufnehmen. Hier lag das Geheimnis dieses Mannes. Er war geliebt worden, denn der Herr hatte ihn aufgenommen.

„Siehst du", fuhr er fort, „Gott und Jesus sind dasselbe. Jesus ist Gottes Sohn. Jesus war der Gott, der auf die Erde gekommen ist. Gott hat versprochen: Wenn dein Vater und deine Mutter dich verlassen, dann wird der Herr dich aufnehmen. Die Leute, die mich adoptierten, gaben mir den Namen Mohaneo, das bedeutet der Verstoßene. So fühlte ich mich auch meine ganze Kindheit hindurch. Ich war von allen verstoßen, besonders von meiner Mutter. Als ich aber im Jahre 1947 Jesus fand, gaben mir die Missionare einen neuen Namen. Ich sollte Sadrach heißen. Das war ein Mann im Alten Testament, den Gott aus großer Not errettet hat, als alle ihn verlassen hatten. Und ich habe erfahren, dass Jesus mich nicht verstoßen hat. Der Herr hat mich aufgenommen."

Dieser Vers wurde zum Wendepunkt in meinem Leben. Zum ersten Mal spürte ich, dass es wirklich eine Liebe Gottes gab und dass sie auch meinem Leben Sinn geben konnte. Dieser Glaube war stark genug, mir bei allen schmerzvollen Erfahrungen meines Lebens einen Ausweg zu zeigen. Es wurde ernst genommen, dass ich tatsächlich ein Verstoßener war und in großem Elend gelebt hatte. Doch jetzt sagte Gott zu mir: *Aber ich bin hier und will dich aufnehmen. Ich liebe dich.*

Zum ersten Mal in meinem Leben kniete ich nieder, um zu Gott zu beten. Ich wusste noch nicht, wie ich es ausdrücken sollte, aber ich spürte, dass Gott mich liebte und auf mich wartete.

„Gott", rief ich, „ich habe nichts, ich bin nichts, ich kann nicht lesen und nicht schreiben." Wenn ich an meinen ganzen Jammer dachte, verschlug es mir die Sprache. „Meine Eltern wollen mich nicht. Nimm mich auf, o Gott, nimm mich auf! Ich bereue all das Böse, das ich getan habe, Jesus, vergib mir und nimm mich jetzt an."

Sofort spürte ich, wie eine schwere Last von mir abfiel. Ein Gefühl der Erleichterung und des Friedens kam über mich. Freude durchströmte mich. Ich war ein ausgestoßenes Kind unter Millionen von Afrikanern, aber Jesus hatte mich gefunden.

Mein Gespräch mit Sadrach hatte mich so in Beschlag genommen, dass ich die Vorgänge draußen vor dem Zelt fast vergessen hätte. Als ich jetzt aufhörte zu weinen, wurde mir bewusst, welches Durcheinander und welche Unruhe am Zelteingang herrschten. Sadrach Maloka und ich wandten uns um und sahen, dass sich jetzt die Lage allmählich etwas beruhigte. Wir konnten es wagen, das Zelt zu verlassen. Einige seiner Helfer schauten angespannt zu ihm herüber und wollten ihm etwas mitteilen. Ich wusste, dass ich jetzt lieber gehen sollte.

„Ich muss jetzt gehen", sagte ich. „Da sind noch viele andere Leute, die Sie dringend brauchen."

Mit seinen dunklen Augen warf er mir einen dankbaren Blick zu: „Aber ich mache mir Sorgen, dass du mit den Rebellen oder mit dem Einsatzkommando der Polizei zu tun bekommst." Dabei fiel sein Blick auf den Beutel mit Benzinbomben. „Ich begleite dich noch bis an die Grenze dieses Geländes, damit du unbehelligt weitergehen kannst."

„Nein, das ist sehr lieb von Ihnen, aber die Mitarbeiter der Mission brauchen Sie jetzt. Ich werde schon durchkommen. Und außerdem bin ich auch bereit zu sterben."

Ich fühlte mich innerlich so stark, dass ich jeden Augenblick bereit gewesen wäre, dem Tod ins Auge zu sehen. Ich wäre Gott lieber früher als später begegnet.

Sadrach Maloka legte seinen Arm um meine Schultern. „Ja", bestätigte er, „du bist bereit zu sterben, aber zum ersten Mal bist du auch bereit zu leben. Gott segne dich!" Damit wandte er sich wieder seinen Mitarbeitern der Dorothea-Mission zu.

Ich wagte es nicht, meinen Beutel mit Benzinbomben liegen zu lassen, und nahm ihn wieder in die Hand. Dann verließ ich eilig das Zelt und ging hinaus in die Nacht mit all ihren Gefahren.

Mir bot sich kein schöner Anblick. Überall sah man Menschen, die laut schrien und hin und her liefen. Einsatzwagen der Polizei rasten über die Straßen und erhellten mit ihren Scheinwerfern die Dunkelheit. In ihrem Licht sah man die mächtigen Gestalten der Polizisten, die bemüht waren, jede kleine Menschengruppe aufzulösen. Sie wollten in diesem Gewühl von Unheil und Gewalt wieder Ordnung schaffen.

Ich blieb einen Moment stehen, um die Orientierung zu finden. Wo war meine Bande geblieben? Ich stolperte umher und rief leise ihren Namen. Ich wollte die Aufmerksamkeit aber nicht auf mich lenken. Einige hundert Meter vom Zelt entfernt stolperte ich über eine Gestalt, die im Gras lag. Der Kopf war nach hinten gewendet und die Augen weit aufgerissen. Ich kannte diesen jungen Mann. Er gehörte zu meiner Bande.

„George! George!", rief ich ihn an. „Steh auf!" Ich wollte ihm auf die Beine helfen, musste aber entdecken, dass in seiner Brust ein großes Messer steckte. „George?"

Er war tot. Schockiert sank ich neben ihm zu Boden. Ich kannte ihn schon seit Jahren. Wir waren in unserer Bande miteinander verbunden gewesen. Jetzt war er tot.

Das machte mich ganz nachdenklich. Plötzlich dämmerte es mir, dass ich auch hätte tot sein können, wenn ich nicht im Zelt nach vorne gegangen wäre. Ich fühlte mich so schuldig, weil ich überlebt hatte und George tot war. Warum ich, und er nicht?

Aufgeregte Stimmen rissen mich aus meinen Gedanken. Wenn ich noch länger hier sitzen bliebe, würde ich bald genauso erstochen neben George liegen. Ich musste sehen, dass ich von hier wegkam. Es hatte keinen Sinn, weiter nach den anderen Bandenmitgliedern zu suchen. Inzwischen waren sie sicher alle geflohen.

Ruhig blieb ich liegen, bis die Leute weitergegangen waren. Traurig strich ich George ein letztes Mal über sein Gesicht. Es war ein Abschied für immer. Dann erhob ich mich vorsichtig und stahl mich davon.

Auf dem Weg dachte ich nach. Die politische Versammlung an jenem Morgen schien mir schon so lange her zu sein. Doch die Emotionen, die sie geweckt hatte, beherrschte noch Tausende von Menschen in Highfield. Wohin sollten Gewalt und Hass noch führen?

Als ich mich schon ein gutes Stück vom Zelt entfernt hatte, blieb ich stehen, um ein wenig zu verschnaufen. Ich war schrecklich durstig und noch ganz benommen von den Ereignissen der letzten Stunden. Kurze Zeit schlenderte ich ziellos durch die Außenbezirke von New Highfield. Überall begegnete ich Menschen, die irgendwie in den Aufruhr verwickelt waren. Ich kaufte mir einige Flaschen Fruchtsaft. Dann wollte ich plötzlich allein sein. Gott war mir in dieser Nacht begegnet. Für meine Freunde konnte ich jetzt nichts tun.

Ich wusste auch nicht, wohin ich gehen sollte. Ich hatte den Gedanken aufgegeben, in das Versteck der Bande außerhalb der Stadt zu gehen. Es war nicht nur äußerst gefährlich, weil die Polizei auf Streife war, sondern ich wollte mit meinem alten Leben nichts mehr zu tun haben. Dann fiel mir die Brücke ein. Es war

„meine Brücke", wie ich sie nannte. Schnell machte ich mich auf den Weg dahin.

Dabei kam es mir immer wieder in den Sinn, was für eine Veränderung in dieser Nacht bei mir vorgegangen war. Ich hatte Jesus gefunden. Damals kannte ich das Neue Testament noch nicht, doch später fand ich eine gute Beschreibung für das, was ich in Christus gefunden hatte: „Vertraut darauf: Ich habe die Welt besiegt." Wie Christus in Johannes 16, 33 sagt. Auch ein anderes Wort von Paulus in Philipper 4,7 passte auf meine Lage: „Gott wird euch seinen Frieden schenken, den Frieden, der all unser Verstehen, all unsere Vernunft übersteigt, der unsere Herzen und Gedanken im Glauben an Jesus Christus bewahrt."

Die liebende Gegenwart des Herrn gab mir Hilfe und Trost auf meinem Weg zur Brücke.

Fröhlich ging ich dorthin und krabbelte dann in mein Versteck. Tränen der Freude und der Erleichterung rannen mir über die Wangen, als ich mir die Kuhle zum Schlafen im Sand ausgrub. „Mein Grab" hatte ich sie immer genannt. Vorher aber kniete ich mich noch in den Sand und betete. Ein Gefühl des Friedens und der Geborgenheit hüllte mich ein. Davon hätte ich früher noch nicht einmal geträumt. Dann streckte ich mich aus und streute noch etwas Sand über mich, damit es nachts wärmer war. Schwierig war es nur, wenn ich den Sand auf meine rechte Schulter streuen wollte, dann rieselte er mir immer in die Augen.

Trotzdem legte ich mich so gut wie möglich in meine Kuhle. Ich schaute zum Himmel hinauf, wo Tausende von Sternen wie kleine Diamanten glänzten, die man über ein dunkelblaues Samttuch ausgestreut hatte. Wie herrlich sah das alles aus. Jetzt war ihr Anblick nicht mehr bedrohlich für mich, und ich hatte auch nicht das Gefühl, dass sie an meinem Elend keinen Anteil nehmen würden.

„Gott", betete ich leise, „warum habe ich die Schönheit der Sterne nicht früher wahrgenommen?"

Ich lag da und dachte über mein Leben nach. Ich hatte Gott so wenig zu bieten. Ich dachte, das müsste ich ihm sagen, damit wir beide von Anfang an wüssten, woran wir miteinander wären.

„O Gott", betete ich. Es war wunderbar, dass ich nun jemand hatte, zu dem ich reden konnte. „Ich habe nie richtig eine Schule besucht. Ich kann nicht lesen. Ich kann noch nicht einmal meinen Namen schreiben. Aber ich möchte den Rest meines Lebens dazu nutzen, den Menschen von dir zu erzählen."

Eine größere Erfüllung hätte ich mir für meine Zukunft gar nicht vorstellen können. Ich sehnte mich danach.

Ich wusste damals noch nicht, dass es das Wort „Evangelist" gab. Aber dieses Wort würde das richtige Wort für meine Begeisterung sein. Als ich in dieser Nacht Jesus gefunden hatte, war es für mich so, als ob ich zum ersten Mal in meinem Leben erwacht wäre. Ich wünschte mir, dass auch jeder andere ihn finden konnte. Trotzdem schien es mir unmöglich, dass man mir überhaupt zuhören würde. Das gab mir zu denken. Was nützte alle Begeisterung, wenn die Begabung fehlte? Wieder musste ich weinen. Doch allmählich versickerten meine Tränen, und es blieb ein unbeschreiblicher Friede zurück. Alle Angst war verschwunden. So schlief ich schließlich ein.

8. Die Polizei

Vor Tagesanbruch wachte ich auf. Niemand in Afrika, der im Freien schläft und nicht stockbetrunken oder halb tot ist, würde länger schlafen. Um diese Zeit beginnen die Vögel ihr tägliches Morgenkonzert. An diesem Morgen hätte ich am liebsten in ihren Gesang mit eingestimmt und den neuen Tag begrüßt. Ich rollte mich aus meiner Kuhle heraus, klopfte den Sand von mir ab und dachte noch einmal staunend an den vergangenen Abend zurück. Mein erstes Gebet an diesem Tag war sehr einfach und direkt: „Bist du noch da, Herr?"

Ich spürte seine Gegenwart und war so glücklich darüber. Ich hatte die Gewissheit, dass er noch da war. Er muss sogar während meines Schlafes die ganze Zeit bei mir gewesen sein. Es war die erste Nacht, in der ich nicht allein war. Tränen kamen mir in die Augen.

Damals wusste ich noch nicht, dass das Neue Testament mein Erlebnis als Wiedergeburt bezeichnet. Aber so war es auch wirklich für mich. Ich fühlte mich wie neu geboren. Das alte Leben und die Angst waren vergangen, und alles erschien mir neu. Ich war mir der Gegenwart Gottes so bewusst, wie ich es mir vor 24 Stunden nicht hätte vorstellen können, als ich die Benzinbomben vorbereitete. Ich kann es nur so erklären: Wenn du tot bist, dann weißt du es nicht, dass du tot bist. Wenn du aber geistlich wiedergeboren bist, wird es dir plötzlich bewusst, dass du in einer ganz neuen Welt lebst.

Indem ich noch darüber staunte, kroch ich unter der Brücke hervor und gingen zum Fluss, um mir den Sand aus meinem Gesicht zu waschen. In der Nähe stand ein Baum. Als ich dahin kam, blieb ich stehen. Ich wollte versuchen, Gott etwas zu erklären. Ich wollte so meine Gefühle zum Ausdruck bringen. Deshalb ging ich dorthin und legte meine Arme um den Baum. Ich schaute zum Himmel und sagte: „Gott, kannst du mich sehen? Siehst du, was ich gerade tue? Wenn du hier neben mir stündest wie dieser Baum, würde ich dich genauso umarmen."

Noch einmal schloss ich den Baum fest in meine Arme. Ich wollte zeigen, wie sehr ich Gott liebte. Ich drückte meinen Körper und meine Wangen fest gegen den Baum. Ein nie geahnter Friede erfüllte meine Seele.

Einige hundert Meter weiter kamen ein paar Frauen durch das Gebüsch und gingen zum Fluss. Ich sah, wie sie stehen blieben, beobachteten, wie ich den Baum umarmte, und dann laut miteinander sprachen. Kurz danach gingen sie still stromaufwärts weiter. Ich musste lachen und wünschte, ich hätte mit ihnen über Jesus sprechen können. Doch dann hörte ich plötzlich eine Stimme in mir:

„Stephen", sagte sie. „Steh auf!" Ganz aufgeregt entfernte ich mich von dem Baum und schaute mich um. War ich verrückt?

„Stephen", fuhr die innere Stimme fort. „Ich will dich zu den Völkern senden, die du nicht kennst."

Das war alles, was ich vernahm. Ehrfürchtig verbeugte ich mich. Es bestand kein Zweifel, dass Jesus zu mir gesprochen hatte. Ich zweifelte auch nicht daran, dass er sein Versprechen erfüllen und mich zu den Völkern schicken würde, damit ich ihnen von Gott erzählen konnte. Ich hatte allerdings nicht die geringste Ahnung, wie das passieren sollte. Doch darauf kam es jetzt nicht an.

Ich schaute mich um. Mein kleiner Beutel mit meinem Messer und dem gestohlenen Revolver lag noch da. Ein Freund von mir hatte den Revolver gestohlen und ihn mir gegeben, als ich der Anführer der „Schwarzen Schatten" wurde. Ich wollte diese Dinge wegwerfen, aber ich hatte Angst, jemand könnte sie finden. Das gab mir den Hinweis, wie mein neues Leben sich gestalten sollte. Ich wollte hingehen und mich der Polizei stellen.

Deshalb wusch ich mein Gesicht, nahm meinen Beutel, ging zur nächsten Haltestelle und stieg in einen Bus ein, der zur Stadt fuhr. Es war früh am Montagmorgen, und der Bus war voller Leute, die mit verdrießlichem Gesicht zu ihrer Arbeit fuhren. Der Arbeitsbeginn am Montagmorgen ist wohl überall in der Welt ein mühsames Geschäft. In meiner neuen Freude war es mir aber nicht nach einem blauen Montag zumute. Ich konnte meine Freude auch nicht für mich behalten. Jeden Augenblick hätte ich vor Glück explodieren können. Plötzlich sprang ich auf. Die Leute schauten verdutzt nach diesem abgerissenen Kerl, der noch Sand auf seinen Hosen hatte. Ich holte noch einmal tief Luft und sagte dann mit lauter Stimme: „Meine Damen und Herren, wissen Sie, was gestern Abend mit mir passiert ist?"

Alle drehten sich nach mir um. Manche lächelten verächtlich, andere legten erwartungsvoll die Stirn in Falten. So ein schnöseliges Gerede von einem zerlumpten Kerl fehlte ihnen gerade noch zu ihrer verdrießlichen Stimmung am Montagmorgen: Ein Verrückter saß da im Bus.

Ich beeilte mich, meinen Mitreisenden klar zu machen, dass mit mir alles in Ordnung sei. Ich hätte ihnen wirklich eine ganz tolle Nachricht zu überbringen: „Ich will Ihnen sagen, was gestern Abend mit mir passiert ist", rief ich laut, um das Motorengeräusch zu übertönen. „Ich habe Jesus gefunden."

Zuerst herrschte verblüfftes Schweigen. Dann befahl ein großer, starker Mann ärgerlich: „Halt deinen Mund! Was bildest du dir eigentlich ein? Am Montagmorgen wird nicht gepredigt."

Der Bus bremste und hielt an, um weitere Fahrgäste aufzunehmen. Die Türen gingen auf, und müde, freudlose Gesichter schauten, wo sie sich noch dazwischenquetschen konnten. In dem Autobuslärm wandte ich mich an diesen schimpfenden Mann und merkte nicht, wie ein anderer aufstand und auf mich zuging.

„Ja, aber", fing ich von neuem an. Doch dann wurde ich von hinten fest angefasst.

„Es ist Montag!", fuhr der Angreifer mich an. „Es wird nicht gepredigt! Von dem Gott des weißen Mannes wollen wir nichts hören!" Ich erhielt noch einen kräftigen Stoß in den Rücken und flog wie eine Rakete aus dem Bus heraus. Mit dem Gesicht nach unten landete ich im Straßenstaub. Ich war so überrascht, dass ich mich gar nicht wehren konnte. Während ich die Erde ausspuckte, heulte der Motor auf, und der Bus fuhr davon. Einige Gesichter drückten sich an die Scheiben und waren erschreckt über das, was mir zugestoßen war. Langsam rappelte ich mich auf und war ganz erschüttert. Predigen war offensichtlich viel gefährlicher, als ich gedacht hatte. Was hatte ich bloß falsch gemacht? Aber ich wischte mir den Staub so gut ich konnte ab und wartete auf den nächsten Bus. Als er nach einer Weile endlich kam, stieg ich ein. Etwas verschüchtert stand ich in dem voll besetzten Fahrzeug und betrachtete die missmutigen Gesichter. Ich war so voller Freude, und sie hätten es auch sein können. Wenn sie nur wüssten, wer Jesus ist. Das Glück über meinen frisch entdeckten Glauben überkam mich von neuem, und ich fühlte immer mehr den Drang, den Menschen davon zu erzählen. Ich versuchte, mich zurückzuhalten. Schließlich genügt es, einmal am Tag aus dem Bus hinausgestoßen zu werden.

Bald spürte ich aber wieder, dass ich Zeugnis geben müsste. So drängte ich mich durch den Bus, bis ich in der Nähe des Fahrers stand. Er saß dort hinter dem großen Lenkrad und konnte mich nicht ohne weiteres aus dem Wagen stoßen. Ich hatte meine erste Lektion in punkto Evangelisation gelernt: Man muss sich den Rücken immer frei halten.

Auch ich entschied mich dafür, diesmal so laut ich konnte mit dem Fahrer zu reden. Dann würden die anderen es auch hören. Wenn der Chauffeur durch meine lauten Worte beunruhigt würde, müsste er sich alle Mühe geben, das Lenkrad fest im Griff zu behalten. Dann hätte er keine Hand mehr frei, um mich zum Schweigen zu bringen.

„Guten Morgen!", rief ich ihm durchdringend zu.

„Guten, guten Morgen", stammelte er und blickte mich dabei erstaunt an.

„Ich muss Ihnen etwas ganz Wichtiges mitteilen. Gestern Abend hat sich mein Leben verändert."

„Nun?"

Ich rechnete mit einem Zeichen der Ablehnung, aber diesmal begegnete ich nur erstaunten Blicken.

„Ich habe Jesus gefunden", stieß ich hervor.

Der Bus änderte seine Richtung ein wenig und fuhr genau auf eine Grube zu.

Der Fahrer gab sich alle Mühe, dem Hindernis auszuweichen. Danach sagte er ganz aufgeregt: „Hast du das wirklich?"

Eilig drehte ich mich um. Die Leute starrten nur auf die Grube, an der wir gerade vorbeigefahren waren, und dachten nicht daran, mich aus dem Bus zu schmeißen. So fuhr ich fort. Es wurde immer leichter zu reden. Ich berichtete ihnen von der Zeltversammlung, und wie ich durch Zufall dort hineingekommen war. Die Leute hatten natürlich von den Unruhen gehört und spitzten die Ohren. Meine Stimme wurde lauter. Ich musste ihnen unbedingt sagen, was mit mir geschehen war.

Zu meinem größten Erstaunen fingen einige an zu weinen.

Als ich dann meine Rede kurz unterbrach, rief eine Frau plötzlich ganz laut: „Was müssen wir tun, um diesen Jesus kennen zu lernen?"

Dieser Ausruf hatte mich in eine unerwartete Situation versetzt. Ich sagte zu ihr: „Nun, Sie, Sie, ja, Sie ..."

„Ja, was meinst du?"

„Ich weiß jetzt nicht recht, was ich sagen soll", brachte ich stammelnd hervor.

Erstaunte Blicke trafen mich. „Nun, das ist gestern Abend einfach mit mir geschehen." Ich wusste, dass ich Jesus gefunden hatte, aber ich konnte mir noch nicht erklären, wie das geschehen war, und wie andere Leute ihn auch finden konnten.

Mittlerweile war der Bus in der Stadt angekommen. Die Passagiere stiegen aus, und ich folgte ihnen. Mein Versagen machte mir zu schaffen. Irgendetwas musste ich jetzt tun. Zu meiner Überraschung blieb eine Gruppe von ihnen stehen und kam dann vorsichtig auf mich zu.

„Dein Jesus hat dir so viel Freude gebracht. Was müssen wir tun?", fragte einer von ihnen.

Ich konnte die Menschen nicht in ihren Fragen allein lassen. Schnell überlegte ich, wie ich handeln sollte. Ich wollte sie zu

Gott einladen und ihn bitten, dass er sich um sie kümmerte. So sagte ich ganz entschlossen: „Wir wollen jetzt beten."

Die Leute machten große Augen und warfen mir überraschte Blicke zu.

„Was, beten, hier?", rief eine Frau und schaute auf die Menschen, die an der Bushaltestelle warteten.

„Ja. Hier. Jetzt."

„Vor all diesen Leuten?", meinte ein anderer.

„Ja, warum nicht? Ich habe es gestern Abend auch getan. Sie können es heute Morgen tun. Das ist gar kein Problem. Lassen Sie uns hinknien."

„Knien! Wir sollen uns hinknien?" Genauso gut hätte ich ihnen sagen können, sie sollten einige Purzelbäume machen.

„Ja, hinknien!", sagte ich mit fester Stimme.

„Wenn Ihnen das irgendetwas bedeutet, möchte ich Ihnen sagen, dass Jesus in aller Öffentlichkeit am Kreuz gestorben ist. Er tat es für uns." Das war mir noch vom letzten Abend in Erinnerung.

So sank die kleine Gruppe von Menschen dann langsam und mit einer gewissen Verlegenheit auf die Knie. Dadurch erregten wir die Aufmerksamkeit der Vorübergehenden. Es erschien ihnen gar nicht lustig, weil sie fast über uns stolperten.

„Was macht ihr hier?"

„Steht auf!"

„Wir sind hier nicht in der Kirche!", schimpften und spotteten sie. „Das ist eine Straße! Ihr behindert uns!"

Trotzdem fing ich an, mit der Gruppe zu beten.

„Gott", sagte ich, „ich bin diesen Menschen gerade im Bus begegnet und habe ihnen erzählt, wie ich gestern Abend deinen Sohn Jesus Christus gefunden habe. Sie möchten ihm auch begegnen, weil ich ihnen von deiner Liebe zu allen Menschen erzählt habe. Sie kommen jetzt zu dir."

Ich hielt inne. Ich fand keine weiteren Worte zum Gebet. Aber das leise Flüstern und die Tränen der Menschen um mich herum zeigten mir, dass ich jetzt hier nicht mehr nötig war. Ich kniete nur neben ihnen, erfüllt von der tiefen Freude und dem unaussprechlichen Vorrecht, dass ich Menschen von Jesus erzählen konnte. Zu drei Männern von ihnen habe ich noch nach fast 40 Jahren Verbindung. Sie sind Gemeindepfarrer geworden.

Dann fiel mir wieder ein, dass ich ja gerade auf dem Weg gewesen war, mich der Polizei auszuliefern. Ich nahm meinen Beutel mit dem Messer und dem gestohlenen Revolver und ließ meine neuen Freunde in ihrem Glück zurück.

Die Polizeistation war leicht zu finden. Es war ein großes Gebäude, über das ich mich schon als Kind geärgert hatte. Dorthin hatte man mich vor 12 Jahren gebracht, als ich ausgesetzt worden war. Doch das war jetzt alles Vergangenheit. Ich war von Jesus gefunden worden. Der Herr hatte mich aufgenommen.

Ich blieb draußen stehen und hängte meinen Beutel über die Schulter. Dann ging ich durch die Flügeltüren hinein in die Vorhalle. Hinter einigen Tischen saßen Polizisten. Ihr Anblick erschreckte mich. Was wollte ich hier? Doch einer von ihnen hatte mich entdeckt und kam auf mich zu. Mein Mund war total ausgetrocknet, und meine Knie zitterten.

„Ja bitte? Was gibt es?"

Ich blieb stehen. Wie sollte ich dem Beamten meine Situation erklären? Da ich mich sowieso in einem Polizeigebäude befand, sagte ich ganz einfach: „Ich bin verhaftet."

Der Polizist schaute mich an. Er blickte über meine rechte und über meine linke Schulter und dann über meinen Kopf. Offensichtlich vermisste er etwas. „Wo ist der Beamte, der dich verhaftet hat?"

„Mich hat kein Polizist verhaftet. Ich bin jetzt seit einigen Jahren Mitglied der nationalistischen Jugendorganisation. Niemand hat mich bisher erwischt. Aber jetzt hat die Liebe Gottes in Jesus mein Herz gefangen genommen. Und ich bin gekommen, um mich zu stellen."

Der Wachtmeister vom Dienst schaute mich recht verwirrt an, als wollte er sagen: *Was für einen Trottel habe ich eigentlich vor mir?*

Ich zog meinen kleinen Beutel hervor und legte vorsichtig den

Revolver und das Messer auf den Tisch. Er schaute sich um und rief einen anderen Polizisten herbei. Nun standen wir drei da und starrten auf die Waffen. Langsam fragte mich der zweite Beamte: „Was hast du gesagt? Was ist mit dir passiert?"

Geduldig fing ich an: „Die Liebe Gottes hat mich gestern Abend gefangen genommen."

Die Polizisten tauschten Blicke aus, dann hob der zweite Mann die Hand und sagte: „Das kannst du mir nicht erzählen. Komm mit!"

Nach wenigen Minuten schob man mich ins Zimmer eines höheren Polizeibeamten. Er war ein Weißer. Sie brachten meinen kleinen Beutel und stellten ihn mit den Waffen vor ihn hin. Ich musste mich setzen, und er begann mit seiner Befragung.

„Warum bist du hierher gekommen?"

„Die Liebe Jesu hat mich gefangen genommen."

„Was meinst du damit?"

Es war nicht leicht, jetzt Worte zu finden. „Gestern Abend bin ich Christ geworden, und ich habe erkannt, dass es falsch war, was ich getan habe."

„Was hast du getan?"

„Ich habe für die Nationaldemokratische Partei Verbrechen begangen." Ich war nicht ganz imstande, die Grenzlinie zwischen dem, was in diesem Fall Recht und Unrecht war, zu erklären. In meinem Herzen spürte ich, dass es nicht falsch war, wenn die Schwarzen nach Unabhängigkeit strebten. Ich war keinesfalls glücklich bei dem Gedanken, dass die Weißen uns immer beherrschen sollten. Aber ich lehnte Gewalt ab und wollte mich auch nicht in die politischen Händel einmischen. Das politische Leben war nicht meine Sache.

„Wo bist du Christ geworden?"

„Im Zelt bei der Dorothea-Mission gestern Abend." Sie warfen sich verständnisvolle Blicke zu. Dann kam die ärgerliche Frage: „Hast du Bomben geworfen?"

„Nein. Ich wollte Bomben werfen, aber dann hörte ich den Prediger sprechen. Anstatt Bomben zu werfen, fand ich Jesus. Ich habe mit dem Prediger gesprochen. Danach schüttete ich mein Benzin in den Sand. Mein Messer und den Revolver habe ich Ihnen gebracht."

Sie riefen einige Hilfspolizisten und beauftragten sie, den Pastor zu finden. „Während wir auf ihn warten, erzählst du uns noch mehr über die Jugendorganisation. Mit wem arbeitest du zusammen?"

Ich hielt inne. Mit dieser Frage hätte ich rechnen müssen. Als Beweis für meine Vertrauenswürdigkeit forderte man mich auf, meine Freunde zu verraten. Das war sehr schwierig für mich. Ich wollte mich selbst stellen und jede Strafe auf mich nehmen. Aber ich wollte meinen Kameraden keinen Schaden zufügen. Sie waren meine „Freunde".

„Stephen, deine Freunde wurden zum Töten ausgebildet. Gestern Abend haben Menschen ihr Leben lassen müssen. Würde das dein Gott gutheißen?"

„Meine Freunde haben das nicht getan."

„Sie hätten es getan, wenn sie die Möglichkeit gehabt hätten. Stephen, sie würden auch Christen töten, wenn sie das könnten. Glaubst du, dass deine Freunde Jesus nachfolgen?"

Ich wusste, dass das nicht der Fall war. Dennoch wollte ich sie nicht verraten. In den Stunden des Verhörs wurde mir klar, dass ich nun durch meine Bekehrung zu Christus für meine Bande zum Feind geworden war. So erzählte ich der Polizei alles, was sie über mich wissen wollten. Doch über die Bande machte ich nur vage Andeutungen. Alles Weitere hätte zur Verhaftung meiner Freunde geführt, und sie hätten mich umgebracht, sobald ich wieder auf der Straße gewesen wäre.

Von allem, was ich sagte, machte sich die Polizei Notizen und richtete immer mehr Fragen an mich. Aus Minuten wurden Stunden. Bestimmte Sachverhalte wurden sehr eingehend geprüft. Es ging um Parolen, geheime Codes, Einzelheiten über geplante Anschläge. Ich gab aber kaum eine Information preis.

„Ich war in keiner führenden Stellung", erklärte ich einfach.

Als die Polizisten an diesem Nachmittag mit dem Verhör fertig waren, brachten sie mich in ein kleines Zimmer und ließen mich für kurze Zeit allein. Ich war müde, und doch erleichtert. Ich brachte mein Leben in Ordnung, aber ich hatte niemanden verraten. Ich hatte zugegeben, mit Messern auf Leute eingestochen und andere Gewalttaten verübt zu haben. Sie hätten mich in Arrest nehmen können. Dann kam der Polizist zurück und brachte mich zu seinem Vorgesetzten.

„Wir haben jetzt von der Dorothea-Mission Nachricht erhalten", sagte er zu mir. „Sie bestätigen, was du uns erzählt hast."

Zum ersten Mal lachte er. Danach legte sich die angespannte Atmosphäre, und sie betrachteten mich mit einer gewissen Neugier. Ein so reuiger Unruhestifter war ihnen noch nie über den Weg gelaufen.

Der vorgesetzte Beamte begegnete mir mit einer burschikosen, derben Herzlichkeit.

„Nun, Stephen", meinte er, „wenn dein Jesus dir vergeben hat, dann vergeben wir dir auch. Es ist nichts gewonnen, wenn wir dich hier behalten. Du bist frei."

Ich konnte es nicht verhindern, dass mir die Tränen in den Augen standen. Ich war schon ziemlich müde und traute meinen Ohren kaum. Ein schüchternes Lachen huschte über mein Gesicht. Ich war wie benommen. Der Himmel hatte mir vergeben. Jetzt vergab mir auch die Polizei. Ich wischte mir mit dem Ärmel die Tränen ab und seufzte tief. Mauern des Hasses, die sich über Jahre aufgebaut hatten, waren jetzt niedergerissen. Ich hatte Frieden mit Menschen, in denen ich einmal meine Feinde gesehen hatte.

Ich verbeugte mich, nickte achtungsvoll jedem zu und ließ mich dann zur Tür bringen. Dann hörte ich noch einmal einen festen Schritt hinter mir. „Stephen", rief der Polizeikommissar.

Plötzlich bekam ich Angst. Wollten sie mich an der Nase herumführen? Ängstlich drehte ich mich um. Der Beamte trat auf mich zu und schaute mich nachdenklich an. Dann streckte er mir seine Hand entgegen. „Hier hast du etwas Geld. Geh und kauf dir eine Bibel!"

Ich war völlig erstaunt. „Ja, Sir, das werde ich tun."

Er lächelte kurz. Sorgsam steckte ich das Geld in die Tasche und machte mich auf den Weg von der Polizeistation in die nächste Etappe meines neuen Lebens. Ich musste mich auf die Suche nach einer Bibel machen. Ich konnte zwar kein Wort lesen, aber das war das geringste Problem.

9. Evangelisation im Bus

Wo konnte man Bibeln kaufen? Ich wusste es nicht. Ich hatte gehört, dass man in Supermärkten alles bekäme. Deshalb ging ich zu einem hin.

„Ich hätte gerne eine Bibel", sagte ich im flotten Ton zu der Verkäuferin. Mein großer Augenblick war gekommen.

Sie schaute mich mit erstaunten Augen an. „Bibeln verkaufen wir nicht", meinte sie kurz angebunden und ließ mich stehen.

Nun, hier hatte ich keinen Erfolg gehabt. Bald stand ich wieder draußen in der warmen Sonne und ging dann an einer Reihe von Geschäften vorbei. In welchem Laden könnte ich wohl eine Bibel kaufen? Bisher hatte ich noch nie eine in den Händen gehalten, aber ich hatte sie bei anderen Leuten schon gesehen und wusste, wie sie aussah.

Bibeln waren schwarz und in Leder gebunden. Schuhe waren auch schwarz und aus Leder. So ging ich in das nächste Schuhgeschäft.

„Ich hätte gerne eine Bibel", sagte ich höflich.

Wieder schaute mich die Verkäuferin erstaunt an. „Bibeln verkaufen wir nicht." Dann wandte sie sich wieder ab.

Draußen vor dem Laden blieb ich einen Augenblick bestürzt stehen. Wenn Supermärkte und Schuhgeschäfte keine Bibeln verkauften, wo konnte man sie dann bekommen? Langsam schlenderte ich weiter und rätselte, was ich jetzt tun sollte. Plötzlich fiel mir ein Buchladen auf der anderen Straßenseite auf. Natürlich, das war es. Eilig lief ich über die Straße, entging nur knapp einem Auto und stürzte in den Laden. „Ich hätte gerne eine Bibel", stotterte ich ganz aufgeregt.

Wieder war die prompte Antwort: „Wir verkaufen keine Bibeln."

Die Verkäuferin muss gesehen haben, was für ein enttäuschtes Gesicht ich gemacht habe; denn sie fuhr fort: „Wenn du Bibeln haben willst, musst du in den christlichen Buchladen gehen."

Er war nur einige Minuten weit weg, und sie erklärte mir den

Weg dorthin. Ich startete meinen vierten Versuch. Diesmal war ich auf alles gefasst. Ich ging in das Geschäft und fragte etwas kleinlaut: „Haben Sie auch Bibeln?"

„O ja, aber natürlich!", sagte ein Herr und lächelte dabei sehr freundlich. Erleichtert atmete ich auf.

„Das ist ja fantastisch!"

Er schaute mich interessiert an und sagte dann nur: „Soll ich sie dir zeigen?"

Er führte mich zu einem Regal voller Bibeln. Dort empfahl er mir eine große schwarze Bibel mit festem Einband. Sie war in der Shona-Sprache geschrieben, die von den meisten Einwohnern unseres Stadtteils gesprochen wurde.

Draußen vor dem Laden holte ich sie ehrfurchtsvoll aus meiner Tasche hervor. Ich nahm sie in beide Hände und betrachtete sie ausgiebig. Ich besaß jetzt eine richtige Bibel. Ich roch daran. Sie hatte einen wunderbaren Geruch. Die Seiten kamen direkt aus der Druckerei und der Einband war noch ganz frisch. So ein Buch war sicher heilig. In meiner Begeisterung roch ich immer wieder daran, bis ich ganz benommen war. Dann nahm ich sie vorsichtig in meine Hand und schlug sie auf. Seit meinem kurzen Schulbesuch vor zwölf Jahren hatte ich kein Buch mehr aufgeschlagen. Ich hätte es nicht übers Herz gebracht, eine Seite einzureißen oder sie zu beschmutzen. Voller Ehrfurcht schaute ich auf die schneeweißen Seiten und blätterte sorgfältig einige um. Ich bewunderte die weißen Ränder, die akkuraten Zeilen und die vielen Verse.

Dass ich kein Wort davon lesen konnte und nicht einmal wusste, ob ich meine Bibel richtig oder falsch in den Händen hielt, bekümmerte mich überhaupt nicht. Ich war im Besitz einer Bibel, und sie war mir kostbar. Solange ich sie bei mir tragen konnte, hatte ich einen spürbaren Beweis für mein neues Leben als Christ.

Sorgfältig verstaute ich sie wieder in der Tasche und ging zur Bushaltestelle. Ich wollte in meinen Wohnort fahren. Erneut ergriff ich die Gelegenheit mit den Fahrgästen zu reden. Einige hörten interessiert zu. Als der Bus mich in den Vorort gebracht hatte, blieb ich einen Augenblick im warmen Sonnenschein stehen und genoss mein Glück. Ich spürte die Gegenwart von Gottes Liebe, und ich war erstaunt, dass sich dadurch die ersten freundlichen Gespräche mit Menschen ergaben.

Meine Busfahrt hatte mich so begeistert, dass ich am nächsten Tag wieder in den Bus einstieg und zurück in die Stadt fuhr. Vergnügt pendelte ich an diesem Morgen ständig mit dem Bus hin und her zwischen Vorort und Stadtmitte. Dabei erzählte ich allen, die es hören wollten, was Jesus für mich getan hatte.

In Afrika ist es viel leichter, mit fremden Menschen ins Gespräch zu kommen als in Europa oder Amerika. Deshalb nahm zunächst einmal niemand Anstoß, wenn ich ihn ansprach. Nur die Reaktionen waren unterschiedlich. Bald konnte ich herausfinden, wer die frommen Kirchenbesucher waren. Sie sagten: „Amen! Amen!", wenn sie merkten, dass ich Zeugnis von meinem Glauben gab.

Die mehr traditionellen Kirchenbesucher hatten genug an ihrem Sonntagsgottesdienst und wollten während der Woche keine zusätzliche Andacht.

Dann war da noch die Gruppe der Leute, die nichts von der Religion der Weißen wissen wollten. Bei ihnen musste ich sehr vorsichtig sein, da sie leicht ärgerlich wurden.

Zuletzt gab es auch noch Menschen, die mein Zeugnis mit großem Interesse aufnahmen. Darüber freute ich mich sehr.

Als ich am Nachmittag in Highfield war, ging ich wieder zur Zeltmission. Man sagte mir, dass die Versammlungen auch weiterhin stattfänden, sowohl hier als auch an einem anderen Platz. Er lag zwölf Kilometer entfernt und heißt heute Mbare. Die Dorothea-Mission gab bekannt, dass jeder, der Christ werden wollte, eine Woche lang zu Versammlungen in der nahe gelegenen Kirche eingeladen war. Mit meiner neuen Bibel ging ich dorthin, und traf fast hundert andere neu bekehrte Menschen.

Die Versammlungen halfen mir, in meinem neuen Glauben zu wachsen. Ich war sehr zurückhaltend und sprach mit kaum jemandem. Aber die Leiter dieser Veranstaltung wussten, wie sie uns ansprechen mussten. Sie zeigten uns, worauf wir die Gewissheit unseres Heils gründen können. Sie ermutigten uns, regelmäßig die Bibel zu lesen.

Ich sagte ihnen natürlich nicht, dass ich gar nicht lesen konnte. Sie forderten uns auf zu beten, was ich schon regelmäßig tat. Dann wiesen sie uns darauf hin, wie wichtig es sei, regelmäßig Gemeinschaft mit anderen Christen zu pflegen. Das ermutigte mich, die örtliche Presbyterianerkirche zu besuchen. Wenn ich zur Versammlung ging, begegnete ich manchmal unterwegs einigen Mitgliedern unserer Bande. Sie waren erstaunt und spotteten über meine Bekehrung zum Christentum.

„Zwei Wochen, Stephen, nur zwei Wochen geben wir dir. Wenn das Zelt wieder abgebaut ist, verschwindet auch dein Glaube. Du wirst schnell wieder einer von uns sein."

„Nein", sagte ich energisch, „das ist eine Entscheidung für immer."

Ich hatte noch ein langes, persönliches Gespräch mit Sadrach Maloka gehabt. Er bereitete mich auf den Spott und die Schwierigkeiten vor, denen ich begegnen würde.

„Der Weg, der vor dir liegt, Stephen, wird nicht leicht sein", hatte er mich gewarnt. „Du wirst mit Verfolgung rechnen müssen – durch deine alte Bande und auch durch andere Leute. Ich habe auch viel wegen meinem Glauben leiden müssen. Aber Jesus wird dir die Kraft geben."

Dann zeigte er mir einige Narben, die er davongetragen hatte, als man ihn wegen seines Glaubens geschlagen hatte. In den noch verbleibenden Tagen der Evangelisation hielt ich mich eng an Sadrach. Ich war ihm immer willkommen. Wir führten stundenlange Gespräche, und er nahm mich sogar bei seinen Hausbesuchen mit. Als er und das Team der Dorothea-Mission nach Südafrika zurückfahren mussten, war es mir, als hätte ich meine Familie verloren. Ich fühlte mich sehr einsam. Dennoch war ich fest entschlossen, an meinem neuen Weg mit Jesus festzuhalten und Sadrach nicht zu enttäuschen.

Nun begann für mich ein neues Leben. Wenn ich auch auf unterschiedliche Reaktionen stieß, so machte es mir doch Freude, in den Bussen und auf den Marktplätzen zu predigen. In den nächsten Wochen waren alle Tage damit ausgefüllt. Ich muss wohl viele Meilen mit den Bussen zurückgelegt haben, wenn ich zwischen der Stadtmitte und den Vororten hin- und herfuhr.

Mittlerweile hatte ich mich entschlossen, weiter unter der Brücke zu übernachten. Auf dem Markt hatte ich einen einigermaßen sauberen Beutel gefunden, in den ich während der Nacht meine Bibel stecken konnte, damit sie nicht vom Sand zugestaubt wurde.

Meine Fahrten in den Bussen unterbrach ich regelmäßig, um mir aus den Abfalltonnen der Weißen Lebensmittel zu suchen. Doch bald war das kaum noch nötig. Die Markthändler hatten sich mit mir angefreundet und mir großzügig Bananen und anderes Obst geschenkt. Manchmal steckten sie mir sogar ein paar Schillinge zu. Ich wurde auch von meinem Freund Robert eingeladen. Er hatte wie ich den „Schwarzen Schatten" den Rücken gekehrt. Bei ihm konnte ich öfter essen. Er hatte eine Beschäftigung gefunden, und es machte ihm nichts aus, wenn er in seinem kleinen Einzimmerappartement seine Mahlzeit mit mir teilte. Wir saßen auf Kisten und aßen mit den Fingern. Ich dankte Gott für jeden Bissen Maisbrei. Ich wollte essen und leben. Aber mein Hauptziel war es zu predigen.

Zwischen den Busfahrten ging ich auf den Markt und erzählte dort die Botschaft von Jesus. Bald hatte ich eine regelmäßige Zuhörerschaft. Sie lauschten aufmerksam, während sie ihre Stände aufbauten und ihre Verkäufe tätigten.

Nachdem ich eine Woche lang ihr Evangelist gewesen war, fragten sie mich: „Junger Mann, seit Tagen erzählst du uns von Jesus, und wie er dich gerettet hat. Du predigst, du betest, aber du schlägst deine Bibel nicht auf. Warum liest du uns nicht daraus vor?"

Ich musste jetzt tüchtig schlucken. „Oh, das meint ihr", sagte ich kleinlaut. „Nächste Woche werde ich euch aus der Bibel vorlesen."

Dass ich nicht lesen konnte, war ein großes Hindernis für mich.

Bald danach begegnete ich noch anderen aus meiner früheren Bande. Nach den Unruhen hatten sie sich sehr zurückgehalten, um nicht die Aufmerksamkeit der Polizei auf sich zu lenken. Eines Nachmittags sahen sie mich auf dem Marktplatz predigen. Mit ungläubigen Gesichtern kamen sie auf mich zu. Angestrengt versuchte ich ihnen klar zu machen, was mit mir geschehen war. „Stephen ist von der Religion angesteckt", war das Einzige, was sie dazu sagen konnten. Es klang so, als wäre ich von einer schlimmen Krankheit infiziert worden. Bald danach breitete sich dieser Satz schnell unter meinen früheren Kumpels aus. Sooft sie mich sahen, überschütteten sie mich mit Hohn und Spott. Sie nannten mich Bischof oder Pfarrer, knieten sogar auf offener Straße vor mir nieder und taten so, als kämen ihnen die Tränen. Es verwirrte mich und machte mich sogar etwas ängstlich, vor allem, als einer von ihnen ein Messer zückte. Aber außer ein paar derben Rippenstößen und kleinen Kratzern blieb ich heil.

In Wahrheit kümmerten sich meine alten Bandenmitglieder wenig um das, was mit mir geschehen war. In dem Durcheinander, das auf die Unruhen folgte, waren viele Leute verhaftet worden. Rhodesien befand sich in Aufruhr. Die Menschen hatten genug mit sich selbst zu tun. Die Tatsache, dass Stephen Lungu von der Religion infiziert worden war, bedeutete für meine Kameraden noch das geringste Problem.

Da die Dorothea-Mission mich ermutigt hatte, die stärkende Gemeinschaft mit anderen Christen aufzusuchen, hielt ich mich zu unserer Presbyterianerkirche in Highfield. Wenn sie wüssten, dass ich Christ geworden sei, würden sie mich sicher bereitwillig in ihrer Gemeinde willkommen heißen und mir in meinem neuen Leben mit Christus helfen.

Ich hatte kein Geld, kein Zuhause, keine Ausbildung und auch keine Freunde, nachdem ich meine Bande verlassen hatte. Jeder Tag stellte mich in den Kampf ums Überleben. Doch als ich in der Gemeinde ankam und mich vorstellte, gab es nur eine freundliche Begrüßung. Man lachte, man schlug mir freundschaftlich auf die Schulter, und einige sagten: „Hallo Bruder, Gott segne dich!" Doch das war auch schon alles. Sie hatten kein Interesse daran, mich zu fragen, wie es mir ging und boten mir auch keine Hilfe an. Vor Jahren schon hatte ich die Hoffnung aufgegeben, von meiner Familie Unterstützung zu erfahren. Doch die Mitarbeiter, denen ich bei der Dorothea-Mission begegnet war, hatten mich hoffen lassen, dass sich Christen anders verhielten. Sie hatten mir zugesagt, dass die örtliche Gemeinde mir helfen könnte. Deshalb traf es mich sehr, als sich die Presbyterianer mir gegenüber so gleichgültig verhielten.

Ich nehme an, dass ich in der Gemeinde doch nicht ganz willkommen war. Sie waren eine traditionelle schwarze Gemeinde und genossen ein gewisses Ansehen. Es war ihnen wohl lästig, ja ärgerlich, dass sie sich mit meinen Problemen herumschlagen sollten. Wenn wir uns im Gottesdienst begegneten, gab es von beiden Seiten ein freundliches Lächeln. Aber im Innersten fühlte ich mich einsam und enttäuscht.

Doch meine Erfahrungen mit den Presbyterianern konnten meinen neu entdeckten Glauben an Jesus nicht beeinträchtigen. Jesus war mir unaussprechlich kostbar. Ich hatte immer noch das starke Verlangen, anderen von meinem wunderbaren Erlebnis zu erzählen. Seltsamerweise ging den Presbyterianern aber mein frohes Zeugnis auf die Nerven. Sie hielten es für übertrieben, wenn ich ständig von Wiedergeburt sprach und in Bussen und Märkten von Jesus predigte. In ihren Augen war ich ein Fanatiker.

Das verletzte mich schon. Dennoch besuchte ich sonntags den Gottesdienst, schwieg aber still, solange ich in der Kirche war. Etwas verwirrend wurde die Lage, als einige neue Gesichter im Gottesdienst auftauchten.

Man fragte sie: „Warum kommt ihr hierher?"

„Wir haben gehört, wie Stephen Lungu auf dem Marktplatz von Jesus gepredigt hat, und wir sind gekommen, um mehr über ihn zu hören."

Diese neuen Gemeindebesucher, die meist auch sehr ärmlich gekleidet waren, trugen nicht zu meiner Beliebtheit bei.

Bald gaben mir die Gemeindeältesten zu verstehen, dass ich kein

Recht hätte, ohne ihre Erlaubnis in der Öffentlichkeit zu predigen. Man holte mich in die Sakristei und ermahnte mich. Die Ältesten befahlen mir, mit meinen Freiversammlungen aufzuhören und ein vernünftiger Presbyterianer zu werden. Ich sollte einfach am Sonntag in den Gottesdienst kommen und mich im Übrigen ruhig verhalten. Ich antwortete, Jesus habe mich errettet, und ich müsse auch anderen Menschen davon erzählen. Ihre Antwort lautete: „Unsinn, deine Eltern haben dich als Kind taufen lassen. Dadurch bist du Christ geworden. Das ganze Gerede, dass du erst später deine Wiedergeburt erlebt hast, ist Unsinn."

Ich wollte mich ihnen gegenüber nicht widersetzen und unterließ eine Woche lang das Predigen. Doch ich war schrecklich frustriert und kehrte bald zum Marktplatz zurück. Die Botschaft von Jesus brannte wie Feuer in meinem Herzen. Die Kirchenältesten reagierten sehr heftig darauf und übten an mir Gemeindezucht. Es wurde mir zwar noch erlaubt, den Gottesdienst zu besuchen, aber ich durfte am heiligen Abendmahl nicht mehr teilnehmen. Am Sonntagmorgen zeigten sie mir die kalte Schulter.

Dennoch ging ich im Glauben voran. Es war mir eine Freude, Menschen zu Christus einzuladen.

Inzwischen waren viele Wochen vergangen. Ich hätte nicht im Traum daran gedacht, dass die Mitarbeiter der Dorothea-Mission noch an mich dachten. Ich glaubte auch nicht daran, dass sie mich suchen würden. Ich führte einfach mein schlichtes Leben fort. Ich schlief unter der Brücke, ernährte mich von dem, was ich auf dem Markt und gelegentlich von Robert erhielt, und predigte in Bussen und auf dem Marktplatz. In diesen ersten Wochen meines Glaubens war ich so von der Liebe Gottes und seiner gnädigen Gegenwart überzeugt, dass mir niemals der Gedanke gekommen wäre, mein Christenleben an den Nagel zu hängen. Bei meinem täglichen Gebet hatte ich die starke Gewissheit, dass Gott bei mir war. Mein größtes Problem war damals nur, dass ich meine Bibel nicht lesen konnte. Man hatte mir gesagt, dass sie von Jesus, von seinen Worten und Taten berichtete. Ich hatte das brennende Verlangen, das selbst zu lesen. Auch meine Zuhörer auf dem Marktplatz baten mich immer wieder, ihnen aus der Bibel vorzulesen. Und ich fand bald keine Ausrede mehr.

Eines Nachts lag ich in meinem „Grab" im Sand unter der Brücke und betrachtete die Bibel, die in einem Beutel neben mir lag. Ich betete ernstlich:

„Gott, wenn du mir die Augen öffnest, dass ich diese Bibel lesen kann, will ich dir mein ganzes Leben lang dienen."

Ich war nicht wirklich entmutigt, aber ich wusste, dass ich so nicht weit in meinem Glauben kommen konnte. Damals ahnte ich noch nicht, dass die Hilfe schon unterwegs war.

10. Der Missionar

Es war an einem warmen, sonnigen Nachmittag im Jahr 1963. Ich stand wieder auf dem Marktplatz und predigte. Eine kleine Gruppe von Menschen hatte sich um mich versammelt, und ich erzählte gerade von dem Abend, an dem ich die Wirklichkeit Gottes erlebt hatte. Plötzlich entdeckte ich einen weißen Mann, der mich unentwegt anstarrte. Er arbeitete sich mühsam vorwärts durch Abfallhaufen von verdorbenen Früchten und Gemüse, die überall auf dem Boden lagen. Dann hörte er aufmerksam zu und wandte seinen Blick nicht von mir ab. Es sah zunächst so aus, als würde er gar nicht verstehen, wovon ich sprach.

Allmählich stellte ich aber erstaunt fest, dass ich ihn kannte. Es war Johannes Joubert, einer der Mitarbeiter von der Dorothea-Mission. Ich war ihm schon in den Versammlungen begegnet, die ich nach meiner Hinwendung zu Christus besucht hatte. Vor Aufregung schlug mein Herz ganz rasend. Was hatte dieser Mann vor?

Langsam stieg ich von meiner Apfelsinenkiste herunter. Die Menschen gingen wieder auseinander, und ich betrachtete neugierig den weißen Mann, der dort lächelnd im Sonnenlicht stand. Bald waren wir beide ganz allein. Mein Mund wurde trocken. Ich kannte ihn doch. Ich war ihm bei der Dorothea-Mission begegnet, allerdings nicht an dem Abend, als die Benzinbomben auf das Zelt flogen.

„Kennst du mich?", fragte ich in gebrochenem Englisch. Er antwortete mir in Fanakalo, einer Mischung aus Englisch, Afrikaans und der Zulusprache, das in den Bergwerken Südafrikas gesprochen wird und das ich auch verstand.

„Du bist doch Stephen Lungu? Nicht wahr?" Ich freute mich, dass er mich noch kannte. Wie hatte er mich gefunden?

„Ja", sagte ich.

Mit einem breiten Lächeln antwortete er mir: „Ich bin Hannes Joubert und Missionar bei der Dorothea-Mission."

„Ich weiß", erwiderte ich lachend. „Ich kann mich an dich erinnern. Du bist doch ein Freund von Sadrach Maloka."

Hannes Joubert freute sich, dass ich mich an ihn erinnern konnte.

Johannes oder Hannes, wie man ihn immer nannte, hatte eine Reihe von Jahren bei der Dorothea-Mission in Südafrika gearbeitet. Aber nach dem erfolgreichen Einsatz, bei dem auch ich zum Glauben gefunden hatte, war er von der Missionsleitung der holländisch-reformierten Kirche in Salisbury wieder zurückgerufen worden. Er wollte nun eine kleine Bibelschule gründen. In der Vorstadt von Waterfalls hatte er dafür ein Haus angemietet.

„Stephen, ich bin so froh, dass ich dich entdeckt habe", begrüßte er mich herzlich. „Sadrach hat mir von diesem jungen Mann erzählt, der sich während des Missionseinsatzes bekehrt hat. Er mag dich sehr und hat mir aufgetragen, nach dir zu suchen. Seit ich nach Salisbury zurückgekommen bin, habe ich sehr viel Arbeit gehabt. Aber ich habe die Zeit genutzt und mich nach dir umgesehen."

Es bewegte mich tief, dass ein Weißer mich suchte. Was ist das für ein neuer Glaube, fragte ich mich, dass ein Weißer überhaupt einen Gedanken an einen Menschen wie mich verschwendet? Es schien mir unglaublich. Obwohl ich die Weißen immer gehasst hatte, empfand ich doch noch eine gewisse Ehrfurcht vor ihnen. Doch Hannes Joubert ließ mir nicht viel Zeit, mich mit mir selbst zu beschäftigen. Er stellte mir einige gewichtige Fragen.

„Wie geht es dir? Heute Nachmittag hast du ja gepredigt."

„Ja", erwiderte ich etwas schüchtern.

„Aber das ist doch großartig. Du bist immer noch standhaft in deinem Glauben. Wer steht dir denn bei?"

Ich dachte daran, wie man mir in der Presbyterianerkirche mit Unverständnis begegnet war, und stammelte nur: „Eigentlich niemand so richtig."

„In welche Gemeinde gehst du?"

Ich erzählte ihm von den Presbyterianern und erklärte ihm mein Problem. Ich hatte schließlich meine regelmäßigen Kirchenbesuche aufgegeben, weil sie mich so sehr entmutigt hatten.

Hannes Joubert wurde ernst. „Stephen, lebst du ganz allein für dich als Christ? Das ist nicht gut."

„Aber solche Christen, wie sie mir im Zelt begegnet sind, kann ich einfach nicht finden."

Dann kam mir ein Gedanke, und ich fragte ihn: „Kennst du denn welche?"

„Ja", antwortete er mir sehr liebevoll, „und sie würden dich freundlich und mit großer Herzlichkeit aufnehmen. Möchtest du sie kennen lernen?"

„Oh ja!" Dann fügte ich noch hinzu: „Ich weiß eigentlich noch sehr wenig von Jesus. Ich würde gern mehr von ihm erfahren."

Hannes Joubert schwieg einen Augenblick und sah mich nachdenklich an. „Stephen, ich möchte dir einen Vorschlag machen. Ich habe dir doch erzählt, dass ich mit einer Bibelschule anfangen möchte. Willst du nicht mein erster Schüler werden?"

Hannes hatte das mit viel Wärme und Herzlichkeit gesagt. In seinen Worten lag so viel Ermutigung.

„Ich habe viel Vertrauen zu dir. Ich glaube, du bist der geeignete Mann." Ich sehe immer noch, wie er mich dabei anschaute. Doch dann kamen mir die Tränen, und ich musste sie mir mit dem Ärmel wegwischen.

„Oh", stieß ich hervor. Das war zu schön, um wahr zu sein. Ich hatte die Gelegenheit in meinem neuen Glauben unterrichtet zu werden. Ich konnte Menschen kennen lernen wie die Christen, denen ich im Zelt begegnet war. „Oh ja, ja!", stammelte ich.

Hannes Joubert streckte mir seinen weißen Arm entgegen und bot mir seine Hand. Ungläubig schaute ich zu ihm auf, dann berührte ich sie noch recht zaghaft. Mit einem warmen und festen Händedruck nahm er meine Hand. Ich stand wie gelähmt. Ein weißer Mann schüttelt mir die Hand! Ich besah meine eigene Hand von innen und außen. Ich weiß nicht, was ich erwartete. Vielleicht dachte ich, das Weiße hätte abgefärbt und Spuren auf meiner Hand hinterlassen. Doch eins wusste ich: Ich würde eine Bibelschule besuchen.

Dann besprachen wir alles Nähere. Hannes Joubert schlug vor, dass ich zunächst einmal sein Haus in Waterfalls anschauen sollte, bevor ich endgültig ja sagte. Er führte mich zu seinem Kombiwagen, und wir stiegen ein. Ich genoss diese unerwartete Autofahrt.

Das Haus, das Hannes Joubert gemietet hatte, war ein kleiner, schöner Bungalow mit einem Garten und einer Garage. Er erklärte mir in einer Mischung von gebrochenem Englisch und Fanakalo, dass er hier den Unterricht für seine Bibelschule beginnen wollte. Ich sollte bei ihm wohnen, wenn ich bereit wäre, mit ihm die Schule ins Leben zu rufen.

Ich zögerte. „Aber ich kann doch nicht in deinem Haus wohnen."

Traurig nickte Hannes Joubert. In den sechziger Jahren war es noch ein Vergehen, wenn ein Schwarzer unter dem Dach eines Weißen schlief. Man hätte mich sicher verhaftet und die Bibelschule von Hannes Joubert wäre geschlossen worden, ehe sie noch recht begonnen hatte. Hannes Joubert hatte aber schon einen Ausweg gefunden. Er führte mich zu der Garage und zeigte auf sie. Dabei fragte er mich, ob ich darin schlafen wollte. Ich schaute sie mir an. Sie war stabil, trocken und sauberer als irgendein Platz, an dem ich bisher gewohnt hatte. Sie hatte allerdings nur drei Wände. Aber warum sollte ich mich über das Fehlen einer vierten Wand beklagen? Drei Wände waren mehr, als ich bisher unter der Brücke gehabt hatte. Hannes Joubert ließ mich einen Augenblick stehen und fuhr den Wagen neben die Garage, sodass er gleichsam als vierte Wand diente. Mit einem fröhlichen Lächeln stieg er aus, und ich war erstaunt, wie umsichtig und praktisch er doch war.

Begeistert stimmte ich zu und sagte: „Vielen Dank!" Beide strahlten wir uns an. Dann meinte er: „Willst du nicht gleich einziehen?"

„Jetzt sofort?"

„Ja, jetzt. Komm, wir holen deine Sachen."

„Meine Sachen?"

„Ja, deine Sachen."

Ich fühlte mich etwas verwirrt. „Ich habe doch gar keine Sachen", sagte ich kopfschüttelnd. Dann fuhr ich mit einem Lächeln fort: „Eine Bibel, die habe ich." Dabei hielt ich sie ihm entgegen.

Hannes Joubert war sehr verblüfft. „Du hast gar nichts?", fragte er ungläubig.

„Nein." Beschämt schüttelte ich den Kopf.

Hannes Joubert betrachtete mich jetzt genauer. Mir wurde in diesem Augenblick bewusst, wie armselig ich bekleidet war. Ich trug schmutzige Hosen, die an einigen Stellen zerrissen waren. Auch meine Hemden hatten Flecke und Löcher. Die alten Hausschuhe aus der Mülltonne der Weißen waren mit Bindfäden zusammengebunden. Ich sah nicht aus wie ein verheißungsvoller Bibelschüler. Mit mir konnte man keinen Staat machen.

Doch meine jämmerliche Erscheinung schien Hannes Joubert nicht besonders zu bekümmern. Seine Verblüffung hatte sich schnell gelegt. Er meinte nur: „Komm her, wir beide fahren jetzt in die Stadt."

Ganz erstaunt sah ich zu ihm auf. Er ging schon auf das Auto zu.

Dann folgten zwei bis drei aufregende Stunden. Hannes Joubert nahm mich zum Einkaufen mit. Es war das erste Mal, dass mich jemand mitnahm, um mich einzukleiden. Vor Glück brachte ich kein Wort heraus. In der Stadt kaufte Joubert für mich schwarze Hosen, einen wunderbaren grünen Blazer, drei weiße Hemden, dazu noch Strümpfe, Unterwäsche, passende Schuhe, zwei Laken, eine Decke und Handtücher. Zum Schluss erstand er noch ein Metallbett mit Matratze.

Als wir wieder vor der Garage standen, war ich in 15 Minuten in mein neues Quartier eingezogen. Hannes Joubert half mir, in einer Ecke mein neues Bett aufzustellen, breitete meine Laken aus und legte die Decke darüber. Er brachte eine Kiste, in der ich meine neuen Hosen, die Strümpfe, die Hemden und meine anderen Sachen unterbringen konnte. Behutsam legte ich die Bibel obenauf.

Dann gingen wir ins Haus und nahmen ein einfaches Mahl ein, das Hannes Joubert zu meinem großen Erstaunen selbst zubereitet hatte. Er war ein weißer Mann, der ein wunderbares Haus gemietet hatte und einen eigenen Kombiwagen besaß. Aber er hatte keine schwarze Köchin. Das war für mich unglaublich.

Dass Hannes Joubert keine Haushaltshilfe hatte, war nur die erste der vielen Überraschungen, die mir bevorstanden. Manches war auch wie ein kleiner Schock für mich. Dazu gehörte die Tatsache, dass wir an diesem Abend zusammen aßen. Hannes Joubert teilte das Essen auf den Tellern aus, und mir lief das Wasser im Mund zusammen. Der Geruch von warmem, wohlschmeckendem Fleisch und Gemüse stieg mir so in die Nase, dass ich am liebsten sofort danach gegriffen hätte. Er stellte den gefüllten Teller vor mich hin, und ich griff sofort mit beiden Händen danach.

„Nein, Stephen, warte bitte!" Mit fester Hand hielt er mich am Ärmel. „Zuerst wollen wir Gott dafür danken."

Hannes Joubert schloss die Augen und dankte für meine sichere Ankunft und das gute Essen. Ich konnte nicht alles verstehen, was er sagte, aber im großen Ganzen begriff ich doch, um was es ging. Ein solcher Gedanke war mir nie gekommen.

Dann nahm Hannes Joubert sein Messer und seine Gabel in die Hand. Ich warf auch einen kurzen Blick auf mein Besteck. Wozu ich das eine, und wozu ich das andere benutzen sollte, wusste ich nicht so genau. In den letzten 20 Jahren hatte ich noch nicht einmal eine Gabel benutzt. Ich fing dann einfach an und griff mit den Fingern danach. Das warme Gemüse war in Stücke geschnitten und ließ sich gut verzehren. Aber das Stück Fleisch konnte man nicht auf einmal herunterschlucken. Deshalb stützte ich mich mit meinen Ellenbogen auf beide Seiten des Tellers und begann, an dem Fleisch herumzukauen. Einige Stücke konnte ich so abbeißen. Wie viele Afrikaner kaute ich mit weit offenem Mund, und das Stück Fleisch bewegte sich zwischen meiner Zunge und dem Oberkiefer hin und her wie die Kleider in einer Waschmaschine.

Hannes Joubert warf mir einige vielsagende Blicke zu. Ich lächelte vergnügt, um ihm zu zeigen, wie sehr ich seine Kochkünste genoss.

In wenigen Minuten hatte ich das ganze Essen hinuntergeschlungen. Während ich darauf wartete, dass Hannes Joubert mit Hilfe von Messer und Gabel schließlich auch fertig wurde, fuhr ich mit dem Finger immer wieder über den Teller, um auch den letzten Tropfen Soße abzulecken. Am liebsten hätte ich auch noch den Teller selbst abgeleckt, doch das schien mir etwas ungesittet zu sein.

Hannes Joubert machte einen etwas unzufriedenen Eindruck. Irgendwie tat mir sein Verhalten Leid. Dachte er vielleicht, dass es mir nicht gut geschmeckt habe? Ich lehnte mich zurück und rülpste laut und vergnüglich. Mein Freund zuckte zusammen. Ich strich mir behaglich über den Bauch. Er schaute mich an und zeigte nur ein dürftiges Lächeln. Wir wechselten zwar ein paar Worte, aber er schien in Gedanken abwesend zu sein.

Hannes Joubert machte mich darauf aufmerksam, dass ich beim Wegräumen und Spülen des Geschirrs helfen sollte. Das hatte ich noch nie getan. Unter seiner Aufsicht habe ich dann auch nur einen Teller und eine Untertasse zerbrochen. Wenn ich allein gewesen wäre, hätte es wohl lauter Scherben gegeben.

Dann wies Hannes Joubert darauf hin, dass es Zeit sei, zu Bett zu gehen. Freudig erregt und mit vollem Magen ging ich in die Garage.

Trotzdem dauerte es lange, bis ich einschlafen konnte. Es roch stark nach Benzin und Öl, und aus der Nachbarschaft drangen seltsame Geräusche herüber. Ich entdeckte auch, dass das Bett kippen konnte, wenn ich mich schnell umdrehte. Doch die kleinen Misslichkeiten waren gar nichts im Vergleich zu dem Glück, das ich empfand. Gott hatte meine Gebete in mir unvorstellbarer Weise erhört.

Ich hatte darum gebetet, dass Christen mir helfen sollten. Nun hatte ich nicht nur die Dorothea-Mission wieder gefunden, sondern dazu noch ein Dach über dem Kopf bekommen. Ich hatte darum gebetet, die Bibel lesen zu können, und nun sollte ich sogar eine Bibelschulausbildung erhalten. Vorsichtig bewegte ich mich in meinem Bett und betrachtete die Zukunft mit großem

Optimismus. Meine Probleme waren gelöst. Was vor mir lag, war die Freude von Jesus zu lernen.

So begann ein ganz neuer Lebensabschnitt für mich. Am nächsten Morgen war ich ganz steif, als ich aufwachte. Das neue Eisenbett war für mich noch völlig ungewohnt. Schnell zog ich das alte Hemd und die Hosen an, die ich schon über viele Wochen getragen hatte. Meine neuen, sauberen Kleider wollte ich noch nicht anziehen. Ich wollte sie für besondere Gelegenheiten aufbewahren.

Hannes Joubert war schon in der Küche zugange. Wieder war ich überrascht, dass ein Weißer sich selbst das Frühstück zubereitet. Das war doch Aufgabe der Frauen. Er schaute mich vollkommen verwundert an, als er mich begrüßte. Dann legte er seinen Holzlöffel weg, mit dem er den Haferbrei umgerührt hatte, und bat mich, in den Flur zu kommen. Schüchtern folgte ich ihm.

Das Haus war so sauber und ordentlich, dass ich Angst hatte, ich könnte etwas schmutzig machen oder zerbrechen. Er öffnete die Tür zu seinem Badezimmer und ließ warmes Wasser in die Wanne laufen. Lächelnd zeigte er erst auf mich und dann auf das Bad. Nur im Krankenhaus war ich einmal von den Schwestern gebadet worden. Sonst hatte ich noch nie in einer Wanne gesessen. Bisher hatte ich mich immer nur in Flüssen gewaschen.

Hannes Joubert sagte mir, ich solle gehen und die neuen Kleider holen.

Vielleicht hatte es ihn verletzt, dass ich sie noch nicht angezogen hatte. Ich lief schnell in die Garage und holte sie. Als ich wieder im Badezimmer war, zeigte Hannes auf mich, dann auf die Badewanne und die Seife und ließ mich allein.

Vorsichtig stieg ich in die Wanne. Sie war glitschig. Ich hielt mich an den Seiten fest und ließ mich langsam ins Wasser herunter. Schnell saugten sich meine Hose und mein Hemd voll, und ich kam mir ganz seltsam vor. Ich rieb mein Hemd, meine Hose, meinen Hals, meine Füße und Arme mit Seife ein. Dann planschte ich im Wasser herum. Es war nicht leicht, die nassen Kleidungsstücke auszuziehen. Überall war das Wasser verspritzt. Doch ich fühlte mich erfrischt und gestärkt. Ich rieb mich mit dem Handtuch trocken, dann wrang ich meine alten Kleider sorgfältig aus und schlug sie zusätzlich gegen den Wannenrand.

Es war unmöglich, das Wasser in der Wanne zu halten. Das meiste hatte schon den Fußboden überspült. Ich zog meine neuen Kleider an, die mittlerweile auch schon nass waren.

Als Hannes Joubert ins Badezimmer kam und mich sah, musste er um seine Selbstbeherrschung kämpfen. Er zeigte nur auf meine Hose, das Hemd und das Handtuch und sagte: „Komm her!"

Draußen führte er mich zu einer Wäscheleine. Ich empfand es als sehr komisch, dass ein Mann seine eigene Wäsche aufhängen sollte. Doch es kam noch schlimmer. Er nahm mich mit in die Küche und drückte mir ein Putztuch in die Hand. Wir gingen zurück ins Badezimmer, wo alles schwamm. Es wurde mir fast zu viel, das Wasser aufzuwischen. Das machten bei uns Schwarzen doch nur die Frauen. Aber da es in diesem Haus keine Frauen gab, konnte ich kaum erwarten, dass ein Weißer mein Badewasser aufwischen sollte. So musste ich mich wohl oder übel an die Arbeit begeben und alles trocken wischen. Währenddessen erklärte mir mein Gastgeber höflich, dass Kleider in anderer Weise gewaschen werden. In der Badewanne würden sich nur Menschen waschen. Das alles war für mich noch sehr verwirrend.

Es dauerte eine Weile, bis das Badezimmer wieder in Ordnung war. Dann gingen wir zum Frühstück und feierten meinen ersten Unterrichtserfolg in der Bibelschule der Dorothea-Mission.

Der nächste Unterricht war schwieriger. Hannes Joubert holte Papier, Bleistift und Bücher. Ich musste mich hinsetzen, und er prüfte, welche Voraussetzungen ich mitbrachte. Kurz danach brühte er sich eine Tasse Tee auf. Ich glaube, die hatte er jetzt auch dringend nötig. Es war ihm nämlich gerade erst klar geworden, dass sein einziger Student ein völliger Analphabet war. Ich konnte kaum meinen Namen lesen, geschweige denn die Bibel studieren. Ich konnte auch nicht schreiben. Ich hatte nur meinen neuen Glauben an Jesus, besaß viel Begeisterung, sprach ein paar Sätze gebrochenes Englisch und war mit dem Jargon der Tennis- und Golfplätze vertraut.

Aber Missionare sind in der Regel zäh. Hannes Joubert glaubte, dass es Gottes Wille war, eine Bibelschule für Schwarzafrikaner in Salisbury zu gründen. Er hatte kein Geld. Er besaß kein Gebäude. Er hatte keine Lehrer. Er hatte kaum Bücher. Er hatte auch nur einen Schüler, und der war ein völlig ungebildeter junger Mann von zwanzig Jahren, der direkt von der Straße kam. Alles, was er vom Christentum wusste, stammte aus der marxistischen Ideologie, aus der Predigt einer Zeltevangelisation, bei der er eigentlich Benzinbomben werfen wollte, und noch ein paar Andachten in christlichen Versammlungen.

Mancher hätte den nächsten Zug genommen und Salisbury verlassen. Hannes Joubert bereitete sich aber auf eine lange und schwierige Aufgabe vor. Er wollte aus mir einen zivilisierten Menschen machen, mir Lesen und Schreiben beibringen und mich dann den Unterricht seiner Bibelschule durchlaufen lassen. Das Wichtigste war ihm aber, dass er mir half, in meinem Glauben an Gott zu wachsen und in geistlicher Erkenntnis und Erfahrung zu reifen. So fingen wir an.

11. Meine erste Zeit mit Hannes Joubert

Wenn ein neues Kapitel im Leben beginnt, erscheint es manchmal so, als müsse alles gelingen und nichts schief gehen. Man fühlt sich, als stünde man auf einer Bergspitze und könnte von ferne einen Blick in das verheißene Land seiner Zukunft werfen. Man denkt vielleicht an eine Aufgabe, die man vor sich hat, oder an eine Beziehung, die man aufbauen will. Alles scheint wie in strahlendes Licht getaucht.

Wenn man sich dann aber an die Arbeit macht, scheint es so, als sei die Sonne hinter dem Horizont untergegangen. Die Vision ist verschwunden, und man stolpert mühsam in einem Tal von Schwierigkeiten und Problemen voran. Man zweifelt, ob man jemals wieder glücklich sein kann.

In den Tagen und Wochen nach meiner Ankunft bei Hannes Joubert und seiner Bibelschule in der Dorothea-Mission ging es mir ähnlich. Auf den ersten Blick erschien alles vollkommen. Ich hatte Jesus gefunden und war mir seiner Liebe gewiss. Ich war von einem Christen aufgenommen worden, der sich um mich kümmerte, und mich im christlichen Glauben unterrichtete. Im Vergleich zu meinem früheren Leben unter der Brücke, das von Angst, Armut und Einsamkeit gezeichnet war, erschien mein jetziges Dasein wie der Himmel auf Erden.

Doch dieser Schein trog. Zunächst wehrte ich mich gegen die täglichen Zurechtweisungen. Ich sollte ein ordentliches Leben führen, aber das war mir völlig ungewohnt. In meinem früheren Dasein war ich darauf nicht vorbereitet worden. Außer den kurzen, anstrengenden Trainingsstunden in den politischen Jugendlagern hatte ich immer selbst über meine Zeit verfügt. Einzig der Hunger bestimmte, wann ich mir mein nächstes Mahl ergattern musste. Jetzt erwartete man von mir, dass ich früh aufstand, auch wenn ich lieber noch länger geschlafen hätte. Ich musste mich waschen, bei der Zubereitung meiner Mahlzeiten helfen, mit Messer und Gabel essen, Geschirr spülen, sonstige Hausarbeiten verrichten und dann noch einige Stunden dasitzen und das englische Alphabet lernen. Dadurch geriet ich unter einen enormen Stress. Hannes Joubert war freundlich zu mir, aber er ließ in seinen Forderungen an mich nicht nach. Nur wenn ich total am Ende war, lockerte er die Zügel ein wenig.

Der Tag begann immer damit, dass er zu mir in die Garage kam und nachsah, ob alles in Ordnung war.

„Stephen, du musst jeden Morgen dein Bett machen. Dabei darfst du die Decke nicht einfach übers Bett ziehen, sondern du musst die Laken darunter erst glatt streichen.

Warum liegt ein Schuh hier und der andere unter dem Bett?

Dein Vorhang muss ordentlich hängen. Entweder musst du ihn aufziehen oder schließen, aber du darfst ihn nicht nur ein Stückweit aufziehen.

Du musst deine Kleider zusammenfalten, wenn du sie nicht brauchst.

Häng dein Hemd nicht an die Gardinenleiste.

Was hat der Teller unter dem Bett zu suchen?

Wenn deine Schuhe schmutzig sind, musst du sie vor der Tür ausziehen und damit nicht erst durch den ganzen Raum laufen.

Wasch deine Kleider hier.

Wasch dich da drüben.

Man muss ein Hemd bügeln, bevor man es anzieht.

Ein Strumpf darf nur eine Öffnung haben, und zwar oben, wo du in ihn hineinschlüpfst. Wenn mehr Löcher darin sind, sieht man deine Zehen. Das ist dann kein Strumpf, sondern ein Sieb. Du musst ihn erst stopfen."

Und dann die Sache mit dem Frühstück. Ich mag gar nicht daran denken, wie schwer Hannes Joubert es hatte, mir Tischmanieren beizubringen.

„Stephen, leg deine Serviette auf den Schoß. Falte sie auf. So ist es richtig.

Stephen, die Gabel gehört in die linke Hand und das Messer in die rechte Hand.

Iss mit der Gabel.

Nein, Stephen, nimm die Gabel und nicht das Messer. Setz dich gerade hin. Nimm die Ellenbogen vom Tisch. Beug dich nicht über deinen Teller. Du bist doch kein Geier.

Nimm die Serviette und nicht den Hemdsärmel, wenn du dir den Mund abwischst.

Reich nicht über den ganzen Tisch. Bitte mich, dann werde ich dir das Gewünschte reichen.

Stephen, wenn dein Stück Fleisch so groß ist, musst du es nicht einfach mit der Gabel aufspießen und damit in der Luft herumfuchteln. Schneide dir kleine Stücke ab. Nimm dazu das Messer, nicht deine Zähne."

Ich gab mir alle Mühe, aber ich war doch hungrig, und das Essen sah so verlockend aus.

„Stephen, mach den Mund zu, wenn du kaust. Niemand will sehen, wie du das Gemüse zwischen den Zähnen zerkleinerst.

Stephen, sag bitte.

Stephen, du darfst nicht so geräuschvoll kauen. Das klingt sonst, als ob ein Rudel Löwen neben einem Wasserloch seine Beute zerfleischen würde."

Ich fragte mich oft, wo die Freude über die Gnade Gottes geblieben war, die ich in den ersten Tagen erlebt hatte. Ich hatte gedacht, es ginge immer so weiter. Ich wäre gern wieder in die Busse gestiegen und hätte dort von Jesus erzählt. Hannes Joubert sagte mir aber, es sei besser, zu Hause zu bleiben und erst einmal Englisch zu lernen. Die Evangelisation lag ihm auch am Herzen, aber er betonte mir gegenüber:

„Jetzt ist eine Zeit in deinem Leben, in der du die große Chance hast, etwas zu lernen. Das musst du ausnutzen. Den Rest deines Lebens kannst du dann als Evangelist arbeiten."

Er hatte die Hoffnung, dass ich eines Tages beim Team der Dorothea-Mission mitarbeiten könnte.

Damit ich gut laut lesen lernte, ließ mich Hannes Joubert einem Mann namens Josias Ngara auf Englisch vorlesen. Er war ein blinder Evangelist und wollte auch die Bibelschule besuchen. Der Gedanke von Hannes war, dass ich das Lesen übte und für Josias das Buch in Blindenschrift übertrug. So setzte uns Hannes Joubert eines Morgens an einen Tisch und ließ uns anfangen. Es war ein wunderschöner Tag für uns. Als es Abend wurde, hatte Josias mir gezeigt, wie man einen Schlips bindet. Da er blind war, ging das bei ihm ganz langsam, und ich konnte ihm gut dabei folgen. Wir waren so über unseren Erfolg erfreut, dass selbst Hannes Joubert darüber lachen musste. Er ging großzügig darüber hinweg, dass er keine Blindenschriftzeichen sah und mein Englischbuch überhaupt nicht aufgeschlagen war. In den nächsten Wochen sprach Hannes Joubert viel mit mir über die Dorothea-Mission. Wir verständigten uns in einer Mischung aus gebrochenem Englisch und Fanakalo.

Die Mission war 1942 in Südafrika von einem weißen südafrikanischen Missionar gegründet worden. Er stammte aus Deutschland. Damals hatte die wachsende Industrialisierung südafrikanischer Städte Zehntausende von arbeitssuchenden Schwarzen angezogen. Viele von ihnen endeten arm, elend und entwurzelt in den schnell wachsenden Barackenstädten. Unter diesen heimatlosen Schwarzen sah die Mission ihre Aufgabe.

Das Werk wuchs schnell und fand die Unterstützung vieler Christen. Dann erkannte die Dorothea-Mission den Ruf Gottes, in Rhodesien zu evangelisieren. Im Glauben waren ihre Mitarbeiter ans Werk gegangen. Sie wählten Highfield und Mbare am Rand von Salisbury zu ihrem Arbeitsfeld. Ihr unmittelbares Ziel war es, eintausend Menschen zu Christus zu führen und dann eine kleine Bibelschule ins Leben zu rufen. Die Schule sollte den Namen „Soteria" tragen. Das ist das griechische Wort für Rettung. Ihre Aufgabe war es, einige der Neubekehrten im Glauben weiterzuführen und sie auszubilden. Sie sollten die Grundlage eines neuen Teams der Dorothea-Mission sein, das in Salisbury angesiedelt werden sollte.

Als Hannes Joubert mir das alles berichtete, fühlte ich mich von der Güte und Gnade Gottes überwältigt. An dem Abend, als meine Bande und ich das Missionszelt aufgesucht hatten, war es unser einziges Ziel gewesen, es zu zerstören. Die Liebe Gottes aber

1964: Harare, Zimbabwe. Beim Lesen Lernen mit dem blinden Evangelisten Josias Ngara (links). Stephen schreibt: „Dabei habe ich nicht nur besser Englisch gelernt, sondern Josias hat mir auch gezeigt, wie man einen Schlips bindet."

1977: Stephens Team bei der Dorothea-Mission.

1977: Vater und Mutter Joubert.

1983: Stephens erste Reise in die USA.

1984: Australien. Stephen schreibt: „Als ich dort zu den Kindern sprach, waren viele tief bewegt und fingen an zu weinen. Diese beiden kamen nach einem Vortrag zu mir, weil sie sich für das Evangelium interessierten. Sie wollten mit mir sprechen und sich mit mir fotografieren lassen."

1986: Malawi. Stephens erstes Team in Malawi. Von links: Stephen, Songe und Jeremia.

Stephens Schwester Malesi.

1989: Sambia.
Stephen predigt auf dem Marktplatz.

1991: Schweiz.
Stephen hielt eine Woche lang Vorträge in Lausanne. Nach diesem Dienst fuhren er und sein Team in die Berge. Zum ersten Mal in seinem Leben kam er mit Schnee in Berührung.
Von links: Stephen, Dr. Edward Muhima, David und Edinah Peters.

1992: Süd-Afrika in Cape Town, an der Südspitze Afrikas. Stephens Kommentar: „Ich erinnere mich noch gut daran, wie ich davon träumte, eines Tages über den ganzen afrikanischen Kontinent zu reisen und die Menschen mit dem Evangelium vertraut zu machen. Nur acht Jahre später, im Jahr 2000 ging dieser Traum in Erfüllung. Ich reiste in den Westen, den Osten, den Norden und den Süden des Kontinents und predigte das Evangelium.

1992: Stephen mit
seiner Frau Rahel.

Rahel in äthiopischer
Kleidung bei einem
Essen im Hotel.

Stephen mit Keith und Heide Hershey.

1994: Harare. Stephen mit
seiner Mutter. Ein Wiedersehen nach einer langen Zeit
der Trennung.

1998: Pietermaritzburg in Süd-Afrika. Michael Cassidy, Gründer und Team-Leiter von African Enterprise zusammen mit Stephen Lungu, dem Team-Leiter von Malawi.

2000: Australien. Stephen in einer Grundschule in Ulverstone, Tasmanien.

hatte mich nun völlig verwandelt. Aus einem Gegner Jesu war ich zu einem Nachfolger und zugleich zum allerersten Schüler der Bibelschule Soteria geworden. Eine solch dramatische Veränderung ließ mich nachempfinden, wie es Saulus auf der Straße nach Damaskus gegangen war. Auch er war unterwegs gewesen, um Christen zu verfolgen und zu töten.

Die Mission hatte einige wenige Grundprinzipien, nach denen sie arbeitete. Ihre wichtigste Norm hieß: „Lebe im Licht!" Das bedeutete ganz einfach, dass wir als Christen ehrlich und offen miteinander umgehen sollten. Alle Verletzungen, alle Verärgerungen und was wir uns sonst noch gegenseitig antun, mussten sofort bekannt und aus der Welt geschafft werden. Wir sollten nichts anstehen lassen.

Solange es sich um Hannes Joubert und mich handelte, war dies nicht schwer. Er war zwar streng, aber ein überaus freundlicher und ehrlicher Mensch. Als später noch andere Studierende hinzukamen, wurde es mit dem Wandel im Licht schwieriger. Dennoch hielten wir an unserer Losung fest. Hannes Joubert machte uns klar, dass die Schule mehr Wert darauf legte, wie wir unser Leben führten, als darauf, welche Noten wir in den Studienfächer bekamen. Man konnte bei einem Test die volle Punktzahl erreichen, und doch nicht als guter Schüler gelten, wenn man nicht nach den erforderlichen Maßstäben lebte. Er hat uns oft deutlich gemacht, dass Aufrichtigkeit und ein geheiligtes Leben das Wichtigste sind.

Ein weiterer Grundsatz war zunächst viel schwieriger durchzuhalten. Die Dorothea-Mission verstand sich als eine Glaubensmission. Ihre Mitarbeiter bekamen kein Gehalt und keine langfristigen finanziellen Absicherungen. Ihre Missionare vertrauten darauf, dass Gott sie jeden Tag mit dem Nötigsten versorgt. In der Praxis sah das so aus, dass die Christen vor Ort sie großzügig unterstützten. Den größten Teil unserer Lebensmittel lieferten uns einige christliche Farmer ins Haus, die Hannes Joubert gegenüber erklärt hatten, das sei ihr regelmäßiges Opfer für Gott. Es war Hannes Jouberts unumstößlicher Vorsatz, dass er alles, was er zum

Leben nötig hatte, allein von Gott erbat. Niemals teilte er anderen Christen seine Bedürfnisse mit. Er sprach auch nicht andeutungsweise davon. So hätte er z.B. nicht gesagt: „Ich wollte noch erwähnen, dass ich darauf vertraue, dass Gott mir heute die dringend benötigte Briefmarke schenkt." Denn damit bettelte man im Grunde und setzte sein Vertrauen nicht auf den Herrn.

So waren wir wirklich in allen Dingen von Gott abhängig. Wir rechneten damit, dass er uns alles Nötige gab, wenn es seinem Willen entsprach. Für mich war das zunächst ein Schock. Irgendwie fiel es mir leichter, Gott im Hinblick auf mein ewiges Heil zu vertrauen, als das Lebensnotwendige von ihm zu erbitten.

Am Anfang fiel es mir auch schwer zu glauben, dass Hannes Joubert es wörtlich meinte, wenn er sagte, er habe keinen Penny. So war uns einmal die Seife ausgegangen. Ich sagte ihm, dass wir unbedingt ein Stück Seife im Bad bräuchten.

„Ich habe keine", kam es ruhig über seine Lippen. Dabei trocknete er weiter das Geschirr ab.

„Ich hole Seife auf dem Markt, wenn du mir das Geld dafür gibst", sagte ich.

Hannes faltete das Geschirrtuch zusammen und meinte nur: „Stephen, ich habe auch nicht das Geld dafür." Mein Mund blieb bei diesen Worten offen stehen.

„Aber ...", stotterte ich.

„Du musst beten, und die Sache dann Gott überlassen", fuhr er fort.

Ich ging hinaus, um im Garten zu arbeiten. Sollte man Gott um ein Stück Seife bitten? Das war doch lächerlich, eigentlich sogar unverschämt. Gott hatte bestimmt wichtigere Dinge zu tun.

Am nächsten Morgen rutschte mir der letzte Rest Seife aus den Fingern und verschwand im Abflussrohr. Hilflos schaute ich ihm nach. Ich wollte zu Hannes Joubert gehen und ihm das sagen. Aber ich wusste, er würde mir nur dieselbe Antwort geben wie am Tag zuvor. Ich war wegen der Seife ganz bekümmert. Wo sollten wir Seife herbekommen? Schließlich betete ich doch dafür. Es blieb mir ja auch nichts anderes übrig.

Etwa zur Mittagszeit kamen einige Bekannte von Hannes Joubert. „Wie geht es dir, Stephen?", begrüßten sie mich freundlich.

„Ich lebe ohne Seife", wollte ich gerade sagen. Doch weil Hannes Joubert daneben stand, wagte ich nicht, diesen Satz über die Lippen zu bringen. Die Gäste tranken mit uns eine Tasse Tee und gingen dann wieder. Wir fuhren mit dem Unterricht fort. Am späten Nachmittag ging Hannes Joubert aus dem Haus. Da klopfte es an der Tür.

Eine Christin stand draußen und sagte mit einem strahlenden Gesicht: „Ich war heute Nachmittag einkaufen und dachte, ihr beide könntet auch ein paar Dinge gebrauchen."

Sie drückte mir eine braune Papiertüte in die Hand und verschwand wieder. Zitternd trug ich die Tüte in die Küche. Ich konnte die Spannung kaum ertragen. Ich packte die einzelnen Dinge aus. Das meiste interessierte mich gar nicht. Ich griff immer tiefer in die Tüte hinein, und endlich fand ich, was ich suchte: Ganz unten lagen zwei Stück Seife.

„O Gott", rief ich, „du hast mich erhört!" Ich nahm ein Stück Seife in jede Hand und führte in der Küche einen Freudentanz auf.

In diesem Augenblick betrat Hannes Joubert den Raum. Sobald er sich überzeugt hatte, dass sein Schüler nicht verrückt geworden war, stimmte auch er in den Freudentaumel mit ein. An diesem Tag lernte ich, dass Seife an sich etwas ganz Alltägliches ist. Aber es ehrt Gott, wenn wir uns ganz auf ihn verlassen. Das war ein Meilenstein in meiner Anfangszeit als Christ.

In diese Zeit fiel auch noch eine andere Gebetserhörung. Sie berührte mich tief. Ich brauchte unbedingt eine Briefmarke. Ich schrieb an jemanden, der nach Bulawayo verzogen war, und mit dem ich in loser Verbindung stand. Ich wollte ihn wissen lassen, wo ich jetzt lebte. Also brauchte ich dringend eine Briefmarke. Ich hatte eigentlich Angst, um eine Briefmarke zu bitten. Was, wenn mein Gebet nun nicht erfüllt würde? So ging ich zu Hannes Joubert und bat ihn darum.

„O Stephen", sagte er freundlich, „du weißt doch, wie das bei uns ist. Du musst nicht zu mir kommen und um Dinge bitten. Geh doch zu Gott. So handle ich auch." Beschämt schlich ich mich weg. Wieder wurde mein Glaube auf die Probe gestellt. Es ging zwar nur um eine lächerliche Briefmarke, aber sie trieb mich in die Enge. Drei Tage lang betete ich um diese Briefmarke. Immer wieder kamen Christen zu Besuch, aber keiner gab mir einen Penny. Ich konnte es fast nicht mehr aushalten. Wenn sie mich fragten, wie es mir ginge, wäre ich am liebsten herausgeplatzt: „Ich habe keine Briefmarke!"

Als ich es kaum noch ertragen konnte, kam plötzlich wie aus heiterem Himmel ein weißer Christ und unterhielt sich sehr lange mit Hannes Joubert. Er war schon fast zur Tür hinaus, als er noch einmal stehen blieb und sagte: „Ach ja, hier habe ich noch etwas für Stephen." Er griff in die Tasche und holte einen Geldschein heraus. Ich konnte mich gerade noch bedanken, dann war er auch schon verschwunden.

Ich sank aufs Sofa in Hannes Jouberts Wohnzimmer und starrte das Geld an. Die Hände zitterten mir. Hannes Joubert fragte: „Stephen, geht es dir noch gut? Du siehst aus, als hättest du ein Gespenst gesehen."

Ich hielt ihm den Geldschein entgegen und flüsterte: „Ich habe nur um eine Briefmarke gebetet."

Hannes Joubert verstand, was ich meinte, und lachte mir freundlich zu. „Jetzt hast du genug Geld für tausend Briefmarken."

Ich brach in Tränen aus. Hannes Joubert kam und setzte sich neben mich.

„Stephen", meinte er mit ruhiger Stimme, „Gott liebt dich und zeigt dir durch diese kleinen Erfahrungen seine große Liebe. Natürlich ist es gut, dass Menschen einer Arbeit nachgehen. Eines Tages wirst du auch Geld verdienen. Aber jetzt ist es richtig, dass du hier zum Studieren bist. Erbitte alles, was du brauchst, von Gott. Er will jetzt für dich sorgen. Du musst dich zuerst auf Gott verlassen und dann erst auf deine Mitchristen."

Wie wichtig das war, wurde mir eines Tages schmerzlich bewusst. Ich vertraute nicht auf Gott, sondern teilte Menschen meine Bedürfnisse mit. Sie gaben mir auch das Gewünschte, aber ich fühlte mich so elend, als hätte ich etwas ganz Wertvolles vor Gott preisgegeben. Ich ging zu Hannes Joubert und bekannte es vor ihm. Er betete mit mir und sprach mir die Vergebung zu.

Ich habe es dann oft in meinem Leben erfahren, dass Christen mir großzügig halfen, wenn Gott ihnen das aufs Herz legte. Aber noch ein Erlebnis ist mir aus dieser frühen Zeit wichtig.

Ich hatte damals schon einige Monate bei Hannes Joubert gelebt. Die billigen Schuhe, die er für mich gekauft hatte, waren völlig abgetragen. Die Sohlen waren durchgelaufen, sodass ich teilweise barfuß lief. Ich legte ein Stück Pappe hinein, aber sie verrutschte sehr oft. Ich wagte kaum noch, bei Gebetsgemeinschaften niederzuknien, weil die Freunde von Hannes Joubert meine Fußsohlen sehen konnten. So suchte ich bei den Gebetsversammlungen immer eine Zimmerecke zum Niederknien aus, wo ich mit dem Rücken gegen die Wand meine Hände falten konnte. Diese Schuhe erinnerten mich an mein ganzes Elend aus früheren Zeiten. Es stand mir noch lebendig vor Augen, wie ich Schuhe aus den Mülltonnen gefischt und sie mir dann unter die Füße gebunden hatte.

Diese Schuhe wühlten in der Tat meine ganze Vergangenheit mit ihren Ängsten in mir auf. Ich hatte keine Kraft, Hannes Joubert davon zu berichten oder um ein neues Paar Schuhe zu beten. Denn in meinem Herzen glaubte ich, dass ich es gar nicht wert sei, gute Schuhe zu tragen. Alte, zerschlissene Latschen waren für einen Kerl wie mich gerade gut genug. Mein Selbstbewusstsein hatte genauso wie die Schuhe große Löcher bekommen. Schreckliche Angst befiel mich wieder. Ich sagte mir: „Du bist als ein heimatloser Landstreicher aufgewachsen. Und das wirst du auch immer bleiben."

Im Ringen um meine englischen Sprachkenntnisse erzielte ich keine großen Fortschritte. Das machte mein Elend noch größer. Hannes Joubert und ich gaben uns alle Mühe, aber ich war so unglücklich, dass ich kein gutes Resultat erzielte.

Auch der Kampf, mit Messer und Gabel essen zu lernen, dauerte immer noch an. Hannes Joubert war mir gegenüber recht streng, und ich lehnte mich gegen ihn auf. Es machte mich fast wahnsinnig, dass ich mich an Pünktlichkeit, Terminplanung und an europäische Tischsitten gewöhnen sollte. Wenn Hannes während des Essens ans Telefon gerufen wurde oder jemand an die Tür klopfte, schob ich schnell einige Bissen mit der Hand in den Mund. Ich versagte, er aber richtete mich wieder auf. Wie oft lehnte ich mich gegen alle Ordnungen auf. Ich hatte den Eindruck, dass mein Lehrer zu hohe Anforderungen an mich stellte. So total konnte ich mich nicht ändern. Oft sagte er dann: „Aber Stephen, wenn du im Glauben wachsen willst, dann musst du nur deine alten Gewohnheiten ablegen und das neue Leben ergreifen. In deinem Fall handelt es sich um gute Manieren und um ein geheiligtes Leben vor Gott."

Ich nahm immer wieder neue Anläufe. Wenn ich versagte, war ich noch unglücklicher. Manchmal fragte ich mich: „Hat Paulus auch mit einer Gabel gegessen?" Ich wollte nicht der alte Stephen sein, aber es schien mir unmöglich, ein neuer Stephen zu werden. Ich war eben so, wie ich war. Jeder neue Tag forderte mich in Bezug auf meine Lebenshaltung heraus.

Ich weiß nicht, wie Hannes Joubert es damals mit mir ausgehalten hat. Wochenlang dauerte mein vergebliches Bemühen an. Überall stieß ich an meine Grenzen. Immer musste ich lernen. Ich hatte kein Geld und keine Schuhe. Ich war völlig mutlos und gab alle Hoffnung auf. Eines Tages saß ich hilflos auf meinem Bett in der Garage und wollte der Schule entfliehen. Ich packte meine wenigen Habseligkeiten in eine Kiste, die mir als Kleiderschrank gedient hatte. Ich hatte jetzt genug von allem. Ich wollte Hannes Joubert sagen, dass ich es nicht mehr aushielte und nun weggehen würde.

Aber wohin sollte ich gehen? Wieder unter die Brücke? Zurück in meine alten Ängste? Ich war völlig frustriert. Am Ende blieb ich doch da, und wir kämpften weiter, damit ich ein zivilisierter und lebenstüchtiger Mensch werden konnte.

Es war wirklich ein heftiges Ringen; denn neben dem täglichen

Unterricht versuchte Hannes Joubert auf seinem Grundstück noch eine Bibelschule zu errichten. Er brauchte Schlafzimmer für Schwarze. Wir überlegten und kamen zu dem Entschluss, die Hühnerställe in behelfsmäßige Schlafräume umzubauen. Wir haben lange und mit intensivem Einsatz daran gearbeitet. Wir mussten die Ställe reinigen, neu anstreichen, zusätzliche Wände und Fenster einbauen. Jede Stunde war mit Arbeit ausgefüllt.

So waren wir beide froh, als ein Arbeitsteam aus Südafrika zu uns stieß. Ihre gute Stimmung brachte wieder Freude und Zuversicht in unser kleines Haus. Die Anflüge von Angst und Selbsthass legten sich bei mir. Diese lieben Menschen behandelten uns wie ganz gute Freunde. In meinem täglichen Gebet dankte ich für diese Ermutigung.

Eines Morgens nahm mich Thomas Barlow, einer von der Mannschaft, zur Seite. „Stephen, wenn du nichts zu tun hast, komm' doch mit mir in die Stadt." Ich erfüllte gerne seinen Wunsch und war froh, dass an diesem Morgen der Unterricht ausfiel. Hannes Joubert zeigte nur ein verschmitztes Lächeln und stellte mich frei.

Als wir in der Stadt waren, fragte ich Thomas, was ich ihm zeigen sollte. Ich wusste, dass er der Sohn eines reichen weißen Unternehmers war. In seiner Nähe fühlte ich mich etwas verunsichert. Die meisten jungen Weißen in seiner Position würden mit mir, einem armen Schwarzen, noch nicht einmal gesprochen haben.

Er zögerte zunächst und sagte dann: „Nun, das hängt davon ab, wohin du gerne gehen willst." Dann fügte er aber lächelnd hinzu: „Ich will dir nämlich etwas kaufen, aber ich weiß nicht, was du nötig hast. Du kannst es mir ja sagen. Hosen? Hemden? Schuhe?"

„Schuhe?", brachte ich erstaunt über die Lippen und musste dabei gegen die Tränen ankämpfen. Darauf war ich nicht vorbereitet. Aber Thomas nahm mich schnell bei der Hand. Als wir am Mittag zurückkehrten, konnte ich es noch gar nicht fassen, dass ich der glückliche Besitzer von drei Hosen, zwei Paar Schuhen und noch einem Anzug war.

„Und ich habe doch nur um Schuhe gebetet", sagte ich an diesem Abend zu Hannes Joubert, als die anderen wieder fortgegangen waren. Er schaute in meine leuchtenden Augen und klopfte mir auf die Schulter. Ihm fehlten selber die Worte. Als mein eigenes Elend behoben war, fiel es mir plötzlich wie Schuppen von den Augen, und ich sah, was ich eigentlich schon längst hätte sehen müssen. Hannes Joubert war völlig erschöpft. Der Aufbau einer Bibelschule und seine tägliche Fürsorge für mich machten sich bei ihm bemerkbar. Mittlerweile hatten sich auch einige andere Interessenten gemeldet, und es sah so aus, als ob ich noch einige Mitstudierende bekäme.

So reiste bald ein weiterer Bibelschüler an. Es war eine Frau. Sie hieß Lucy Phiri. Auch sie konnte noch nicht lesen und schreiben, und die Verständigung mit Hannes Joubert fiel ihr schwer. Ich sprang als Dolmetscher ein.

Wir arbeiteten auf der Veranda des Bungalows. Es war ein großer, heller Raum, den Hannes Joubert und ich zu unserem ersten Klassenzimmer gewählt hatten.

Drei Monate nach Lucy kam auch ihr Ehemann. Er hieß Nelson und hatte in einer Raffinerie gearbeitet. Der Nächste, der zu uns stieß, war Moffat Ncube. Er, Nelson und Lucy waren bei der gleichen Evangelisation zum Glauben gekommen wie ich. Es war ein schönes Gefühl, als sie bei uns einzogen. Jetzt wurden wir wenigstens eine richtige Bibelschule. Ich freute mich auch über die Gemeinschaft mit ihnen. Ich war gerne mit Menschen zusammen, und es war eine wunderbare Erfahrung, neue Freunde zu gewinnen. Moffat und ich verstanden uns auf Anhieb. Er kam auch aus einer zerrütteten Familie und war Mitglied in einer Bande in Bulawayo gewesen. Dass wir eine ähnliche Vergangenheit hinter uns hatten, führte uns dicht zusammen. Wir staunten beide über die Gnade Gottes, die uns hierher gebracht hatte.

Im Jahr 1964 hatten wir uns auf eine neue Form des gemeinsamen Lebens eingespielt. Die Studierenden waren mit ihren Schlafräumen in den ehemaligen Hühnerställen zufrieden, die Hannes Joubert und ich für sie ausgebaut hatten. Monatlich wechselten wir uns bei den verschiedenen Aufgaben im Haus ab, auch beim

Kochen. Allerdings wurden meine Kochversuche nicht allzu sehr geschätzt. Ich war immer froh, wenn ich mein Arbeitspensum geschafft hatte.

Zu der Zeit gab es noch eine weitere Veränderung im Haus. Hannes Joubert hatte eine Frau gefunden. Sie war eine Afrikaans und Missionarin der Südafrikanischen-Niederländischen Reformierten Mission, die ihr Arbeitsfeld in Rhodesien hatte. Ihr Name war Sustine. Sie zog mit Hannes zusammen in den Bungalow, und ich war jetzt mehr mit Nelson und den anderen Studierenden zusammen.

Es war eine schöne Zeit. Gemeinsam lebten und wuchsen wir in unserem christlichen Glauben. Aber es gab auch noch genug Probleme im Alltag. Wir hatten bald zu viele Studierende. Da das Gelände im Besitz von Weißen war, durften nicht so viele Schwarze hier wohnen, selbst wenn sie in Hühnerställen schliefen. Die Soteria-Bibelschule platzte aus allen Nähten, und wir brauchten ein neues Anwesen.

12. Gefährliche Einsätze

Im Jahre 1965 wurde die politische Lage in Rhodesien immer angespannter. Mittlerweile hielten wir Mitarbeiter der Dorothea-Mission in Salisbury regelmäßige evangelistische Versammlungen ab. Obwohl die meisten von uns Schwarze waren, wurde unsere Botschaft nicht immer mit offenen Herzen aufgenommen. Das Christentum galt immer noch als die Religion des weißen Mannes. Eines Abends gerieten wir in äußerste Gefahr.

Wir wollten eine Zeltversammlung in Harare, dem heutigen Mbare, durchführen. Am Nachmittag machten wir uns paarweise auf den Weg, um Traktate und Einladungen in dieser Gegend zu verteilen. Wie gewöhnlich wollten wir uns dann kurz nach fünf Uhr beim Zelt wieder treffen. Wir mussten noch Lampen anbringen, die Lautsprecheranlage aufbauen, Abendbrot zubereiten und die Musikanlage installieren.

Ich ging zusammen mit Josias, dem blinden Mitarbeiter. Der Nachmittag verlief für uns sehr entmutigend. Die Menschen wiesen uns mit unseren Einladungen ab. Es gab auch einige bissige Bemerkungen. So mussten wir uns anhören, dass das alles Unsinn sei, was die Weißen da organisierten. Das Christentum sei ein auslaufendes Modell, und wir Christen seien nur die Knechte der Weißen. Trotzdem versuchten wir unsere Sache so gut es ging durchzuziehen.

Als es allmählich fünf Uhr wurde, machte ich mich zusammen mit Josias auf den Weg zum Zelt. Die Straßen waren jetzt voller Menschen, die zu Fuß oder mit dem Fahrrad auf dem Heimweg von ihrer Arbeit waren. Plötzlich entdeckte ich auf der Erde eine Spur kleiner Papierfetzen. Sie kamen mir bekannt vor. Ich bückte mich, um sie genauer zu untersuchen, und mein Verdacht bestätigte sich. Es waren unsere Einladungszettel. Andere Mitglieder unseres Teams mussten sie kurz vor uns verteilt haben. Die Leute hatten sie dann sofort zerrissen. Es war kein ermutigender An-

blick. Ich erzählte Josias davon, als wir auf der Spur der Papier-
schnipsel zum Zelt gingen.

Die anderen Mitglieder unseres Teams hatten an diesem Nachmittag ähnlich traurige Erfahrungen gemacht. Beim Abendessen
tauschten wir uns darüber aus. Wir nahmen an, dass die Leute,
die von ihrer Arbeit nach Hause kamen, sehr unter der angespannten
politischen Lage litten. Dennoch gab es viele tausend Menschen
in Harare, und wir hofften, dass wir genug Einladungen verteilt
hatten. Wer das Evangelium hören wollte, würde sicher am Abend
kommen.

Wir bauten die Übertragungsanlage auf, schalteten die Lichter
an und bereiteten uns auf den Gottesdienst vor. Gegen sieben
Uhr kamen die Leute. Ich spielte das Akkordeon, und Moffat Ncube
stellte sich vorne hin, um den Gesang zu leiten. Doch es gab ein
Problem. Die Besucher kamen und hörten zu, wollten aber nicht
das Zelt betreten. Es waren auch keine Frauen oder Kinder dabei.
So etwas hatten wir noch nie erlebt. Wo waren all die Frauen und
Kinder geblieben? Und die Männer, die gekommen waren, sangen unsere Lieder nicht mit. Immer wieder lud sie Moffat ein, in
die schönen Melodien mit einzustimmen. Aber sie wollten nicht.
Sie weigerten sich sogar, das Zelt zu betreten. Nur eine Hand voll
junger Leute kam herein und rutschte auf den Bänken hin und
her. Der Rest von ihnen blieb in beharrlichem Schweigen draußen
stehen. Es herrschte eine unheimliche Atmosphäre. Als die Minuten vergingen, begaben sich einige Mitarbeiter nach draußen, um
die Lage zu erkunden. Sie waren erstaunt, dass eine sehr große
Zahl von Männern sich dort versammelt hatte und immer noch
kamen mehr dazu. Was hatte das alles zu bedeuten? Allmählich
bekamen wir Angst.

Plötzlich ertönte ein unheimlicher Schrei. Aus der Dunkelheit
kam ein Mann auf uns zugeschossen. Er eilte auf Harold zu und
fuchtelte mit den Armen herum. Sein Gesicht war wutverzerrt.
Wir waren alle so schockiert, dass keiner eine Reaktion zeigte.
Vielleicht war das sogar das Beste, was wir in dieser Situation tun
konnten; denn nach wenigen Minuten wandte sich der Mann um

und entfernte sich wieder aus dem Zelt. Dabei stieß er immer noch seltsame Schreie aus.

Doch draußen vor dem Zelt standen noch Hunderte von Männern. Ihr Schweigen und ihre Stille ließen nichts Gutes ahnen. Sie schauten uns unentwegt an. Bis jetzt erhob niemand einen Arm und drohte uns. Stattdessen hielten sie ihre Hände hinter dem Rücken verborgen. Den Grund dafür entdeckten wir bald.

Inzwischen kam ein anderer junger Mann schnell ins Zelt gelaufen. Er wollte uns nicht angreifen, sondern nur warnen. Er sagte ohne Umschweife: „Leute, wenn ihr überleben wollt, dann müsst ihr verschwinden." Nach diesen Worten lief er wieder in die Nacht hinaus. Später haben wir diesen jungen Mann unter günstigeren Bedingungen noch einmal getroffen. Er wurde Christ und arbeitete dann sogar als Evangelist bei der Dorothea-Mission.

Wir schauten einander an. „Leute, ich glaube, wir müssen gehen", sagte einer von uns. Niemand sagte etwas dagegen. Einige gingen sofort zu ihrem Auto, während die anderen schnell unsere Ausrüstung zusammenpackten. Ich packte mein Akkordeon und schaffte es ins Auto. Vor mir standen Dutzende von schweigenden Männern und sahen mir zu. Es war nervenaufreibend, auf diese Weise aus dem Zelt zu eilen und mit so viel Feindseligkeit rechnen zu müssen. Einige Mitarbeiter stiegen hinten in unseren Lastwagen und setzten sich auf die Bänke.

Ich merkte, dass niemand unseren blinden Bruder Josias mitgebracht hatte. So lief ich schnell zurück, um nach ihm zu suchen. In diesem Augenblick begann ein Gesang aus vielen rauen Männerkehlen: „Die Freiheit, nach der ihr ruft, ist schon mit Nkmo gekommen!" Es war ein Lied, das auf vielen politischen Versammlungen gesungen wurde. Es brachte den Hass gegen alles, was weiß war, zum Ausdruck. Ich kannte es gut. Bevor ich Christus kennen lernte, hatte ich es selbst oft gesungen.

Meine Freunde saßen nervös im Auto und hörten dem Gesang zu, während ich mit Josias zurückkam. Dann fiel mir ein, dass ich eine unserer Lampen im Zelt vergessen hatte. Da sie sehr teuer waren, lief ich schnell zurück, um sie zu holen. Ich legte sie hinten ins Auto, schloss die Tür und ging schnell nach vorne zum Beifahrersitz. Dabei kam ich an der Menge vorbei, deren Gesang immer lauter und deren Zorn immer spürbarer wurde. Ich sprang ins Auto, schlug die Tür zu und konnte gerade noch die wütenden Gesichter hinter mir sehen. Ich hatte Angst, da mich nur eine dünne Glasscheibe von ihnen trennte. An der Seite war unser Auto aus Metall. Deshalb hielt ich es für sicherer, wenn ich über den Vordersitz nach hinten klettern würde. Doch in diesem Augenblick ließ Harold schon den Motor an.

Das Motorengeräusch schien der Auslöser zu sein, denn jetzt geriet die Menschenmenge außer Kontrolle. Ein Hagel von Steinen flog durch die Luft und prasselte auf unseren Wagen nieder. Jetzt wussten wir auch, warum sie die Hände bewusst hinter dem Rücken gehalten hatten. In diesem Augenblick flog ein dicker Stein durch die vordere Seitenscheibe. Dank der Tatsache, dass ich mich schon umgedreht und mich nach hinten gebeugt hatte, blieb ich von einer ernsten Verletzung verschont. Der Stein hätte sonst meinen Kopf genau an der Schläfe getroffen. So flog er nur über meinen Rücken. Aber er hatte eine solche Gewalt, dass er Harolds linkes Knie traf, mit dem er eigentlich die Kupplung betätigen musste. Vor Schmerz schrie er auf.

„Fahr los!", rief ich.

„Ich kann nicht", brüllte er. „Mein Knie!"

„Fahr, Bruder, damit wir hier wegkommen!"

Verzweifelt quälte er sich ab, um mit seinem verletzten Bein die Kupplung zu betätigen.

Dann schrie jemand hinten im Wagen: „Wo ist Swane?"

Während der Steinhagel anhielt, schauten wir uns gegenseitig entsetzt an. Swane war ein Mitarbeiter der Dorothea-Mission aus Südafrika, der in unserem Team aushalf. Wo war er in diesem ganzen Chaos geblieben?

„Fahr los!", brüllte ich Harold ins Ohr.

„Ich kann Swane nicht zurücklassen!", antwortete er.

„Wir können ihm jetzt nicht helfen." Mit ohrenbetäubenden

Lärm krachten die Steine gegen unser Auto. Die anderen Scheiben gingen auch zu Bruch.

Harold sah ein, dass es hoffnungslos war, jetzt nach Swane zu suchen, da wir selber in einer lebensgefährlichen Lage waren. Er trat auf die Kupplung, und wir fuhren los. Der Wagen hopste wie ein aufgescheuchtes Känguru davon. Er gewann an Tempo und wir konnten an der drohenden Menge vorbeifahren.

„Wohin sollen wir fahren?", rief Harold. Er gab sich alle Mühe, die Gewalt über das Auto zu behalten und dabei sein verletztes Knie zu verbinden.

„Zur Polizeistation! Fahr dahin!", antwortete ich ihm. Sie war zwei Kilometer entfernt. Wenn wir sie erreichen könnten, dann wären wir in Sicherheit.

Es gelang uns. Den Polizisten tat es Leid, als sie von dem Überfall erfuhren, aber sie waren nicht im Geringsten überrascht. Doch wo war Swane? Wir berichteten der Polizei von ihm und konnten sie dazu überreden, ihn zu suchen. „Er wird nicht wissen, wie er sich verhalten soll", erklärten wir der Polizei. „Er ist in dieser Gegend fremd."

Die Polizei setzten einen Lautsprecherwagen ein und fuhr langsam die Region ab, während sie immer wieder seinen Namen ausrief. Nach etwa einer Stunde tauchte Swane zu unserer großen Erleichterung auf. Die Polizisten brachten ihn sicher zurück. Er berichtete uns, er sei beim Anblick der wütenden Menge in Panik geraten. Anstatt zu uns ins Auto zu steigen, habe er sich zunächst unter dem Zelt versteckt und sich dann unter die Menge gemischt, so als gehöre er zu ihnen. Niemand habe ihn beachtet, aber er sei sich doch sehr verloren vorgekommen. Am nächsten Tag erfuhren wir, dass der untere Rand des Zeltes in Brand geraten war und einige Personen dabei verletzt worden waren.

Etwa um 11 Uhr in der Nacht kamen wir wieder im Hauptquartier der Mission an. Wir waren erschöpft aber doch froh, dass wir der Todesgefahr entkommen waren. Dieser Überfall beschäftigte uns noch lange. Die Evangelisation in Rhodesien war damals mit großem Risiko verbunden. Aber wir hatten die Kosten überschlagen und waren auch bereit, unser Leben einzusetzen, wenn es darum ging, Menschen für Christus zu gewinnen. Vor Aufregung konnte niemand von uns ein Auge zutun. So setzten wir uns hin und planten die Arbeit des nächsten Tages. Die Evangelisation sollte weitergehen. Doch diesmal wollten wir uns an die vielen Arbeiter auf einer der Farmen wenden.

Am nächsten Morgen machten wir uns auf den Weg, der mich völlig unerwartet in eine Familienkrise führte.

Meine Verwandten in Highfield hatten gehört, dass ich predigen würde. Sie hatten auch von dem Überfall in Harare erfahren. Irgendjemand hatte ihnen mitgeteilt, ich sei dabei umgekommen. Meine Tanten, die sich zu meinen Lebzeiten wenig um mich gekümmert hatten, wollten jetzt unbedingt meinen Tod betrauern. Sie wollten eine riesige Begräbnisfeier veranstalten.

Sie begannen mit den Vorbereitungen und schickten die Cousins und Cousinen los, um meinen Leichnam zu holen. Als dieser nicht gefunden werden konnte, entstand große Aufregung. Man warf der Dorothea-Mission vor, dass sie an meinem Tod mitschuldig sei. Bald rief ein Missionar aufgeregt auf der Farm an, und ich fuhr zurück nach Westwood um zu beweisen, dass die Nachricht von meinem Tod doch eine kleine Übertreibung war. Meine Tanten zogen sich im Gram zurück. Sie meinten, man habe sich ja noch nie auf mich verlassen können.

In den Monaten nach den Unruhen in Harare wurden weitere Missionseinsätze geplant. Die Dorothea-Mission verfolgte in diesen Tagen die Taktik, ein Mitarbeiterteam von Weißen auszusenden, das unsere Einsätze in Salisbury leiten sollte. Da ich inzwischen recht gut Englisch verstand und natürlich auch flüssig Shona sprach, wurde ich ihr Dolmetscher.

Es machte mir Freude, für meine weißen südafrikanischen Kollegen zu übersetzen. Im Laufe der Monate war ich immer öfter zu Missionseinsätzen unterwegs. Dabei vernachlässigte ich mein Bibelstudium. Mir gefiel diese Arbeit recht gut. Allerdings haben die Lehrer, die ihre Aufgabe sehr ernst nahmen, mir doch immer wieder Lektionen zugeteilt. Sie hatten viel Hoffnung für mich, aber ihre

Erfahrung mit mir enttäuschte sie doch immer wieder. Denn sobald ich einmal im Einsatz war, fand ich keine Zeit mehr zum Lernen. Mein Herz war ganz bei den Menschen, denen ich die Botschaft sagen wollte. Ihnen gehörte meine Zeit. Dabei lernte ich zwar viel über das Predigen, doch in den Prüfungen half mir das wenig. Die Lehrer der Dorothea-Mission mussten sich allmählich mit meinen schwachen Leistungen abfinden. Im Laufe des Jahres 1965 wurde ich stillschweigend in den vollzeitlichen Dienst aufgenommen. Es war klar, dass die Welt der Wissenschaft nicht mein Element war. Ich war den Menschen zugewandt.

So wurde ich hauptamtlich Evangelist in einer Zeit, als Afrika von politischen Unruhen und Umwälzungen heimgesucht wurde. Ich hatte nicht die beste Ausbildung, ich war auch kein tiefgründiger Theologe und mir fehlte ein umfassender Wortschatz. Doch *einen* großen Vorteil besaß ich: Ich hatte das harte, einsame Leben der Menschen, die ich erreichen wollte, selbst erfahren. Ich wusste, was Jesus für mich getan hat, und was er für sie tun konnte. Ich brannte darauf, ihnen zu sagen, was ich in Christus gefunden hatte. Ich wusste, dass ich von Gott zum Evangelisten berufen war. Auf diesen Beruf hatte mich mein Leben auf das Allerbeste zugerüstet. Es ging mir wie dem Jünger Jesu, der gesagt hat: „Komm und sieh!" Oder wie dem Blinden im Neuen Testament, der den Menschen nur antworten konnte: „Ich weiß, dass ich blind war, und nun kann ich sehen." Mit diesen Worten lässt sich meine Botschaft zusammenfassen. Dafür wollte ich mein ganzes Leben einsetzen.

Ein besonderer Höhepunkt des Jahres 1965 war eine Begegnung mit Sadrach Maloka, dem südafrikanischen Verkündiger der Dorothea-Mission, dessen Predigt im Zelt mich zum ersten Mal ergriffen hatte. Wir wurden enge Freunde und arbeiteten gut zusammen. Er hatte die Wortverkündigung übernommen, und ich legte Zeugnis von Christus ab. Ich war der lebendige Beweis für die Wahrheit seiner Predigt. Mein Zeugnis traf viele mitten ins Herz.

Ich liebte Sadrach Maloka. Der Abend, an dem der Überfall

geschehen war, hatte uns zusammengeschweißt. Ihm verdankte ich mein zeitliches und mein ewiges Leben. Oft saß ich mit ihm zusammen und besprach alles, was mir noch rätselhaft war. Ich konnte nie genug über ihn staunen. Er war auch von seinen Eltern ausgesetzt worden und hatte ums Überleben kämpfen müssen. Das ermutigte mich sehr. Ich musste denken: *Wenn Gott so große Wunder bei diesem Mann getan hat, dann wird er das auch bei mir tun können.*

Sadrach war sehr liebevoll und gütig. Er ging auf alle meine Fragen ein und zeigte mir auch, wie man Gott am wirkungsvollsten dienen kann. Ich bewunderte seine Ernsthaftigkeit und staunte, dass er sich immer Zeit für die Menschen nahm.

Wir teilten das gefährliche Leben eines Evangelisten in Afrika Mitte der sechziger Jahre. Ein besonderer Vorfall ereignete sich bei einem Einsatz in Sambia. Auf einem großen freien Marktplatz in Ndola fing Sadrach an zu predigen. Da ich ein Gespür für die politische Atmosphäre hatte, wurde mir klar, dass dies keine geeignete Zeit und auch kein günstiger Ort für die Evangeliumsverkündigung war. Am gleichen Tag hatten hier nämlich politische Demonstrationen stattgefunden. Ich spürte noch die emotionale Erregung bei den Leuten, die ihren Ärger kaum unterdrücken konnten.

Sadrach verstand meine Befürchtungen nicht und wies sie mit dem Satz zurück: „Wir müssen standhafte Männer sein!" Aber wie standhaft mussten wir sein, um gegen diese Menge anzukommen? So half ich bei dem Gesang mit und stellte mich neben Sadrach, während er predigte. Ich hatte zwei ganz untypische Empfindungen: Einmal das Lampenfieber und dann die Hoffnung, dass niemand auf Sadrach hören würde.

Aber seine Stimme drang bis auf den letzten Platz durch und erregte die Masse. An diesem Tag erkannte ich, wie es ist, wenn ein rotes Tuch vor einem Stier geschwenkt wird. Wütende Männer stürmten nach vorne und rissen vor unseren Augen die Bibel in Stücke. Sie zerstörten unsere Mikrofone und die Verstärkeranlage. Sie packten Sadrach und warfen ihn zwischen sich wie eine Stoffpuppe hin und her. Sie zerrissen seine Jacke und schlugen ihn. Als ich dazwischentrat, schlugen sie auch auf mich ein. Sie bewarfen das Auto mit Steinen und griffen auch die beiden weißen Missionare an.

Meine Wut über das, was sie Sadrach antaten, wurde mächtiger als meine Angst. Verzweifelt wehrte ich mich und wollte zurückschlagen. Doch im gleichen Augenblick sagte mir eine innere Stimme ganz deutlich, ich sollte lieber niederknien und beten. Auf dem Boden befand ich mich ohnehin, denn jemand hatte mich schon niedergestoßen. So blieb ich in dieser Lage und betete. Das machte die Angreifer stutzig. Sie fingen an zu spotten und ließen Sadrach los. Kurz danach kam die Polizei. Die Menge war weiterhin in Aufruhr, aber sie ließen uns wenigstens am Leben.

Sadrach entschuldigte sich später bei mir, dass er meine Warnung nicht ernst genommen hatte. Aber ich hatte auch etwas aus dieser Situation gelernt. Gott erinnerte mich daran, dass mich meine Verkündigung mit der harten und grausamen Welt in Berührung brachte, der ich durch die Begegnung mit Jesus entflohen war. Wenn ich ein erfolgreicher Evangelist werden wollte, musste ich jetzt die Kosten überschlagen und mein Leben in Gottes Hände legen.

Dass man auf alles vorbereitet sein und das eigene Leben bewusst in die Waagschale werfen musste, das lernten wir bald danach bei einem Einsatz in Malawi. Unser Team predigte in einem kleinen Dorf unmittelbar neben dem Flughafen von Blantyre Chileka. Bis zu dreitausend Menschen waren aus den umliegenden Ortschaften gekommen. Otto Kapia, ein Mitarbeiter des südafrikanischen Teams der Dorothea-Mission, hielt die Ansprache und forderte mich dann auf, meine Lebensgeschichte zu erzählen.

Als Otto die Zuhörenden aufrief, ihr Leben Gott zu geben, kamen viele weinend nach vorne. Erst um Mitternacht gingen wir in das Haus eines Pastors aus Malawi zurück.

Als ich mich in dieser Nacht schlafen legte, war ich in Hochstimmung. Was für ein Erfolg war unsere Versammlung gewesen! Die Leute sagten mir, dass eine parallel dazu stattfindende politische Demonstration von kaum jemandem besucht worden war. Die Leute waren fast alle zu uns ins Zelt gekommen. In meiner Unbekümmertheit und in meinem Stolz stieg mir mein Erfolg zu Kopf. Im Dunkeln lag ich da und sagte mir: „Das haben wir getan!" Aber ich hatte die Rechnung ohne den Wirt gemacht.

Otto, unser Gastgeber aus Malawi und ich waren bald fest eingeschlafen. Doch um ein Uhr in der Nacht hörten wir seltsame Geräusche vor der Tür. Ich stand auf. Noch ganz verschlafen fragte ich die Anklopfenden: „Können Sie nicht bis zum nächsten Morgen warten und dann in die Seelsorge kommen?" Als ich die Tür öffnete, wurde ich schnell hellwach. Da stand keine Gruppe von reumütigen Sündern vor mir, sondern eine Abordnung der politischen Jugendorganisation von Malawi. Diese Gruppe war dafür bekannt, dass sie mit Härte und Grausamkeit gegen alle vorgingen, die sich der Regierung widersetzten. Sie packten mich, Otto und den Pastor aus Malawi.

„Ihr bringt Streit und Chaos in unseren Ort", brüllten sie. „Ihr kommt jetzt mit!" Wir wurden in den Busch geschleppt. Sie hatten keine Ahnung von dem, was wirklich in unseren Veranstaltungen passierte, aber sie waren ärgerlich, dass so viele Leute zu uns und nicht zu ihnen kamen. Deshalb banden sie uns die Hände auf dem Rücken zusammen und trieben uns einige Meilen in den Busch hinaus. Sie drohten damit, uns in Säcke zu stecken und in den Fluss zu werfen.

Unterwegs musste ich gegen meine Angst ankämpfen. Dann aber konnte ich meine Gedanken wieder ordnen. „Nun", sagte ich mir, „Jesus hat für mich gelitten, jetzt muss ich für ihn leiden." Ich wurde daran erinnert, wie mein Namensvetter Stephanus aus der Bibel gelitten hatte und sogar den Märtyrertod gestorben war.

Das tröstete mich, und ich gewann wieder Mut. Ich würde jetzt in den Tod gehen müssen. Aber ich würde als Christ sterben. Plötzlich begann Otto eines meiner Lieblingslieder zu singen: „Es ist Kraft, Kraft, wunderbare Kraft in dem Namen Jesu allein." Der Pastor und ich sangen mit.

Die Männer befahlen uns zu schweigen.

„Nun", meinte ich höflich, „wir singen zur Ehre Gottes, weil wir für ihn sterben werden." Niemand bestritt dies.

Bald kamen wir in dichtes Unterholz und zum Versteck des Anführers. Er wachte auf und betrachtete uns erstaunt im Licht einer Laterne.

„Warum bringt ihr diese Männer hierher? Was haben sie der Partei geschadet?" Für diese Leute bedeutete die Kongresspartei von Malawi alles.

„Sie haben an dem Abend gepredigt, als wir unsere Versammlung abhielten." Der Anführer rollte mit den Augen. „Wollt ihr gegen Gott kämpfen und diese Männer dafür bestrafen, dass sie gepredigt haben? Wollt ihr, dass sich alle Leute gegen uns stellen? Bindet die Männer los!"

Dann befahl er noch, dass die Anführer unserer Geiselnehmer gebunden und verprügelt werden sollten.

Otto und ich legten ein gutes Wort für sie ein: „Bitte, lasst diese Männer in Frieden. Wir möchten sie statt der Bestrafung lieber einladen, unsere Versammlung zu besuchen."

Der Anführer zuckte nur die Achseln und sagte zu uns: „Macht euch fort!" Es ging uns offensichtlich nichts an, wie er seine Leute bestrafte.

Wir gingen eilig durch den Busch zurück. Bei Tagesanbruch erreichten wir unser Dorf. Zu unserem Erstaunen erfuhren wir, dass Hunderte von Menschen die ganze Nacht hindurch für uns gebetet hatten. Die Nachricht von unserer Entführung war durchgesickert und hatte das ganze Dorf in Bewegung gebracht. Bei der Nachricht von unserer Rückkehr brach große Freude aus. An diesem Abend kamen noch mehr Leute ins Zelt. Viele wurden von der Botschaft ergriffen und entschieden sich, Christen zu werden. Als wir wieder nach Salisbury zurückkehrten, waren wir total erschöpft, aber sehr glücklich.

Nicht jeder Einsatz brachte uns in Todesgefahr. Darüber waren wir sehr froh. Oft schliefen wir in unserem Lastwagen. Am Tage predigten wir auf Marktplätzen. Es blieben zwar viele Leute stehen und hörten zu, aber nur wenige ließen sich von der Botschaft ansprechen. Manchmal fand ich das sehr bedrückend. Sadrach aber gab mir deutlich zu verstehen: „Du darfst das nie persönlich nehmen. Wir sollen treue Zeugen sein. Gott gebraucht uns, um manche Menschen vorzubereiten und um andere sofort zum Glauben zu führen."

Gott benutzte uns auch, dass Menschen den Weg zu uns fanden, um ihre Sünden zu bekennen und Vergebung zu empfangen.

Bei einer anderen Gelegenheit übernahmen Sadrach, Nelson und ich gemeinsam einen Dienst in Malawi. Ich hatte mein Lebenszeugnis abgelegt und dabei erwähnt, dass ich mich am Tag nach meiner Bekehrung der Polizei gestellt hatte, um mein Leben in Ordnung zu bringen. Nachdem wir an diesem Abend zu Bett gegangen waren, klopfte es um zwei Uhr nachts an unsere Tür. Noch ganz verschlafen ging ich hin und öffnete.

Vor mir stand ein Kirchenältester, nur in eine Decke gehüllt und mit Tränen in den Augen. Er sagte, Gott habe ihn innerlich überführt. Zunächst konnten wir nichts weiter aus ihm herauslocken. Schließlich erzählte er uns aber von seiner Not.

„Als wir vor 15 Jahren unsere Kirche bauten, erhielt ich Geld, um Balken und Ziegel für das Dach zu kaufen. Aber ich behielt das Geld für mich und habe mir das Material zusammengestohlen." Wir beteten mit ihm, und er wollte die Sache wieder in Ordnung bringen.

Am nächsten Tag ging er zu dem Unternehmer und bekannte, was er gestohlen hatte. Er erklärte, dass er alles wiedererstatten wollte. Wenn er ihn anzeigen wollte, dann wäre er damit auch einverstanden. Der Unternehmer war zunächst ganz sprachlos und sagte dann: „Wenn Gott dir vergeben hat und du den Mut aufgebracht hast, deine Schuld zu bekennen, dann werde ich euch aus Dank für Gott die Balken und Bretter für eure nächste Kirche schenken."

An diesem Abend stürmte der Älteste voller Freude in unser Zelt. Als er seine Geschichte erzählt hatte, brauchten wir gar nicht mehr zu predigen. Viele Menschen fanden zum Glauben.

Als wir wieder in der Soteria-Bibelschule waren, rief Hannes Joubert uns alle zusammen. Er hatte eine wichtige Nachricht für uns. Die Dorothea-Mission in Südafrika war der Meinung, dass die Zeit reif sei, ein eigenes Team für Salisbury zusammenzustellen. Sie schickte den jungen Engländer Patrick Johnstone nach Salisbury, um das Team ins Leben zu rufen und zu leiten. Hannes Joubert sollte aber weiter junge Christen an der Soteria-Bibelschule ausbilden.

Ich freute mich über diese Mitteilung. Patrick war ich zum ersten Mal bei einem der jährlichen Gebetstreffen der Dorothea-Mission in Südafrika begegnet. Er gefiel mir von Anfang an. Wie die anderen Engländer, denen ich begegnet war, behandelte er uns Schwarze zuvorkommend. Wir spürten kein Zeichen von Apartheid. Es bauten sich freundschaftliche und herzliche Beziehungen zwischen uns auf. Allerdings hatte er einige Schwierigkeiten mit den Afrikaansmitgliedern der Mission. Obwohl sie ernste Christen waren, sahen diese lieben Leute uns Schwarze doch etwas von oben herab an. Sie gingen zu uns auf Distanz. Wir mussten immer die praktischen Arbeiten verrichten, die die Weißen nicht tun wollten. Natürlich entsprach dies den damaligen Gesetzen, wie sie in Südafrika gang und gäbe waren. Zwischen Schwarz und Weiß gab es auch in der Mission noch große Unterschiede.

Patrick Johnstone kam in Soteria an und wurde von uns herzlich empfangen. Zuallererst wollte er die Bibelschulabsolventen kennen lernen, aus denen er sein Team zusammenstellen sollte. Wir waren acht Leute, zu denen auch meine engsten Freunde Josias Ngara und Moffatt Ncube gehörten. Nelson Phiri arbeitete damals nicht in unserem Team mit. Er war Hausvater in der Schule und hat diese Aufgabe hervorragend gemeistert.

Nach all meinen anfänglichen Schwierigkeiten bei Hannes Joubert hoffte ich, mit Patrick Johnstone gut klarzukommen. Jedenfalls konnte ich jetzt schon mit Messer und Gabel essen, machte immer mein Bett und bügelte meine Hemden. Ich konnte auch einigermaßen Englisch schreiben und sprechen. Was konnte man noch mehr von mir verlangen? Ich kam mir oft so kultiviert vor, dass ich mich selber kaum noch erkannte.

Es dauerte aber nicht lange, bis ich entdeckte, dass ich vom Regen in die Traufe gekommen war.

13. Patrick Johnstone

Patrick war ein hochintelligenter Methodiker und ein übertriebener Perfektionist. In seiner Begeisterung für das Evangelium war er fest entschlossen, uns zu hervorragenden Evangelisten zu machen. In den ersten sechs Monaten ging es ihm vor allen Dingen darum, jeden Einzelnen von uns kennen zu lernen, mit unseren Schwächen, Stärken und besonderen Gaben. Patrick hatte eine tiefe Liebe zur Bibel. Es war sein Ziel, dass auch wir gründlich in das Wort Gottes eindringen sollten.

Er war überzeugt, dass jeder von uns von Gott zum Evangelisten berufen war, und wir sollten diese Aufgabe auch hingebungsvoll und effektiv erfüllen. Im Gegensatz zu anderen weißen Missionaren in dieser Gegend ging es ihm darum, dass die Weißen keine Vormachtsstellung haben sollten. Er wollte schwarzafrikanische Christen für leitende Aufgaben in der afrikanischen Kirche zurüsten.

Ich für meinen Teil wusste, dass ich Evangelist werden wollte, und ich war froh, dass Patrick Johnstone mir dabei half. Doch am Anfang hatte ich noch keine Vorstellung davon, wie viel Tränen und verzweifelte Anstrengungen das kosten würde. Ich dachte, Kultur und Ausbildung seien wie eine Glasur, mit der man mich nur überzieht. Ich konnte mir nicht vorstellen, dass ich bei diesem Prozess ganz auseinander genommen und dann wieder zusammengesetzt werden müsste.

Die Konflikte traten am Anfang noch nicht zu Tage. Patrick war zunächst eifrig damit beschäftigt, Kontakte mit anderen Christen in Salisbury aufzunehmen und Pläne zu machen, wie er sein eigenes Team am besten einsetzen könnte. Dabei verfuhr er nach der gleichen Methode, wie sie die Dorothea-Mission in Südafrika anwandte. Davon sollte unser Leben in den nächsten 13 Jahren bestimmt werden.

Für die Dorothea-Mission war es vorrangig, dass unser Leben aus Gebet, Bibelstudium und missionarischem Einsatz bestand.

Ihre Leiter waren überzeugt, dass ein Einsatz nur dann wirksam sein konnte, wenn er etwa einen Monat lang am gleichen Ort durchgeführt wurde. So waren unsere Tage schnell ausgefüllt. An den Vormittagen hatten wir Gebetszeit und bereiteten uns vor. An den Nachmittagen gingen wir hinaus und besuchten andere Christen, um sie auf die Versammlungen vorzubereiten oder machten Besuche von Haus zu Haus. Dabei sollten Neubekehrte im Glauben gestärkt werden. Am Spätnachmittag etwa um halb fünf hielten wir eine einfache Freiversammlung ab, um die Menschen, die von der Arbeit nach Hause kamen, einzuladen. Gegen sieben Uhr waren wir im Zelt und bereiteten die Abendveranstaltung vor. So konnten wir von 1966 bis zum Ende der siebziger Jahre in fast jeder Stadt in Rhodesien eine Evangelisation durchführen, zusätzlich auch noch in einigen Städten in Mozambique, Malawi, Sambia, Botswana und Südafrika.

Ein Jahr nach Patricks Ankunft änderte die Dorothea-Mission in Südafrika ihre Pläne. Er sollte nicht mehr am gleichen Ort, an dem sich auch die Soteria-Bibelschule befand, sein Team schulen, sondern sollte sein Projekt hundert Kilometer südlich durchführen. Das hätte einen doppelten Vorteil: Die Dorothea-Mission würde dadurch einen weiteren Stützpunkt in Rhodesien erhalten, und Patrick bekäme die Möglichkeit, sein Traumziel durchzuführen, nämlich schwarze Führungskräfte für die Gemeinden auszubilden.

In dieser Hinsicht war Patrick erstaunlich weitsichtig. Wenn er an die Zukunft Afrikas dachte, war ihm klar, dass die Vorherrschaft der Weißen sich ihrem Ende zuneigte. Deshalb wollte er uns schwarze Evangelisten für geistliche Führungsaufgaben vorbereiten. Er wollte nicht nur selber ein Team von acht schwarzen Afrikanern leiten, sondern auch uns zurüsten, dass wir unsere eigenen Teams leiten konnten. Das bedeutete, dass er uns bis an die Grenzen unserer Möglichkeiten herausforderte. Manchmal brachen wir unter unserer neuen Aufgabe fast zusammen.

Besonders mir erging es so. Denn kurz nach seiner Ankunft schien er alle Aufmerksamkeit auf mich zu konzentrieren. Ich war sein bevorzugter Schüler. An manchem Abend lud er mich ein, in seinen kleinen Wohnwagen zu kommen, der auf dem Gelände der Bibelschule stand. Wir aßen gemeinsam und führten ausgiebige Gespräche. Das machte mir Freude und gab mir auch Mut. Allerdings waren damit auch neue Anforderungen an mich verbunden.

So bestimmte Patrick, dass ich ihn überallhin begleiten sollte. Er führte mich als ebenbürtigen Mitarbeiter ein, auch wenn er seine weißen Freunde besuchte. Er schätzte mich als seinen Begleiter und wollte, dass ich in Gegenwart seiner Freunde selbstbewusst auftrete.

Dieser Gedanke war auch für die Dorothea-Mission neu. Hier berührte Patrick etwas in mir, was sich in all den Jahren aufgestaut hatte. Die ganze Unsicherheit und die Überzeugung, dass ich ein Nichts sei, machten mir zu schaffen. Ich wurde schrecklich scheu und gehemmt.

„Ich kann nicht in das Haus eines weißen Mannes gehen."

„Doch, das kannst du."

„Aber was soll ich zu ihm sagen? Er wird mich ablehnen."

„Ja, das wird er."

In der Theorie hatte Patrick mir oft die Heilstatsachen klar gemacht und mit mir durchgeübt: *Gott hat dich geschaffen. Er starb am Kreuz für dich. Du bist nicht schlechter als jeder andere Mensch, du hast nur schlechtere Chancen im Leben gehabt. Aber daran bist du nicht schuld.*

Doch die Praxis sah anders aus. Im Lauf unserer gemeinsamen Arbeit besuchten wir oft verschiedene Christen. Zunächst ging ich nur hinter ihm her, hielt den Kopf gesenkt, und sagte: „Guten Tag, Sir!"

Patrick schaute mich dann an. Langsam hob ich meinen Kopf und sah dem Gastgeber ängstlich in die Augen. Man lud uns ein, Platz zu nehmen. Ich setzte mich in eine Ecke und kauerte mich zusammen. Während der Gastgeber ging, um für uns einige Erfrischungen zu holen, gab mir Patrick Tipps, wie ich mich ganz normal benehmen konnte.

„Schlürf nicht mit den Schuhen über den Fußboden! Setz dich aufrecht hin! Entspann dich! Lass die Schulter nicht hängen! Nimm den Kopf hoch! Schlag die Beine nicht übereinander! Streck sie aus! Bemühe dich zu lächeln!"

Wenn der Gastgeber wiederkam, saß ich kerzengerade da, hatte die Schultern hochgezogen, die Brust herausgestreckt, die Beine ausgestreckt, versuchte zu lächeln und zeigte mein schönes weißes Gebiss. Ich sah aus, als hätte man mir ein Messer in den Rücken gejagt und die Totenstarre würde gerade einsetzen.

Schließlich verabschiedeten wir uns. Patrick erwischte mich dabei, wie ich mich wieder tief verbeugte und gab mir einen Rippenstoß. Als wir dann nach Hause gingen, blieb er ganz eisern: „Stephen, dieser Mann ist nicht die Königin von England. Er ist ein Mensch wie du und ich."

Wie du und ich, das ließ sich gut sagen. Patrick war eine Ausnahmeerscheinung. Er war ein wahrhaftiger Gentleman. In Bezug auf Wissen und Ausbildung war er mir meilenweit überlegen. Er war fest entschlossen, mich auf sein Niveau zu heben. Manchmal hätte er mich am liebsten an die Wand gestellt, so wütend war er über mein Verhalten. Ich frustrierte ihn oft, aber er hat mich nie fallen lassen oder verachtet.

Zu seinem Bedauern kam es deswegen zwischen ihm und einigen weißen Missionaren zu Meinungsverschiedenheiten. Sie waren schockiert, wenn ich in Gegenwart von Besuchern Patrick mit seinem Vornamen anredete. Sie nahmen mich dann beiseite und machten mich auf meinen Fehler aufmerksam. Für mich war das sehr peinlich.

Einmal spät am Tage kam ich gerade dazu, als er mit anderen Weißen Tee trank. Ich musste Patrick dringend etwas mitteilen. So sagte ich vorsichtig: „Mr. Johnstone ..." Doch er reagierte gar nicht. Er trank einen Schluck Tee und wandte sich an seinen Tischnachbarn. Ich setzte noch einmal an: „Mr. Johnstone ..." Wieder erfolgte keine Reaktion. Die Missionare schauten mich an, als wollten sie sagen: „Warum störst du ihn jetzt?" Ich war total verwirrt.

Es war noch nie vorgekommen, dass Patrick mich nicht beachtet hatte. Vielleicht hatten sie ihn doch davon überzeugt, dass ich zu einer niederen Gesellschaftsschicht gehörte. Die Tränen traten mir allmählich in die Augen. Wenn meine Nachricht nicht so wichtig gewesen wäre, hätte ich auf der Stelle das Weite gesucht. Aber ich musste ihn informieren. Verzweifelt rief ich: „Patrick!" Dann atmete ich tief durch. Ich hatte es doch geschafft und ihn einfach bei seinem Namen gerufen.

„Steve?" Sofort wandte sich Patrick um und schaute mich freundlich an. Es bewegte mich schon sehr, dass er meine Situation verstand. An diesem Tag gewann ich Patrick noch lieber. Gott hatte ihn mir zur Seite gestellt, um mir zu helfen. Die Missionare fanden diese Art des Umgangs sehr anstößig und konnten ihren Ärger nicht verbergen. Wie ich viel später erfuhr, hatten sie Patrick darauf aufmerksam gemacht, wie gefährlich es sei, wenn er sich von mir mit dem Vornamen anreden ließe. Patrick hatte darauf freundlich geantwortet: „Wir nennen ihn Stephen, warum soll das umgekehrt nicht auch möglich sein?"

Sie antworteten: „Diese Art des Umgangs mit einem Schwarzen führt noch zum Kommunismus."

Am nächsten Tag musste Patrick abreisen, und die Missionare behandelten mich wieder von oben herab. Sie meinten, es sei meine Pflicht, ihre Autos zu waschen und das Haus in Ordnung zu halten, solange sie da wären. Sie erhofften sich, dass ich dadurch Demut lernen würde.

Ihre verächtliche Haltung verletzte mich. Für Hannes Joubert hatte ich immer gerne alle Hausarbeit verrichtet. Ich liebte und verehrte ihn wie einen Vater. Bei Patrick hatte es in dieser Beziehung auch niemals Probleme gegeben. Wir hatten uns die Arbeit geteilt. Nach einer Stunde kam Patrick mit seinem Auto zurück. Die Missionare versammelten sich auf der Veranda und warfen mir viel sagende Blicke zu.

Ich wollte Patrick nicht enttäuschen und kam mit einem Eimer Wasser zu seinem Auto. Ich bot mich an, es zu waschen.

Patrick schaute kurz zu den Missionaren hinüber und sagte dann sehr deutlich: „Unsinn! Ich habe es schmutzig gemacht, ich werde es auch waschen, Stephen. Warum solltest du das tun?"

Am nächsten Tag reisten die Missionare wieder ab. Ihr Urteil gegenüber Patrick lautete: „Du liebäugelst mit dem Marxismus."

Ehrlich gesagt war ich gar nicht traurig, als sie fort waren.

Die Monate vergingen wie im Flug. Auch als Patrick nach Bulawayo umzog, sah ich ihn oft. Ich verbrachte manche Woche in seinem geräumigen Haus in Metabeleland. Patrick gelang es, mich immer mehr in sozialer, geistiger und emotionaler Weise zu fördern. Ich war stark auf seine Hilfe angewiesen. Wenn ich wieder einen Schritt weitergekommen war, mehr Kenntnisse gewonnen und bessere Manieren gelernt hatte, war ich über meine Fortschritte erstaunt. Manchmal fühlte ich mich dabei wie auf schwindelnden Höhen.

Doch Patrick trieb mich weiter nach vorne und motivierte mich für meinen Dienst. Dafür setzte er seinen ganzen Eifer ein. Mein Englisch war jetzt gut, aber Patrick hatte es sich zum Ziel gesetzt, dass ich fließend Englisch sprechen sollte. Er brachte mir sogar etwas Rechnen bei, damit ich einfache Buchungen vornehmen konnte.

„Stephen, lies die Zeitung, die Bibel und diese Bücher. Du musst mehr lesen."

„Nein, das ist schlechtes Englisch."

„Diese Worte sind zwar ähnlich geschrieben, werden aber doch völlig anders ausgesprochen."

„Stephen, deine Aussprache ist undeutlich. Du darfst die Silben nicht verschlucken."

Immer musste ich arbeiten. Manchmal war ich am Ende, doch Patrick blieb beharrlich. Er hatte schon ein Bild vor Augen, was aus mir werden sollte. Ich kam mir oft vor wie ein plumper Klumpen Ton auf der Töpferscheibe. Ich war mir bewusst, dass mir ein langer, schmerzhafter Prozess bevorstehen würde. Gott arbeitete an mir und formte ein ganz neues Gefäß aus meinem alten Leben.

Manchmal lehnte ich mich dagegen auf, vor allem wenn es um Pünktlichkeit ging. Schließlich war ich ein Afrikaner. Wenn man in Afrika eine Stunde später kommt, ist man gerade rechtzeitig da. Wenn man bei Patrick nur eine Minute zu spät war, kam man eben zu spät. Wenn ich zwei oder drei Stunden nach der vereinbarten Zeit erschien, geriet er völlig außer sich. Ich wusste gar nicht, dass ein weißer Mann so rot anlaufen kann.

„Stephen, neun Uhr heißt neun Uhr. Es heißt nicht elf Uhr!"

Auch in Gegenwart anderer Evangelisten tadelte er mich wegen meiner Unpünktlichkeit. Das ärgerte mich sehr.

Eines Tages gab ich mir wirklich Mühe, damit ich um seinetwillen pünktlich war. „Stephen", fuhr er mich an, „du bist zehn Minuten zu spät! Wann willst du das endlich lernen?" Als vier andere Evangelisten eine halbe Stunde später kamen und Patrick kaum etwas dazu sagte, war mein Maß voll.

Ich ging in mein Zimmer und kochte vor Empörung. Ich hasste Patrick in diesem Moment und war überzeugt, er würde mich auch hassen. Ich hatte einmal gedacht, ich sei sein besonderer Schüler. Jetzt sah ich mich nur als sein besonderes Opfer. Immer hatte er etwas an mir auszusetzen. Er hatte es auf mich abgesehen. Es reichte mir.

Ich packte meine Kiste zusammen und verließ das Haus. Ich wollte fortgehen und wieder in Salisbury wohnen. Als ich schon fast auf der Straße war, holte er mich ein und zog mich zurück. „Wohin willst du denn gehen? Meinst du, ich lasse dich laufen, nachdem ich mir so viel Mühe mit dir gegeben habe? Hier ist dein Platz, und es wird Zeit, dass du dich änderst. Du wirst das Beste aus dir machen. Auf dem Weg dorthin werden wir beide siegen oder sterben." Daran hatte ich nicht die geringsten Zweifel.

Doch die täglichen Reibereien gingen weiter. Es kam mir so vor, als würde ich gar nichts richtig machen. Immer gab es Klagen, jeden Tag neue Klagen. Wir waren doch sehr verschiedene Charaktere. Ich war ein Gefühlsmensch. Ich handelte so, wie ich gerade in Stimmung war. Meinen Kopf schaltete ich dabei aus.

Patrick hingegen bedachte immer alles ganz genau. Gefühlsregungen konnte er überhaupt nicht leiden. So gingen wir uns ständig auf die Nerven.

„So ein harter Mensch", weinte ich nachts in mein Kissen.

Schließlich ging diese Durststrecke zu Ende.

In den Jahren 1966–1968 hielten wir in jedem Jahr neun Monate lang eine Evangelisation nach der anderen. Sie wurden alle nach dem gleichen Muster geplant und durchgeführt. Nachdem wir eine offizielle Einladung von einer oder mehreren Gemeinden erhalten hatten, legte Patrick zunächst fest, wo die Versammlungen stattfinden sollten. Manchmal fanden sie in der Kirche, sonst aber in dem großen Zelt der Dorothea-Mission statt. Doch damit fing die Arbeit erst an. Patrick ging zur Polizei und holte sich die Erlaubnis. Er wählte die Zelte und die Bestuhlung, er informierte die örtlichen Gemeinden, organisierte das Musikprogramm und die Seelsorgehelfer und plante die einzelnen Veranstaltungen. Unter Patricks Leitung lief alles wie ein Uhrwerk ab. Ich war immer ganz gespannt, wie der Abend verlaufen würde. Doch Patrick schaute mich nur lächelnd an und machte mich auf all die Einzelheiten aufmerksam, die erledigt werden mussten.

Sobald der Einsatz begonnen hatte, blieben wir zwischen drei und fünf Wochen am gleichen Ort. Abends predigten wir, und bei Tag führten wir seelsorgerliche Gespräche mit den Menschen, die neu zum Glauben gekommen waren. Zauberei, Drogenmissbrauch und Alkoholismus waren Probleme, mit denen wir am häufigsten konfrontiert wurden. Auch den jungen Christen mussten wir helfen, ihr Leben in Ordnung zu bringen. Wir machten ihnen Mut, sich den örtlichen Gemeinden anzuschließen, damit sie dort weitere Begleitung finden konnten.

Im Laufe der Jahre fuhren wir weite Strecken über die holprigen Straßen Afrikas von Rhodesien bis Malawi, von Bulawayo bis Botswana und Sambia und sogar nach Südafrika. Wir beteten, studierten die Bibel, besuchten die Familien in ihren Häusern und sprachen auf Hunderten von Marktplätzen und anderen Orten, wo immer sich die Gelegenheit bot. Das Team arbeitete gut zusammen, sammelte sich zu den Gebetstreffen, besprach die Probleme miteinander und pflegte eine herzliche Gemeinschaft. Patrick freute sich über meine guten musikalischen Beiträge auf dem Piano und Akkordeon und rühmte mein Naturtalent. Ich freute mich sehr, dass ich anderen etwas bedeutete. Durch unseren gemeinsamen Dienst waren wir eng verbunden und wuchsen zu einem starken und wirkungsvollen Evangelisationsteam zusammen. Da ich in meiner Kindheit gewohnt gewesen war, alles zu essen und überall zu schlafen, war es für mich jetzt nicht schwer, ständig auf Reisen zu sein, immer in anderen Betten zu schlafen und alles zu essen, was mir vorgesetzt wurde.

Patrick trank gern süßen Tee. Oft spielten wir ihm einen kleinen Streich und taten noch ein paar mehr Zuckerstückchen hinein, wenn er gerade nicht hinsah. Das Sprichwort traf auch auf uns zu: Was sich liebt, das neckt sich.

Für jede Woche, in der wir zum Dienst unterwegs waren, erhielten wir einen freien Tag. Das war für unsere Erholung dringend notwendig. Wir waren alle arm und besaßen nur das Nötigste zum Leben. Aber wir waren reich an Glück und innerer Zufriedenheit. Mein einziger Wunsch war, allen, die es hören wollten, von meinem Glauben an Jesus zu erzählen. Er hatte mir ein neues Leben geschenkt, und diese Botschaft musste ich unbedingt weitersagen.

Im Laufe der Zeit änderten sich auch meine Manieren. Meine Hemmungen wichen allmählich. In meiner neuen Haltung und meinen neuen Wertmaßstäben richtete ich mich allein nach Patrick Johnstone. Die anderen Studenten neckten mich: „Du bist genau wie Patrick. Du hasst die Unpünktlichkeit und willst, dass alles nach Plan abläuft." Ich war erstaunt. Er war doch in allem so streng und übergenau. Sollte ich ihm so ähnlich geworden sein?

Ende der sechziger Jahre hatte ich Verbindung mit vielen Christen in unterschiedlichen Ländern. Daraus ergaben sich viele Möglichkeiten zur Evangelisation. Zu Patrick hatte ich die besten Beziehungen und war mit meinem Leben glücklich und vollkommen zufrieden. Wenigstens dachte ich das. Doch etwas fehlte mir. Als ein normaler junger Mann von Ende zwanzig war es mir schon bewusst, dass ich mich nach einer Frau sehnte.

Meine Einsamkeit und mein Verlangen wurden noch größer, als

Patrick erklärte, dass er eine englische Missionarin der Dorothea-Mission heiraten wollte. Sie arbeitete unter Kindern in Südafrika. Ihr Name war Jill.

In Afrika ist es nicht normal, dass ein junger Mann unverheiratet bleibt. Aber eine Ehefrau zu finden, schien für mich ein unüberwindliches Problem. Abgesehen davon, dass ich nicht irgendeine junge Frau heiraten wollte, hatte ich zudem keinen Pfennig Geld in der Tasche. Selbst wenn ich eine passende Frau finden würde, wüsste ich nicht, warum sie mich heiraten sollte. Gewiss, ich hatte eine Beschäftigung, aber kein Gehalt, kein Haus und keine Möbel. Mein ganzer irdischer Besitz ließ sich in einem einzigen Koffer unterbringen.

Das Schlimmste war aber meine Angst, ich könnte in der Ehe versagen. Wie würde ich als Ehemann sein? Ich wollte zwar der beste Mann sein, aber ich fürchtete doch, ich könnte meine Frau enttäuschen. Die Tragödie in der Ehe meiner Eltern verfolgte mich wie ein dunkler Schatten. Ich hatte Angst, ich würde wie mein Vater werden.

Sieben Jahre hatte ich mittlerweile gebetet und über die Ehe nachgedacht. Aber ich hatte noch keinen Schritt in diese Richtung unternommen. „Lieber Gott", betete ich, „wenn du willst, dass ich heirate, dann bereite mich darauf vor und tilge alles aus meinem Leben, was das Glück meiner Frau hindern könnte."

Eines Tages, als ich wieder betete, sah ich etwas vor mir wie in einer Vision. Es war seltsam. Ich sah eine junge Frau, die vor mir saß, und ein weites blaues Kleid trug. In der Hand hielt sie eine Bibel, allerdings verkehrt herum. Trotzdem konnte ich noch erkennen, auf welcher Seite sie aufgeschlagen war. Ich las Apostelgeschichte 26. Nach dieser Vision geschah zunächst nichts. Allerdings begegnete sie mir in den nächsten zwei Jahren noch zweimal. Gelegentlich dachte ich darüber nach, was das wohl zu bedeuten hatte.

14. Rahel

„Warum willst du nicht Autofahren lernen?", meinte Patrick einmal. Ich war verblüfft. Was würde passieren, wenn ich das teure Auto eines Tages zu Schrott fahren würde? Hannes Joubert hatte mir vor längerer Zeit einmal Fahrunterricht gegeben. Aus Zeitmangel hatte er damit wieder aufgehört und meinte, Patrick könnte es mir beibringen. Unsere erste Fahrstunde war eine Katastrophe. Patrick verlor fast die Geduld, weil ich alles falsch machte. „Traktiere die Gänge nicht so! Fahr langsamer! Du musst nicht denken, dass die Rebellen hinter dir herjagen!" Um meine Hemmungen nicht zu zeigen, reagierte ich immer hektisch.

Nach einigen Unterrichtsstunden hatte Patrick mir das Fahren beigebracht. Zur Übung hatte er mich von der Bibelschule in Westwood durch ganz Salisbury und dann zu unserem Einsatzort Chitungwiza fahren lassen. Der Verkehr war für mich wie ein Alptraum, doch Patrick machte mir Mut. Er erklärte zu meiner Verwunderung, dass ich eine Naturbegabung zum Autofahren hätte.

Im Dezember 1967 sollten meine Fahrkünste dann dazu beitragen, dass mein Lebenslauf sich total änderte.

Das geschah so. Ein Freund in Salisbury musste vor Weihnachten nach Malawi, um seine beiden Töchter zu einer christlichen Internatsschule zu bringen. Er fragte mich, ob ich sie fahren würde, weil er keinen Führerschein habe. Ich ging zu Patrick und fragte ihn. Wir hatten noch drei Tage zu evangelisieren, und gewöhnlich bestand Patrick darauf, dass alle Evangelisten bis zum Ende des Einsatzes dabeiblieben. Diesmal gab er mir jedoch frei.

Ich fuhr die acht Stunden bis nach Lilongwe, und wir setzten die Mädchen wie geplant ab. Auf unserer Rückfahrt nach Salisbury hielten wir dann in Blantyre an, um bei einer bekannten christlichen Familie vorbeizuschauen. Die Frau hatte mit uns zusammen die Soteria-Bibelschule besucht. Da es so kurz vor Weihnachten war, lud uns die Familie ein, über Nacht zu bleiben. Wir stimmten zu. Am Abend, als wir über die Einsätze der Dorothea-Mission sprachen, erzählten uns unsere Gastgeber von einem außergewöhnlichen jungen Mädchen, das in der Barclays-Bank arbeitete.

„Sie sollte auch bei der Dorothea-Mission tätig sein. Sie geht in ihrer Frühstückspause auf die Straße, erzählt was sie mit Jesus erlebt hat und predigt sogar."

Kennedy, der Sohn der Familie, war bei einer Evangelisation von Sadrach in Malawi zum Glauben gekommen. Er kannte meine Lebensgeschichte und wandte sich jetzt an mich. „Die ist genau wie du", meinte er mit einem verschmitzten Lächeln. „Du musst Rahel unbedingt kennen lernen."

Lachend sagte ich nur: „Gewiss."

Nach einigen Tagen lud mich Kennedy ein, als Gastredner bei einer Jugendversammlung im evangelischen Buchladen in Blantyre zu sprechen. Nachdem ich gepredigt hatte, kamen viele Menschen nach vorne zu mir und baten um Seelsorge. Andere verließen den Raum. Ich sprach gerade mit einem jungen Mann, der fortgehen wollte, und fragte ihn, ob er Heilsgewissheit habe. Er war sich nicht ganz klar über meine Frage, zeigte sich aber sehr interessiert. Er sagte mir, sein Name sei John, und bat mich, ihn zu Hause zu besuchen, wenn er mehr Zeit habe. Als ich mit ihm sprach, blieben meine Augen an jemandem haften, der gerade neben ihm saß. Es war ein junges Mädchen in einem weiten blauen Kleid, das eine Bibel verkehrt herum in seiner Hand hielt. Das Kapitel Apostelgeschichte 26 war aufgeschlagen. Ich traute meinen Augen nicht und wandte mich schnell wieder ab. Mein Herz schlug heftig, und ich war ganz verwirrt. Was hatte das zu bedeuten?

Am nächsten Tag war Weihnachten. Nach dem Besuch des Morgengottesdienstes ging ich zu John, mit dem ich am Tag zuvor gesprochen hatte.

Ich folgte seiner Wegbeschreibung und konnte das Haus leicht finden. Der Hausdiener teilte mir mit, John sei gerade fortgegangen. Als er meinen enttäuschten Blick sah, bat er mich dennoch hereinzukommen und ein wenig zu warten. Dann erschien eine junge Frau. Wieder traute ich meinen Augen nicht. Es war das junge Mädchen, das ich in meiner Vision gesehen hatte. Ich war wie vom Blitz getroffen.

Herzlich und freundlich hieß sie mich willkommen. „Es tut mir so Leid, dass mein Bruder dich enttäuscht hat", sagte sie. „Aber komm doch herein."

Etwas schüchtern stellte ich mich vor. „Ich bin Stephen Lungu von der Dorothea-Mission."

„Ich weiß", antwortete sie. „Ich habe dich gestern predigen gehört. Mein Name ist Rahel. Ich war so froh, dass du gestern mit meinem Bruder gesprochen hast. Ich habe schon lange dafür gebetet, dass er Gott kennen lernt."

Ich stand da und wusste nicht, ob ich ihr erzählen sollte, dass ich sie schon vor zwei Jahren in einer Vision gesehen hatte. Doch ich konnte nur sagen: „Ich habe bei der Familie Mkumba von dir gehört. Sag John, ich sei hier gewesen und würde gerne noch einmal mit ihm sprechen." Wenige Minuten später verließ ich das Haus und schwebte auf Wolke sieben. Ich war so aufgeregt, dass ich nicht wusste, was ich mit mir anfangen sollte.

Mittlerweile war es Zeit, wieder zu meinen Gastgebern zu gehen, die mich zum Weihnachtsessen eingeladen hatten. Auf dem Weg dorthin dachte ich nur an Rahel und überlegte, wie ich sie wieder treffen könnte. Ich war bisher noch nie verliebt gewesen. Aber jetzt hatte es mich voll erwischt.

Eilig wusch ich mich und betrat das Speisezimmer zum Festmahl. Der erste Mensch, den ich am Tisch sitzen sah, war Rahel. Einen Moment lang dachte ich, das sei nur eine Einbildung. Vielleicht kommt so etwas vor, wenn Menschen bis über beide Ohren verliebt sind. Ich stand bloß da und starrte sie an. Kennedy kam auf mich zu und stellte uns feierlich vor.

„Oh, wir kennen uns schon", sagte Rahel. „Stephen war heute Morgen bei uns." Ich zeigte nur ein schwaches Lächeln. Während des ausgiebigen Essens brachte ich kaum ein Wort hervor. Ich dachte immer nur darüber nach, wie ich mit Rahel reden könnte. *Was würde sie mir wohl auf meine Fragen antworten? Wenn ich sie bäte, meine Frau zu werden, was würde ich tun, wenn sie nein sagte?* Dieser Gedanke trieb mich um. Immer wieder wagte ich einen kurzen Blick zu Rahel hinüber. Sie war sehr schön, und das verwirrte mich noch mehr. Ich konnte kaum essen. Selten habe ich so wenig bei einem Weihnachtsmahl gegessen.

Nach dem Essen fragte ich meine Gastgeber, ob ich Rahel zu einem Spaziergang einladen dürfte. Sie meinten, wir sollten ruhig gehen. Das ließ ich mir nicht zweimal sagen. Rahel wollte wissen, wie mein Leben bisher verlaufen war. Ich verheimlichte ihr nichts und sprach von meiner unglücklichen Kindheit, meiner fehlenden Schulbildung und meiner Zeit bei der politischen Jugendorganisation. Gelegentlich sagte sie: „Dass du keine Schulbildung hast, muss für dich sehr niederdrückend sein." Oder: „Die Nationalisten setzen sich zwar für bessere Verhältnisse ein, aber schaffen können sie sie auch nicht."

Ich merkte sofort, dass sie mich und meine Gefühle verstand.

Als wir uns dann auf einem großen Stein hinsetzten, wusste ich, dass Rahel die Frau meines Lebens war. Wir tauschten uns noch ein wenig aus. Dann wollte ich ihr aber sagen, was mich eigentlich bewegte.

Ohne Umschweife machte ich ihr deutlich: „Ich weiß, ich bin dir erst heute Morgen begegnet, aber ich liebe dich bereits. Es wäre für mich eine große Ehre und du würdest mich glücklich machen, wenn du meine Frau wirst."

Es erschien mir ganz natürlich, dass ich einem jungen Mädchen einen Heiratsantrag machte, dem ich erst an diesem Morgen begegnet war. Denn ich hatte ja die Vision gehabt, die meiner Meinung nach von Gott kam. Rahel war ganz offen. „Ich danke dir für dein Vertrauen", sagte sie in ruhigem Ton. „Ich werde darüber beten; denn es ist eine ganz wichtige Entscheidung." Sie lächelte, und mein Herz schlug freudig erregt.

„Ja, natürlich. Nimm dir nur Zeit", antwortete ich ihr. Mit einem frohen Herzen kehrte ich nach Simbabwe zurück. Es war für mich schon genug, dass *ich* sie liebte. Ich schrieb ihr Briefe. Jetzt war ich Hannes Joubert unendlich dankbar, dass ich bei ihm schreiben gelernt hatte. Sie antwortete freundlich, aber legte sich noch nicht fest.

Inzwischen war ein Jahr vergangen. Im Dezember 1968 fuhr ich mit dem Bus nach Blantyre. Ich packte meine gesamte Kleidung in einen Koffer; denn ich wollte einen möglichst guten Eindruck bei Rahel hinterlassen. Ich hatte kein Haus und kein Einkommen, das ich ihr hätte anbieten können. Ich besaß nichts, außer mir selbst.

Aber als wir Blantyre erreichten, war mir noch nicht einmal mein Koffer geblieben. Unterwegs hatte man ihn mir gestohlen, und ich hatte jetzt nur meine Bibel und meine alte, abgetragene Reisekleidung.

„Es hat alles keinen Sinn", klagte ich. „Ich habe jetzt gar nichts mehr vorzuweisen."

Sobald ich in Blantyre angekommen war, putzte ich mich heraus, so gut ich konnte, und lief zu Rahels Haus. Sie begrüßte mich in ihrer freundlichen Art. Sie kam mir noch schöner vor, als ich sie in Erinnerung hatte. Sobald es möglich war, sich ein wenig von der Familie abzusetzen, gingen wir spazieren.

Die allgemeinen Gesprächsthemen waren bald abgehandelt. Normalerweise erzähle ich viel von der Dorothea-Mission. Aber dieses Thema schien an diesem Morgen uninteressant. Ich wollte unbedingt wissen, wie Rahel sich entschieden hatte. Sogleich überfiel mich schreckliche Angst, eine Absage zu bekommen. Eigentlich hätte ich damit rechnen müssen. Warum sollte ein junges Mädchen aus einer gut situierten Familie mit einer hervorragenden Schulbildung, einer festen Anstellung und vielen gesellschaftlichen Kontakten dies alles für einen Menschen wie mich aufgeben? Einerseits hatte ich ein tiefes Verlangen nach ihr, und andererseits fühlte ich mich schrecklich minderwertig. Das machte mich fast wahnsinnig

„Rahel", stotterte ich, „hast du darüber nachgedacht?"

Wir blieben beide stehen. Sie schaute mich ernst an und holte tief Luft. „Ja, Stephen, ich habe darüber nachgedacht."

Jetzt war es so weit. Meine Zukunft lag auf der Waagschale. Ich schaute Rahel an. Sie war so schön. „Und?", stieß ich schließlich hervor.

„Ja, Stephen, ich will dich heiraten."

Ich geriet in ein Wechselbad der Gefühle. Ich schwebte wieder auf Wolke sieben, dann aber fiel ich auch in ein Loch großer Angst.

„Nun, solltest du nicht lieber ...", stammelte ich. „Hast du auch bedacht, was es heißt, deinen Beruf, dein schönes Haus und all deine Freunde aufzugeben? Ich bin ein Mann mit einer schlechten Schulbildung. Ich kann dir nichts bieten."

„Stephen ..."

„Du weißt, dass ich aus dem Glauben lebe, und wie extrem einfach mein Lebensstil ist?"

„Stephen ..."

„Ich habe kein Geld."

„Stephen ..."

„Ich habe kein Haus."

„Stephen ..."

„Ich habe noch nicht einmal ein Bett."

„Stephen ..."

„Rahel, selbst mein Koffer ist mir abhanden gekommen."

Die Worte blieben mir jetzt im Halse stecken. Wenn man nur wenig besitzt, hängt man an diesen Dingen. Es war für mich ein Schock, dass mir mein Koffer gestohlen wurde.

„Stephen ..."

„Nein, es tut mir Leid, Rahel, ich kann dich nicht heiraten. Ich habe nichts. Ich fühle mich so unwürdig."

Hier brach Rahel in ein fröhliches Lachen aus. „Stephen!" Sie legte mir ihren Finger auf die Lippen. „Willst du mir jetzt einmal zuhören! Ich will nicht ein Haus, ein Bett oder Kleider heiraten, ich will einen Menschen heiraten, und zwar dich."

Ich musste einfach ihren Finger küssen, aber ich brachte kein Wort heraus. Mir kamen die Tränen. Ich stand vor einem Wunder. Hier war eine Frau, die mich um meiner selbst willen liebte. Ich hatte sonst auch nichts zu bieten. Es ermutigte mich sehr, dass Rahel trotzdem zu mir stand.

Ihre Familie war bestürzt. Sie hatten in mir nur einen netten Mitarbeiter der Dorothea-Mission gesehen, den Mann mit der notvollen Vergangenheit, der jetzt Prediger war.

Dass ich ihr Schwiegersohn werden sollte, stand auf einem ganz anderen Blatt. Ihre Onkels waren aufgebracht. „Stell dir vor, er geht wieder zu den Nationalisten und verlangt von dir, dass du auch noch Benzinbomben wirfst", hielten sie ihr entgegen.

„Das halte ich kaum für möglich", meinte Rahel in ruhigem Ton.

„Sagtest du nicht, dass er unter einer Brücke lebt? Wir wollen nicht, dass du auch noch da landest."

„Er wohnt jetzt bei den weißen Missionaren."

„Und wenn er dich eines Tages ersticht?"

„Onkel, warum sollte er das denn tun?"

Am Ende war es Rahels Mutter, die als rettender Engel auftauchte. Sie hatte drei Jahre dafür gebetet, dass ihre Töchter einen Pastor heiraten sollten. Die Erste hatte einen Mann aus der Wirtschaft geheiratet, die Zweite einen Schuldirektor. Jetzt blieb nur noch Rahel übrig. Da trat ich in ihr Leben. Ich war zwar nicht Pastor, aber immerhin Evangelist. Rahels Mutter war darüber froh. Sie akzeptierte, dass ich aus Rhodesien kam und eine schwere Kindheit und Jugend hinter mich gebracht hatte. Für sie zählte nur eins: Ich war zum Glauben gekommen, liebe Gott und predige das Evangelium.

Ich begegnete ihr zum ersten Mal im Wohnzimmer in Rahels Haus. Ich saß auf dem Sofa, als die Mutter hereinkam. „Mutter", sagte Rahel, „das ist Stephen aus Rhodesien, der junge Mann, von dem ich dir erzählt habe und den ich heiraten will."

Auf eine ganz unafrikanische Weise zeigte mir die Mutter ihre mütterliche Zuneigung. Sie kam sofort auf mich zu und kniete vor mir nieder. Behutsam nahm sie meine Hände in die ihren und drückte sie. „Lasst uns beten", flüsterte sie. Sie dankte Gott, dass ich in ihr Haus gekommen war. Mir liefen dabei die Tränen über die Wangen. Als sie ihr Gebet beendet hatte, schaute sie mir tief in die Augen und sagte: „Du sollst nicht mein Schwiegersohn sein, sondern du sollst mein Sohn sein."

Es war ein erhebender Augenblick, den ich mein ganzes Leben nie mehr vergessen werde.

Dann machte sich Rahels Mutter daran, die verärgerten Onkel für uns zu gewinnen. Sie meinte, sie sollten sich nicht so viel Sorgen machen. Sie wüsste ihre Tochter in guten, fürsorglichen Händen.

Wir beschlossen, bald zu heiraten, und zwar am 20. Dezember. Es war fast auf den Tag ein Jahr, nachdem wir uns zum ersten Mal begegnet waren. Die Familie stürzte sich in die Hochzeitsvorbereitungen. In meiner Unkenntnis als Mann ging ich davon aus, dass das ein wahres Vergnügen sei. Verglichen mit der Vorbereitung eines Evangelisationseinsatzes, bei der man mit der Polizei und mit den Gemeinden verhandeln und das Zelt mit seinen Ausstattungen aufbauen musste, konnte hier nichts schief laufen.

Doch zunächst einmal besaß ich keinen eigenen Anzug. Er war mir ja mit meinem Koffer gestohlen worden. Rahels Mutter gab mir zu verstehen, dass zu einer richtigen Hochzeit auch ein ordentlicher Anzug gehört. So war ich sehr erleichtert, als mir ein befreundeter Christ einen seiner Anzüge lieh. Ich dachte, damit seien alle meine Probleme gelöst.

Dann merkte Rahels Mutter einen Tag vor der Hochzeit, dass ich noch keine Hochzeitstorte bestellt hatte. Sie war darüber fast so entsetzt, als würde ich bei der Hochzeit eine Benzinbombe werfen. Als ich dann erklärte: „Es hat mir niemand gesagt, dass ich eine Hochzeitstorte bestellen sollte", hörte ich nur verständnislose Bemerkungen und seltsames Gemurmel.

Niemand hielt es für möglich, dass ein Rhodesier so primitiv und ungebildet sein konnte, nicht zu wissen, wie man in Malawi Hochzeit feiert. Die vorwurfsvollen Blicke der Frauen setzten mir so zu, dass ich dachte, ich sei zu gar nichts mehr nütze.

Mir fehlte einfach das Geld zu einer Torte. In meiner Verzweiflung ging ich in den Busch und betete.

„Lieber Herr", rief ich, „ich brauche unbedingt Geld für eine Hochzeitstorte. Du kannst mich doch jetzt nicht im Stich lassen."

Es war sicher ein verrücktes Gebet, aber ich stand sehr unter Druck und befand mich in einer ausweglosen Lage. Ich hatte keine Verwandten, die mir hätten helfen können, sondern war ganz allein auf mich gestellt. Gott war der Einzige, an den ich mich wenden konnte, damit die Hochzeit stattfinden konnte.

Als ich nach Hause kam, drückte mir jemand einen Briefumschlag aus Salisbury in die Hand. Ich öffnete ihn. 80 englische Pfund fielen heraus. Es war genau die Summe, die ich für die Hochzeitstorte brauchte. Ich weiß bis heute nicht, wer mir das Geld geschickt hat.

In meiner Ahnungslosigkeit dachte ich, dass damit alle meine Probleme gelöst seien. Ich ging in den Bäckerladen, um die Torte zu kaufen. Die Ladeninhaberin fragte mich, bis wann ich sie denn brauchte. „Sofort", meinte ich. Die Verkäuferin konnte sich kaum halten vor Lachen und sagte dann: „Die Hochzeitstorte müssen Sie Wochen vorher bestellen."

In meiner Verzweiflung wollte ich eine ganz normale Torte kaufen, aber darauf ließ sie sich nicht ein. Mit spöttischem Unterton sagte sie: „Das kann man nicht bei einer Hochzeit anbieten."

Völlig niedergeschlagen verließ ich den Laden. Freitagnachmittag war schon vorüber. Am nächsten Tag wollte ich heiraten und hatte noch immer keine Torte.

Nach einer schlaflosen Nacht ging ich am nächsten Morgen wieder in die Bäckerei. Einige Leute kamen gerade heraus. Als ich an die Theke trat, wurde ich von der Verkäuferin besonders freundlich begrüßt. „Nun, Herr Lungu, Sie werden es nicht glauben, aber wissen Sie, wer Ihnen da gerade begegnet ist?"

„Wer?", fragte ich.

„Das waren Leute, die für heute Morgen eine Hochzeitstorte bestellt hatten und sie gerade abbestellen mussten. Wenn Sie möchten, können Sie doch noch Ihre Hochzeitstorte bekommen."

Ich seufzte tief und war mächtig erleichtert. Ein Stein fiel mir vom Herzen, ein großer sogar. Also konnte meine Hochzeit doch noch gelingen. „Lieber Gott, ich kann dir nur immer wieder danken", war alles, was ich denken konnte.

Die Torte wurde sicher bei den Onkeln abgeliefert, die sie den Gästen zum Empfang anbieten sollten. Schon früh traf ich in der Kirche ein. Ich war sehr erleichtert. Ich trug einen Hochzeitsanzug und die Torte war auch angeliefert. Alles war für meinen großen Tag vorbereitet. Ich wartete draußen in der warmen Sonne und unterhielt mich mit den Gästen. Dann bemerkte ich, dass mein Trauzeuge so aussah, als ginge es ihm nicht gut. Wir traten in die Kirche, als der Gottesdienst begann, und warteten, bis die Braut kam. Plötzlich brach mein Trauzeuge zusammen. Als Rahel und ihre Eltern ankamen, wurde er gerade ins Krankenhaus gebracht.

Einen Augenblick lang überfiel mich noch einmal der Schrecken. Vielleicht würden Rahels Verwandte jetzt denken, ich hätte einen Überfall auf die Hochzeitsgäste verübt. Aber der Pfarrer bekam die Lage in den Griff und beruhigte alle Anwesenden. Zu meiner Überraschung traute er uns recht schnell, bevor noch etwas schief gehen konnte.

Unsere Flitterwochen verbrachten wir in Salima. Während der ersten Wochen unserer Ehe wohnten wir in einem kleinen Haus in Blantyre, das einer von Rahels Schwestern gehörte. Viel Hausarbeit gab es nicht zu tun. Das Haus war nur zwei mal zwei Meter groß. Unser Bett nahm schon mehr als die Hälfte des Raumes ein. Wir verstauten unsere wenigen Habseligkeiten unter dem Bett in einem neuen Koffer, den man uns zur Hochzeit geschenkt hatte.

Die größte Schwierigkeit auf unserer Hochzeitsreise bestand darin, wie wir in das Haus und wieder herauskommen konnten. Die Tür ließ sich nach innen öffnen, aber wenn sie halb offen war, stieß sie schon ans Bett. Man hatte kaum einen halben Quadratmeter Platz, wo man stehen konnte. Wenn Rahel drinnen war und ich draußen, und sie dann herauskommen und ich hineingehen sollte, mussten wir uns dafür eine besondere Methode ausdenken. Rahel hockte sich auf das Bett und öffnete die Tür. Ich klemmte mich hinein und kletterte neben sie aufs Bett. Dann stieg sie wieder vom Bett herunter und schob sich durch die Tür hinaus.

Doch nach einigen Tagen konnte ich das Haus überhaupt nicht mehr verlassen. Ich war an Malaria erkrankt. Diese Krankheit hat in Malawi schlimmere Auswirkungen als in Simbabwe. Rahel wäre beinahe sehr jung Witwe geworden.

Sobald ich einigermaßen wieder auf den Beinen war, brachte man mich nach Salisbury, und Rahel reiste bald hinterher. Patrick und Hannes Joubert hatten in der Nähe des Grundstücks der Dorothea-Mission ein neues Zuhause gefunden. Die neue Bleibe war etwa drei Meter im Quadrat groß, sodass wir das Bett und einen kleinen Tisch aufstellen konnten. So blieb uns beiden noch etwas Platz zum Stehen.

Rahel brachte mir mehr Liebe entgegen, als ich es je für möglich gehalten hatte. Sie war mir alles, was ein Mann in einer Frau sehen kann: liebende Ehefrau, Mutter, Schwester und Freundin. Täglich dankte ich Gott für sie und konnte es kaum fassen, dass sie bereitwillig ihre Familie und ihren Beruf aufgegeben hatte, um mich zu heiraten. Als ich sie noch besser kennen lernte, erfuhr ich auch, wie sehr Gott mich mit ihr beschenkt hatte: Sie wurde für mich ein Ort der Geborgenheit, ein Hafen der Ruhe und des Friedens mitten in den Stürmen des Daseins. Es machte mir große Freude, jemanden um mich zu haben, dem an meinem täglichen Wohlbefinden gelegen war. Sie konnte vorzüglich kochen und nähen. Ihre Mahlzeiten schmeckten mir sehr gut. Sie flickte meine Hosen und stopfte meine Socken schneller, als ich eine Nadel hätte einfädeln können. Ich nahm an Gewicht zu und ging immer gut gekleidet aus dem Haus. Das merkte man auch bei der Dorothea-Mission, wo man sich an unserem Eheglück mitfreute. Sie war eine kluge Frau. Wenn wir mit anderen zusammen waren, konnte ich beobachten, wie sie mit Patrick, Johannes und den anderen weißen Missionaren über die politische und wirtschaftliche Lage diskutierte. Das versetzte mich so ins Staunen, dass ich manchmal sogar Angst bekam.

Besonders an einem Abend geriet ich in eine Vertrauenskrise. Patrick hatte mich wegen einer Angelegenheit zurechtgewiesen und sich mit Rahel lange unterhalten, als wäre sie ihm ebenbürtig. Als wir nach Hause fuhren, war ich sehr niedergeschlagen. Ich war am Boden zerstört. Mein Herz war so schwer, dass ich mich gar nicht mehr mit ihr unterhalten konnte. Fast bedauerte ich es, dass ich mit ihr verheiratet war. Hatte ich mir ein zu hohes Ziel gesteckt? Konnte ich ihre Liebe zu mir am Glühen halten? Ich hatte das Empfinden, durch meine Ehe mit Rahel mein Versagen vorprogrammiert zu haben.

Rahel war auch ganz still geworden. Dann griff sie mit ihren schmalen Fingern nach meiner Hand. „Was ist los mit dir, Stephen?"

Ich konnte vor Rahel nichts verbergen. Wenn sie das Problem erkannt hatte, versuchte sie es auch zu lösen. Sie machte mir deutlich, dass sie durchaus reiche Bankiers hätte heiraten können, aber sie habe mich gewollt und sie mache sich keine Illusionen über unseren extrem einfachen Lebensstil.

Das kam auch zur Sprache, wenn wir manchmal nichts zu essen hatten. Als es das erste Mal passierte, war ich gerade von einem Einsatz zurückgekommen und hatte mich auf eine warme Mahlzeit gefreut.

„Ich hatte nichts mehr, wovon ich dir ein Essen hätte kochen können, Stephen", sagte sie ganz ohne Vorwurf. Ich fühlte mich elend. Es wäre mein Aufgabe gewesen, für Nahrung zu sorgen, und nun entschuldigte sie sich, dass sie mir nichts auftischen konnte. Ich fand es entsetzlich, dass meine Frau Hunger leiden musste. Aber ich wollte in dieser Situation als Christ handeln. „Wir wollen jetzt dafür beten. Gott weiß, dass ich in der ganzen vergangenen Woche in seinem Dienst gestanden habe. Jetzt wird er gewiss auch für uns sorgen."

Rahel hatte es bisher noch nicht erlebt, dass man auch um sein tägliches Brot beten kann, und ich war mir nicht sicher, wie sie es aufnahm. Doch sie war großartig. Nachdem wir einfach mit Gott geredet hatten, machte sie sich im Zimmer zu schaffen.

„Was hast du vor?"

Erstaunt schaute sie mich an. „Ich will den Tisch decken."

Verblüfft schaute ich meine Frau an, die so großes Gottvertrauen hatte und sich so demütig in unsere schwierige Situation fügte.

Sie war ein echter Lebensgefährte. Zwei Stunden vergingen, dann klopfte es an unsere Tür. Wir liefen beide hin und sahen nur zwei Beine und zwei Arme, die zwei riesige Tüten mit Lebensmittel trugen. Zwei Augen schauten uns fröhlich an. Es war ein Freund aus unserer Gemeinde.

„Ich habe heute Morgen für euch gebetet und hatte den Eindruck, ich sollte euch Lebensmittel und Geld bringen. Eigentlich wollte ich schon eher kommen, aber ich habe mich verspätet."

Bei einer anderen Gelegenheit brauchten wir dringend Kleidung. Still und ohne viel Aufsehen geschah es, dass wir mit Hosen und anderen Kleidungsstücken versorgt wurden. Wir könnten nicht im Einzelnen sagen, wie wir überlebt haben, aber wir sind immer durchgekommen. Es geschahen viele kleine, alltägliche Wunder. Gott hat Menschen dazu benutzt, die uns lieb hatten. Sie unterstützten meine Arbeit bei der Dorothea-Mission und sahen darin ihren Anteil an diesem wichtigen evangelistischen Dienst, dass sie die hauptamtlichen Mitarbeiter versorgten.

Soweit wir überhaupt Geld hatten, wurde es von Rahel verwaltet. Sie hatte in der Bank gearbeitet und war auch der Finanzminister der Familie. Die Frauen am Ort waren davon tief beeindruckt. Gab es das, dass eine Afrikanerin Zugriff auf das Geld ihres Mannes hatte? Die meisten waren überzeugt, sie hätte das durch einen Zaubertrick erreicht. Sie baten sie inständig, ihr das Rezept zu verraten, damit sie ihre Männer abhalten könnten, ihren ganzen Lohn zu vertrinken.

Rahels neue Freunde und Freundinnen schauten nur ganz ungläubig, wenn sie einfach ihre Bibel hervorholte und ihnen das Wort Gottes erklärte. Rahel sprach gerne von ihrem Glauben an Christus. So gewann sie viele der Frauen für Jesus, ihren Herrn. Dann beteten sie gemeinsam für ihre Ehemänner und machten sie mit mir bekannt. Ich sollte den Familienvätern erzählen, wie sich mein Leben verändert hatte. Viele der Ehemänner wollten daraufhin auch Christ werden. Damals wussten Rahel und ich noch nicht, dass diese Art von Hauskreisevangelisation und Eheberatung in Zukunft noch große Bedeutung haben sollte.

Als unser erstes Kind geboren war, nannten wir es so wie Sadrachs Frau: Agnes. Zu meinem großen Erstauen machte mir Patrick klar, dass es meine Aufgabe sei, Rahel bei der Betreuung des Babys zu helfen.

„Aber für Säuglinge sind doch die Frauen zuständig!", war meine Meinung.

„Rahel ist nicht deine Sklavin und auch nicht deine Haushälterin. Sie ist ein Teil von dir. Du musst ihr die Liebe erweisen, die Christus uns erwiesen hat."

So half ich beim Windelnwaschen und in der Nacht trug ich die Kleine im Arm hin und her, wenn sie sich nicht wohl fühlte. Ich war noch kein Mann mit modernen Ansichten, und deshalb fiel mir diese Aufgabe schwer. Aber wir kamen uns in unserer Ehe sehr nahe, und ich hatte viel Freude an meiner kleinen Tochter. Sie sollte einmal eine bessere und glücklichere Kindheit haben als ich. Ich wollte meinen eigenen Kindern die Liebe zuteil werden lassen, die mein Vater und meine Mutter mir nicht gegeben hatten.

Jahrelang hatte ich kaum an meine Eltern gedacht. Doch nachdem ich selbst ein Kind hatte, erinnerte ich mich daran, dass ich ja auch irgendwo eine Familie hatte. Wenn sie doch nur von ihrer Enkeltochter wüssten. Aber ich war ja ausgesetzt worden. Seltsamerweise war der alte Schmerz immer noch vorhanden.

Mittlerweile ging die Arbeit bei der Dorothea-Mission weiter.

Im Team hatte sich manches geändert. Noch bevor ich geheiratet hatte, war Patrick mit Jill die Ehe eingegangen. Ich hatte etwas Angst, als sie ins Haus zog. Patrick war eine Führerpersönlichkeit und konnte sich, wenn nötig, mit aller Energie durchsetzen. Würde Jill sich ebenso verhalten? Oder würde sie sogar einen Keil zwischen Patrick und mich treiben, nur weil ich ein Schwarzer war? Einige Missionare legten nämlich ein solches Verhalten an den Tag.

Wir waren noch keine Stunde mit Jill zusammen, da waren auch schon alle meine Befürchtungen wie Rauch verflogen. Jill war eine charmante, nette und liebenswürdige Frau, die mehrere Jahre in

Afrika gearbeitet hatte. Ihre große Liebe galt den Schwarzen. Vom ersten Tag an mochte ich sie, und ich bedauerte nur, dass sie Patrick nicht schon früher begegnet war.

Sie wurde bald der Mittler für die Mannschaft, wenn es Spannungen gab. Mit Patrick hatte ich immer wieder Auseinandersetzungen, aber nicht mit Jill. Alle schwierigen Probleme konnte sie in gewinnender Art erfolgreich angehen. Sie war liebevoll, einfühlsam und fürsorglich. Der Umgang, den Jill und Patrick miteinander pflegten, war bewundernswert. Mein erster Eindruck einer europäischen Ehe war für mich wie ein Kulturschock.

Die beiden waren sehr offen zueinander. Patrick konnte Jill durchaus widersprechen, und Jill sagte ihm manchmal, er solle sich nicht so töricht anstellen. In Afrika wäre dies eine tödliche Beleidigung gewesen. Aber die beiden entschuldigten sich dann wieder, schauten sich verschmitzt von der Seite an, und wenige Minuten später konnten sie wieder fröhlich lachen. Was mich auch noch überraschte, war die Art, wie Patrick Jill umsorgte. Im Vergleich zu den meisten afrikanischen Frauen lebte sie wie eine Königin. Das machte einen tiefen Eindruck auf mich und beeinflusste auch mein Verhalten Rahel gegenüber.

Patrick und Jill hatten immer noch einen kleinen Campingwagen, den sie vor einigen Jahren gekauft hatten. Wenn wir Evangelisten zu Missionseinsätzen unterwegs waren, ersetzte er uns das Zuhause. Jill konnte dann in einem Dampfkochtopf köstliche Mahlzeiten zubereiten, damit wir nach unserer anstrengenden Arbeit wieder zu Kräften kamen. Ich denke immer noch gerne daran, wie wir am Ende eines langen, arbeitsreichen Tages fröhlich in diesem Wagen beieinander saßen und uns unterhielten. So stellte ich mir auch ein richtig schönes Familienleben vor.

Für das Team der Dorothea-Mission gab es noch eine weitere Veränderung. Patrick war gebeten worden, ein Handbuch für Christen zusammenzustellen, die für die weltweite Mission beten wollten. Es erhielt den Titel „Operation World" und wurde später ein internationaler Bestseller. Doch das lag noch in der Zukunft. In meiner begrenzten Sicht der Dinge war es mir ein Rätsel, warum Patrick an den Nachmittagen so viel Zeit damit zubrachte, im Auto zu sitzen und zu schreiben, anstatt uns bei den Hausbesuchen zu unterstützen.

Dass sich Patrick ein wenig von der alleinigen Verantwortung zurückzog, war ein Teil seines Zehnjahresplanes zur Ausbildung afrikanischer Führungskräfte. Es war jetzt Anfang der siebziger Jahre, und er meinte, es sei Zeit, dass ich mehr und mehr in die Organisation hineinwachse.

Eines Morgens setzte sich Patrick am Tisch aufrecht hin und schaute mich vielsagend an. Bei solchen Gelegenheiten ahnte ich meist nichts Gutes. Aber diesmal wusste ich wirklich nicht, was denn verkehrt gelaufen sein könnte.

„Wenn wir es wollen, können wir noch weitere Evangelisationen durchführen, Stephen."

Ich erkannte die Falle nicht und lief direkt hinein. Begeistert rief ich: „Wir könnten mit Mpopoma beginnen. Die Leute dort sind sehr aufgeschlossen."

„Gut. Diesmal übernimmst du die Planung."

Ich war völlig verdutzt. „Was sagst du?"

„Du wirst die Organisation für diesen Einsatz übernehmen, den du in diesem Ort planst."

Ich wurde von Panik ergriffen. „Nein! Nein! Nein! Es ist ganz unmöglich, dass ich Briefe schreibe, mich mit der Polizei abspreche und mit Gemeinden verhandele." Schon der Gedanke daran machte mich wahnsinnig. „Mir fehlen alle Voraussetzungen dazu."

„Was meinst du, warum ich dich in all den Jahren unterrichtet habe?"

„Ich weiß nicht." Ich presste die Lippen aufeinander.

„Nein."

„Ja."

„Nein."

„Ja!"

Der Ton in seiner Stimme kam mir bekannt vor. Mein Mut begann zu sinken.

In dieser Nacht konnte ich nicht schlafen. Unruhig wälzte ich mich auf meinem Kissen hin und her. „Ich bin Evangelist und kein Organisator. Er ist ein harter Mann. Er verlangt zu viel von mir."

Am nächsten Morgen sagte Patrick: „Wir beginnen mit dem Brief an die Polizei. Schreib diesen Brief, Stephen!"

„Von einem Schwarzen will die Polizeibehörde keinen Brief bekommen."

„Schreib ihn!"

„Das kann ich nicht."

„Das kannst du."

Ich begann den Brief. Langsam und mühsam schrieb ich Satz für Satz.

„Das ist ja furchtbar." Ich zerriss das Schreiben.

„Ich habe dir gesagt, du musst den Brief schreiben. Ich werde dir zeigen, was falsch ist, und dann kannst du ihn verbessert abschicken."

Ich schrieb den Brief ab, aber er zerriss ihn wieder.

„Jetzt hast du ihn ja zerrissen."

„Ich konnte ihn nicht lesen."

Er packt mich hart an, dachte ich am Abend.

Am nächsten Morgen starteten wir einen neuen Versuch. Nach Stunden war mein Brief an die Polizei fertig.

„Jetzt bringst du ihn zur Polizei", sagte Patrick.

„Aber ich doch nicht", wehrte ich mich.

„Doch."

„Die Polizei verhandelt nur mit Weißen."

„Nein, du gehst. Du gehst und sprichst mit ihnen." Patrick gab mir noch einige Ratschläge. „Mach keine langen Umschweife, bring deine Sache auf den Punkt. Sprich nicht erst vom Wetter und den Blumen."

Er wusste, dass ich in meiner afrikanischen Art immer erst weit ausholte, bevor ich zur Sache kam. „Sag ihnen genau, was du vorhast, und zwar sofort."

Als ich vor den Beamten stand, fing ich an zu stottern, vergaß all mein Englisch und ließ den Kopf hängen.

Die Polizei lehnte mein Ansinnen ab.

Ich kam nach Hause und war den Tränen nahe. „Die Beamten haben abgelehnt."

„Geh wieder hin ins Präsidium und bestehe darauf."

„Was ist er doch für ein harter Mann", brummte ich vor mich hin, als ich mich mühsam zur Polizei schleppte.

Diesmal machte ich offensichtlich einen so verschüchterten Eindruck, dass der leitende Beamte Mitleid mir zeigte und nachgab. „Er hat Ja gesagt."

Patrick lächelte und klopfte mir auf die Schulter. Jetzt sah alles für mich schon ganz anders aus. Trotzdem fühlte ich mich so schwach, dass ich mir erst mal eine Tasse Tee kochte. Patrick hatte mir den Minderwertigkeitskomplex ausgetrieben.

Der Einsatz verlief ohne irgendwelche Zwischenfälle. Jetzt übertrug man mir immer öfter die Vorbereitung. Am Anfang habe ich mich dagegen gewehrt, aber Patrick gab nicht nach. Immer wieder ging die Polizei auf meine Bitten ein. Darüber war ich sehr erstaunt. Langsam gewöhnte ich mich daran, bei der Polizei zu erscheinen und dann auch die anderen Vorbereitungen für die Einsätze zu übernehmen, während Patrick in seinem Campingwagen saß und an seinem Buch schrieb.

An einem Sonntagnachmittag, als ich der Meinung war, alles würde gut verlaufen, schlug das Unglück zu.

Wir hatten uns gerade an den Tisch gesetzt, um eines der herrlichen Sonntagsessen zu genießen, das Jill für uns zubereitet hatte. Ich rückte meinen Stuhl an den Tisch heran und reichte Jill die Schüssel mit Gemüse. Dann nahm ich mir einige Kartoffeln. Dabei saß ich gerade, hielt meine Ellbogen vom Tisch weg und meine Füße auf dem Boden. Plötzlich erklärte Patrick: „Oh Steve, ich habe eine Nachricht von Pastor B." Pastor B. leitete eine große, weiße, englischsprechende Baptistengemeinde in Bulawayo, wo Patrick an diesem Morgen gepredigt hatte. „Er möchte, dass du in zwei Wochen in seiner Kirche predigst."

„Was!" Meine Kartoffeln fielen mir vor Schreck vom Löffel und auf das weiße Tischtuch. Patrick holte tief Luft.

„Du darfst in zwei Wochen in einer Baptistengemeinde predigen. Ich dachte, das würde dir Freude machen."

Ich saß wie gelähmt. Jill sammelte die Kartoffeln auf.

„Wenn du für mich übersetzen willst, musst du mein Shona verstehen. Wenn ich die Predigt geschrieben habe, können wir sie ja vielleicht einige Male zur Probe übersetzen, bevor es dann so weit ist."

Patrick, der sich gerade noch etwas Gemüse auf den Teller füllte, unterbrach mich bei meinen Plänen. „Das kommt gar nicht in Frage. Du bist jetzt so weit, dass du vor den Weißen in Englisch predigen kannst."

Ich war entsetzt. „Nein! Ich predige in Shona."

„Du predigst in Englisch", sagte Patrick langsam aber bestimmt. Dann aß er genüsslich zu Ende.

Ich konnte kaum ein paar Brocken herunterkriegen. Nachdem das Geschirr gespült und weggeräumt war, ging ich unruhig nach draußen. Ich mochte gar nicht daran denken, in Englisch zu predigen. Das kam für mich nicht in Frage. Als ich von meinem Spaziergang zurückkam, war ich der festen Meinung, Patrick habe nur einen Scherz gemacht.

In den nächsten zehn Tagen gab ich mir alle Mühe, eine Predigt in Shona auszuarbeiten. Ich schrieb sie mehrmals um, was mich viele Stunden kostete. Bei diesem ganzen Unternehmen hatte ich kein gutes Gefühl. Wenn ich an die große Versammlung von lauter Weißen dachte, wurde mir Angst und Bange.

Patrick sah, wie ich litt, immer wieder schrieb und an meinem Stift kaute. Aber er sagte kein Wort und fragte auch nicht, was ich gerade tue.

Das dauerte bis zum Freitag vor dem besagten Sonntag. Anstatt mit dem üblichen Unterricht zu beginnen, sagte Patrick: „Komm, Steve, wir wollen einmal sehen, wie es mit deiner Predigt steht."

Mittlerweile war ich einigermaßen damit zufrieden und legte sie ihm vor. Ich war nur unsicher, was er sagen würde, wenn er merkte, dass sie in Shona und nicht in Englisch geschrieben war. Patrick nahm sie in die Hand und blätterte sie mit einem ernsten

Gesicht durch. Ich hielt den Atem an. Dann riss er sie plötzlich in Stücke.

„Nein!", schrie ich.

„Stephen, du predigst in Englisch."

Den Samstag verbrachte ich damit, dass ich fastete, betete und zu Gott schrie. „Lieber Herr, dieser Mann ist ganz hart und ungerecht. Er hat mich in eine furchtbare Lage gebracht. Ich werde mich noch blamieren."

Am Samstagmorgen kam Jill zu mir, als ich ganz niedergeschlagen war. „Stephen, ich bete für dich und werde das auch während des ganzen Gottesdienstes tun." Sanft legte sie die Hand auf meine Schulter. Wie immer wirkte ihre Freundlichkeit Wunder. In ihrer herzlichen Art ermutigte sie mich sehr.

Als ich am nächsten Morgen in die Baptistenkirche kam, warf der Pastor einen Blick auf mein angespanntes Gesicht und sagte auch noch einige ermutigende Worte. „Stephen, du wirst das sehr gut machen. Ich habe meiner Gemeinde einiges aus deinem Leben erzählt, und sie sind ganz gespannt, deine Geschichte zu hören. Durch dein Zeugnis werden die Besucher bestimmt gesegnet werden."

Die Kirche war voll besetzt. Ich saß vorne und fühlte mich ganz elend, als der Gottesdienst begann. Dann kam ich an die Reihe. Der Pastor forderte mich auf, zum Pult zu kommen, und hängte mir das Mikrofon wie eine Schlinge um den Hals. Die Bibel zitterte in meinen Händen, und die Knie wurden mir weich. Ich sah Patrick und Jill in der Versammlung sitzen. Sie hatten beide den Kopf gesenkt und beteten.

„O Gott, hilf mir", schrie ich zum Herrn. Und dann legte ich einfach los. Ich weiß nicht mehr genau, wie ich eingestiegen bin. Ich erinnere mich nur noch, dass ich am Anfang stotterte und um Worte rang. Dann kam ich an den Punkt in meiner Lebensgeschichte, als ich die Benzinbomben bei mir hatte und im Zelt nach vorne ging. Die Erinnerung an das Verlangen nach Gott, das mich gepackt hatte, stand mir wieder lebendig vor Augen, und ich gab mir alle Mühe, es der Gemeinde zu vermitteln. Dann berichtete ich davon, wie ich in den Bussen predigte, und wie ich Johannes und Patrick begegnet war. An dieser Stelle war mein Englisch zu Ende, und ich setzte mich an meinen Platz.

In der Versammlung herrschte große Stille. Dann hörte ich zu meiner Überraschung, wie einige Leute leise schluchzten. Andere weinten sogar. Das hatte ich bei Weißen noch nie erlebt.

Der Pastor nahm den Faden wieder auf und dankte mir. Ich war überglücklich und saß einfach nur mit einem Gefühl der Erleichterung da.

Als wir wieder zu Hause waren, ging Patrick meine erste englische Predigt mit mir durch. Auf der Minusseite hatten er und Jill über drei Seiten die Fehler vermerkt, die ich in bezug auf Grammatik und Wortschatz gemacht hatte. Behutsam sprachen sie alles mit mir durch und erklärten mir die Fehler.

„Nun, Stephen, kommen wir zur positiven Seite", schlug Patrick vor. „Dein Inhalt war gut. Die Weißen haben deine Botschaft verstanden. Dein Anliegen ist ihnen deutlich geworden. Du hast guten Kontakt zu deinen Zuhörern gewonnen. Man spürt deine Liebe zum Herrn und dein Verlangen, das Evangelium weiterzusagen. Du hast deine Sache gut gemacht."

Das war in der Tat ein hohes Lob von Patrick. Und ich war begeistert.

Ich dachte an den jungen Mann, der mich nach der Predigt mit Tränen in den Augen aufgesucht hatte. Wenn es mir gelungen war, ihn dahin zu bringen, dass er nach Gott fragte, war ich schon zufrieden.

Am nächsten Tag gab mir Patrick die Ausgabe der englischen Zeitung. „Hier hast du wieder Lektüre, Stephen, durch die du etwas lernen kannst."

Obwohl mich dieser Predigtdienst bis an meine Grenzen gefordert hatte, ergriff Patrick jede Gelegenheit, um mir weiterzuhelfen. Er wusste viel besser als ich, welche Erfahrungen und Fähigkeiten für mich nötig waren, um ein guter Evangelist zu werden.

In der ersten Hälfte der siebziger Jahre wuchs die Gemeindearbeit in unserem Land sehr stark. Es war ein Vorrecht, zusammen mit anderen Christen in Zentral- und Südafrika zu arbeiten und den Menschen das Evangelium zu verkündigen. Sie brauchten es dringend. Von Sambia bis Botswana wuchs die Bevölkerung der Städte, aber die Menschen waren innerlich ausgehöhlt und leer. Sie brauchten einen festen Halt und Glauben an Gott. Überall flammten politische Unruhen auf. Wenn ich am Podium stand und zu Hunderten, ja Tausenden von Menschen in Freiversammlungen sprach, wurde ich an die Worte Jesu erinnert: „Das Feld ist reif zur Ernte. Bittet den Herrn der Ernte, dass er Arbeiter in seine Ernte sende."

Ich war bereit, überall dort hinzugehen, wohin er mich sandte.

15. Meine Mutter

Eines Tages ließen Patrick und Hannes Joubert mir mitteilen, ich möchte doch zu einem Treffen in die Bibelschule kommen. Ich fuhr früh los, weil ich zunächst noch mit einigen Studierenden reden musste. Sie hatten bei einem Einsatz mitgeholfen, und ich war mit ihrer Arbeit nicht ganz zufrieden.

Ich traf sie, wie sie draußen in der Sonne standen. Aber bald sollte sich der Tag für sie verdüstern, denn ich war ärgerlich. Mein Gesicht färbte sich rot vor Wut.

Ich kam gleich zur Sache: „Die Versammlung gestern Abend war ein Reinfall, und das wisst ihr auch. Einige von euch kamen eine halbe Stunde zu spät. So könnt ihr euch nicht benehmen. Die Polizei teilte mir mit, dass ihr keine genauen Angaben über die Besucherzahl und den Ort gemacht hättet, wo das Zelt stand. Einige von euch haben nur halb gefüllte Petroleumlampen aufgestellt. Die Stühle waren noch nass. Und wenn ihr das eine Übertragungsanlage nennt, dann hätte man genauso gut Kuhhörner benutzen können. Der Gesang klang so, als wenn meine Tanten bei meiner Beerdigung singen würden. Über das Klavier will ich gar nicht erst reden. Das hätte man genauso gut auf den Schutthaufen werfen können. Heute Abend muss das unbedingt besser werden. Habt ihr das verstanden?"

Die Studenten ließen reumütig die Köpfe hängen. Ich stürmte ins Haus, um mich mit den anderen zu treffen. Doch da fiel mir ein, dass ich noch etwas vergessen hatte. Ich ging zurück und war gerade an der Tür, als ich hörte, wie einer der Bibelschüler zu den anderen sagte:

„Oh, Stephen Lungu ist noch viel schlimmer als Patrick Johnstone. Er ist übergenau. Alles muss so sein, wie er es haben will."

„Ja", stimmte sein Freund ihm zu. „Als ich gestern sah, wie du zu spät kamst, wusste ich genau, dass es ein Donnerwetter hageln würde. Wenn du bei Stephen eine Minute zu spät bist, macht er dich zu Hackfleisch."

„Er kann doch von mir nicht erwarten, dass ich der Polizei widerspreche?"

„Er geht sehr energisch mit den Beamten um, genauso wie die Engländer."

„Manchmal könnte man meinen, er sei ein Engländer", beschwerte sich ein anderer.

Dann gingen sie weg, und ich stand wie angewurzelt da. Ich musste daran denken, welche Auseinandersetzungen ich mit Patrick gehabt hatte. Und plötzlich musste ich laut lachen. Ich hatte immer noch ein Schmunzeln auf dem Gesicht, als ich bei Patrick und Hannes ankam.

„Stephen, du siehst aus, als seist du in Topform. Wir haben dir ja auch etwas Wichtiges zu sagen."

Begeistert entfalteten sie mir ihren neuesten Plan. Ich begann zu zittern wie Espenlaub. Wie gut, dass die Studierenden mich jetzt nicht sehen konnten.

„Was habt ihr da mit mir vor?"

„Du sollst mit Patrick und mit mir nach Mosambik kommen", antwortete Hannes Joubert. „Du sollst uns im Gespräch mit dem Gouverneur von Beira unterstützen."

Der Gouverneur gehörte zu der neuen unabhängigen Regierung und war für die Region verantwortlich, in der wir einen Missionseinsatz planten. Nach der kommunistischen Revolution gab es im Land noch einige Unruhen; aber wir sahen auch, dass die Zeit zum Evangelisieren günstig war. Doch die politische Lage war so angespannt, dass dieser Einsatz nur dann sicher durchgeführt werden konnte, wenn er von Schwarzen verantwortet wurde. Deshalb planten Patrick und Hannes Joubert mich aus dem Hintergrund heraus zu unterstützen. Sie wollten deshalb in Salisbury bleiben. Ich aber sollte mit zwei Teams nach Mosambik gehen. Ich seufzte schwer. Gerade hatte ich gedacht, ich hätte alle meine Aufgaben ordentlich durchgeführt und könnte zufrieden sein, als diese beiden Freunde mich vor ein Unternehmen stellten, das für mich nicht zu meistern war. In dieser Lage half mir auch nicht, dass ich Aufgaben, die mir früher zu schwer erschienen, jetzt gut im Griff hatte.

„Bei einem so wichtigen Besuch ist mir nicht wohl zumute", gab ich zu verstehen. Meine alte Unsicherheit machte mir wieder zu schaffen. „Die Leute werden mich fragen, für wen ich mich eigentlich halte. Dabei muss ich ihnen sogar Recht geben. Ihr solltet euch einen Begleiter aussuchen, der dafür bessere Voraussetzungen mitbringt. Für mich ist das eine Nummer zu groß."

Parick zog die Stirn in Falten. „Habe ich solche Sätze nicht schon einmal von dir gehört?" Darauf konnte ich nichts mehr antworten. Solange ich mit Patrick zusammen arbeitete, fühlte ich mich ihm immer unterlegen. Ich war nur sein Schüler.

Wenn ich in einer Sache etwas erreicht hatte, nahm er das zum Ausgangspunkt, mich noch weiter voranzubringen. „Du hast eine hervorragende Befähigung, Menschen zu führen, Stephen", war sein Einwand. „Diese Gabe musst du entfalten."

So reisten wir im Jahr 1972 nach Mosambik. Damals begann in diesem Land eine Zeit der Christenverfolgung, die fünf Jahre lang dauern sollte. Das konnten wir aber zu diesem Zeitpunkt noch nicht ahnen.

Es gelang uns, eine Audienz bei dem hoch bedeutsamen Gouverneur von Beira zu erhalten. Patrick bestand darauf, dass ich die Unterredung führen sollte. „Du weißt genauso gut wie ich, was wir vorhaben."

Voller Angst und buchstäblich zitternd führte ich die Verhandlungen mit dem Gouverneur, der Polizei und anderen hohen Regierungsbeamten. Wie froh war ich, dass die Studierenden der Dorothea-Mission nicht hören konnten, wie oft ich dabei ins Stottern geriet.

Ich brachte mein Anliegen vor: *Wir seien Christen, die von Zeit zu Zeit das Land besuchen und zusammen mit den örtlichen Kirchengemeinden Missionseinsätze durchführen wollten. Unser Ziel sei es, mehr Menschen für das Christentum zu gewinnen, die dann in die Kirche von Mosambik eingegliedert werden sollen. Christen seien gute und*

treue Staatsbürger, die mit dazu beitrügen, dass Sicherheit im Lande
herrschte und die Menschen im Frieden miteinander lebten. Ob das in
Ordung sei?

Die Beamten schienen angenehm überrascht, dass ich der Spre-
cher war. Sie sagten uns unbürokratische Unterstützung zu.

Sobald wir wieder in Salisbury waren, stellte ich schnell ein Team
von acht Dorothea-Missionaren zusammen und fuhr mit ihnen
nach Beira. Wir fanden eine überraschend gute Aufnahme. Unser
Team war tief davon beeindruckt, wie Gott zu so vielen Menschen
sprach. Die Leute kamen nach vorne und nahmen seelsorgerliche
Hilfe in Anspruch.

Am Sonntag fuhren einige Soldaten vor und beobachteten uns,
wie wir eine Freiversammlung abhielten. Wir lächelten ihnen
freundlich zu. Aber sie verhafteten uns auf der Stelle. Ich protestierte lautstark dagegen. Dann schlug mich ein Soldat, und ich
war still.

Er zeigte auf unseren Lastwagen, der in Südafrika hergestellt
war. „Ihr seid Spione."

„Nein. Das Auto wurde uns geschenkt, damit wir hierher kommen können, um das Evangelium zu verkündigen."

„Ja, dann wollt ihr bei uns herumspionieren. Gebt uns eure Papiere."

Ich hatte mich nach dem Gottesdienst umgezogen und unsere
Pässe in meinem Anzug stecken lassen. Ich verlor jeden Mut. Patrick
und Hannes Joubert wären nicht so leichtsinnig gewesen. Ich
machte den Sicherheitskräften meine Situation klar: „Wenn ihr
uns in unser Quartier bringt, zeige ich euch unsere Papiere."

Rücksichtslos lehnten sie ab und warfen uns in ihr Auto. Auf
der Polizeistation wurden wir mit Gewehrkolben geschlagen. Es
war schrecklich. Sie schleuderten uns zu Boden und ließen uns so
in unseren Schmerzen liegen. Ich hatte das Gefühl, dass es meine
Schuld wäre, wenn wir jetzt sterben müssten und konnte mich
nur ganz in die barmherzigen Arme Gottes werfen. Er allein war
jetzt unsere Hilfe.

Einige Stunden später wechselte die Wache, und ein Soldat kam herein, der am Tag zuvor bei einer unserer Veranstaltungen zum Glauben gekommen war. Als er uns sah, packte ihn das Entsetzen.

„Was macht *ihr* denn hier?"

Wir schilderten unsere Lage, und er ging schnell zu seinen Vorgesetzten, wo er ein Wort für uns einlegte. „Sie predigen doch nur."

Und siehe da: Die Vorgesetzten entschuldigten sich beinahe: „Unser Land geht durch schwere Zeiten", sagten sie und ließen uns frei.

Ein christlicher Arzt behandelte unsere Wunden. Wir konnten unsere Arbeit wieder fortsetzen. Der Rest dieser sechswöchigen Evangelisation wurde zu einem großen Erfolg.

Ausgerechnet bei einem Einsatz in Salisbury im Jahr 1976 erlebte ich die größte Überraschung in meiner Laufbahn als Verkündiger.

Ich arbeitete mit einem Team der Dorothea-Mission bei einem Einsatz im Vorort Gillingham. Es war ein langer Tag, bei dem wir nicht weniger als sechs Freiversammlungen abgehalten hatten. Nach dem vielen Predigen war ich erschöpft. Mit heiserer Stimme beschloss ich die Abendversammlung im Zelt mit der Einladung, dass jeder, der Christus in sein Leben aufnehmen will, nach vorne kommen darf.

Zu meiner Überraschung folgten einige Besucher meiner Bitte. Die Seelsorgehelfer traten aus ihren Bänken, um mit den Leuten zu sprechen. Ich nahm mein Mikrofon ab und entfernte mich von der Rednertribüne. Ich wollte etwas trinken. Plötzlich hielt mich jemand an meinem Hosenbein fest. Ich schaute herunter und erkannte, wie eine kleine Frau vor mir stand und in meine Augen sah.

Ich bückte mich, um sie besser zu sehen. Sie war in einem erbarmungswürdigen Zustand. Sie war abgemagert, sah schlecht aus und roch stark nach Alkohol. Sie war betrunken.

„Ich möchte mit dir beten", sagte sie unvermittelt und schaute mich dabei seltsam an.

„Nun, Mai, (das heißt in Shona Mutter, und so redet man bei

uns alle Frauen an), ich bin ganz erschöpft und kann jetzt nicht mit dir beten. Willst du nicht mit einer unserer Seelsorgehelferinnen sprechen?" Ich fühlte mich hundemüde und nicht imstande, ein längeres seelsorgerliches Gespräch zu führen.

„Das habe ich schon getan. Jetzt sollst du mit mir beten."

Ich stieg von der Tribüne herunter und kniete zum Gebet nieder. So konnte ich wenigstens erreichen, dass sie mein Hosenbein losließ. Sie meinte es ernst mit Gott. Sie war vom Evangelium berührt worden. Sie lief herum und sagte nur, ihr Schmerz sei jetzt vergangen.

Schmerz? Was für ein Schmerz? Trotz meiner Erschöpfung rüttelte mich diese Aussage wach. Dann wollte sie Jesus in ihr Leben aufnehmen und Christ werden.

Ihr inneres Aufgewühltsein bewegte mich. Ich kniete noch einmal zum Gebet nieder. Diesmal wollte sie auch beten. Als sie einmal damit begonnen hatte, wollte sie gar nicht mehr aufhören. Sie sprach so leise, dass ich kaum ein Wort verstehen konnte und immer müder wurde. Ich lehnte mich an das Pult, während sie immer wieder davon sprach, dass sie ihren himmlischen Vater gefunden hatte. Ich wollte am liebsten nach Hause gehen, und doch musste ich weiter zuhören. Das Wunder, dass eine arme Menschenseele zum Frieden mit Gott findet, war für mich jedes Mal neu erstaunlich. Auch diesmal berührte es mich sehr stark.

Schließlich wandte sich die Frau mir zu. Trotz meiner Ermüdung musste ich ihr zulächeln.

„Willst du nicht morgen Abend wiederkommen?", schlug ich ihr vor. Sie hatte jetzt nach meinem Hemdsärmel gegriffen, und ich versuchte mich von ihr loszureißen. Offensichtlich brauchte sie Hilfe. Ich wollte dafür sorgen, dass am nächsten Abend eine einfühlsame Seelsorgerin für sie da war.

Dann sagte sie ganz unvermittelt: „Weißt du eigentlich, dass du mein Sohn bist?"

Ich musste lächeln. Dass es eine geistliche Verwandtschaft gab, war mir klar. Nur hatte sie es jetzt falsch ausgedrückt. „Ich bin dein geistlicher Vater", verbesserte ich sie behutsam.

„Nein, nein, nein, du bist mein Sohn", widersprach sie mit krächzender Stimme. „Ich bin deine Mutter."

Ich schaute ihr ganz tief in die Augen.

Sie sah mich an und sagte dann: „Denk zurück an Highfield, an dich, deinen Bruder John und deine Schwester Malesi. An dem, was du heute Abend gesagt hast, erkannte ich, dass ich deine Mutter bin."

Diese Worte drangen wie eine Speerspitze in mich ein. Ich dachte an die vergangenen Jahre zurück und erlebte noch einmal in Gedanken die Schrecken dieser furchtbaren Jahre. Diese kleine, dürre, kranke Frau war einmal die gut aussehende junge Mutter gewesen, die meine Schwester, meinen Bruder und mich vor zwanzig Jahren ausgesetzt hatte. Wir hätten damals auch umkommen können. Zum letzten Mal hatte ich sie gesehen, als ich ein Teenager war. An diesem schrecklichen Tag war ich ihr vor der Küche meiner Tante M. begegnet und hatte ein Messer nach ihr geworfen.

Ich konnte sie immer nur anstarren. Das also war meine Mutter. Zwanzig Jahre hatten wir uns nicht mehr gesprochen. Wie eine Welle überrollte mich der Schmerz und die Bitterkeit dieser Trennung. Warum musste das alles so kommen? Diese Jahre des Elends und des Hungers? Als Kind hätte ich zugrunde gehen oder an einer Krankheit sterben können. Sie hatte mich im Stich gelassen.

O Gott!, schrie ich in meinem Inneren, als mir plötzlich zu Bewusstsein kam, dass ich ja meine Mutter hasste. Ich dachte, ich hätte ihr längst verziehen.

Doch dann hörte ich in meinem Herzen, wie von ganz weit her aus einer anderen Welt eine sanfte Stimme: *„Nimm sie an. Durch dich hat sie mich gefunden. Sie ist deine Mutter. Sie braucht dich jetzt. Gib sie nicht auf."*

Meine Mutter brauchte wirklich Hilfe. Sie sagte mir, dass sie ganz in der Nähe wohne, aber ihr augenblicklicher Ehemann, ein Moslem, schlage sie oft. Sie fürchtete sich und hatte ständig Schmerzen. Ich versprach, mich am nächsten Tag mit ihr zu treffen. Dann ging ich wie benommen nach Hause.

Rahel schaute mich an: „Stephen, was fehlt dir?"

Ich setzte mich auf mein Bett, vergrub mein Gesicht in den Händen und fing an zu schluchzen.

„Liebling, dir geht es nicht gut. Was ist los?" Rahel war ganz aufgeregt.

„Rahel, ich ...“

„Was?"

„Rahel, meine ...“ Ich konnte nicht weiterreden. Meine Frau kniete vor mir und nahm mich in die Arme.

„Stephen, was ist los?"

„Meine Mutter."

„Deine Mutter? Was ist mit ihr?"

„Ich habe sie gefunden."

„Wie? Ist sie tot?"

„Sie kam heute Abend in die Versammlung."

„Oh, Stephen!"

Wenn ich jemals Rahel liebte, dann war es in den Wochen, die nun folgten. Obwohl sie selbst hochschwanger war, nahm meine großartige, fromme Frau meine erbarmungswürdige Mutter auf, als wäre sie die Königin von England. Sie bot ihr bei uns eine Heimat. Sie befreite sie erst einmal von ihren Läusen und Flöhen und wusch sie gründlich. Sie verbrannte ihre alten Kleider und schenkte sie neue. Sie gab sich alle Mühe, dass meine Mutter kein Bier mehr trank und bediente sie mit gutem Essen. In der Gemeinde bereitete sie die Frauen darauf vor, dass ihre Liebe und Freundlichkeit bald gefordert würden.

Bei einer solchen Behandlung ging es mit meiner Mutter schnell aufwärts. Ich begegnete ihr lächelnd und warmherzig, versuchte ihr aber im Übrigen aus dem Weg zu gehen. In ihrer Nähe fühlte ich mich nicht recht wohl. Ich wollte sie unbedingt fragen, warum sie mich ausgesetzt hatte, und wo sie geblieben war. Aber ich brachte es nicht über die Lippen. Die schmerzliche Erinnerung an das Ausgesetztwerden erstickten mir die Worte im Hals.

Sollte ich zu ihr sagen: „Mutter, erinnerst du dich noch an die Zeit, als ich sieben Jahre alt war? Du nahmst mich, meinen Bruder und meine Schwester damals mit in die Stadt und sagtest uns, wir sollten nur ein paar Minuten auf dich warten. Du bist niemals wiedergekommen. Zwanzig Jahre lang nicht. Warum, Mutter, warum? Was hat dich von uns abgehalten? Hast du uns in den folgenden Wochen, Monaten und Jahren völlig vergessen? Hast du dir jemals Gedanken über uns gemacht? Hast du dich um uns gekümmert?"

Nein, ich konnte sie nicht fragen. Das alte Gefühl des Ausgestoßenseins schmerzte mich noch zu sehr.

Nachdem meine Mutter schon einige Wochen bei uns gelebt hatte, saß ich an einem schönen, sonnigen Nachmittag draußen vor dem Haus. Wir unterhielten uns angeregt, und plötzlich kamen wir auf die Vergangenheit zu sprechen. Sie hatte immer noch Angst vor ihrem jetzigen Ehemann. „Wann hast du ihn geheiratet?", fragte ich sie ganz ohne Emotionen. Sie wich mir aus: „Es war damals, als ich von Bulawayo zurückgekommen bin."

„Bulawayo!", rief ich unwillkürlich.

„Ja."

„Was hast du da gemacht?"

„Ich war bei Freunden. Wir haben Bier gebraut."

„Bier gebraut?" Erstaunt sah ich sie an.

Sie schien jetzt etwas verwirrt und fügte leise hinzu: „Das war damals, nachdem ich ..."

Mehr sagte sie nicht. Jetzt wusste ich Bescheid. Schweigend saßen wir eine Zeit lang nebeneinander.

„Meine Mutter hat uns in den Straßen von Salisbury ausgesetzt, um in Bulawayo Bier zu brauen", sagte ich an dem Abend leise zu Rahel, als wir zu Bett gingen. Ich weinte in ihren Armen. Sie beruhigte mich, so gut sie konnte.

„Stephen, da steckt noch mehr dahinter. Denk doch mal, sie war damals fast noch ein Kind und hatte deinen Vater gar nicht heiraten wollen. Sie war selber ein Opfer. Das musst du dir immer vor Augen halten. Sie wusste nicht, wohin sie gehen sollte. Sie ist selber zu bedauern."

In späteren Jahren klärten mich Freunde, die Medizin studiert hatten, darüber auf, was es mit Depressionen auf sich hat. Dass meine Mutter mit dreizehn Jahren gezwungen worden war, einen Mann zu heiraten, den sie nicht liebte, und kurz hintereinander drei Kinder geboren hatte, könnte der Auslöser für eine schwere Depression und tiefe Verzweiflung bei ihr gewesen sein. Doch damals konnte ich meine Mutter noch nicht verstehen.

Meine innere Not legte sich auch auf meine Arbeit. Als ich an einem Abend über Vergebung predigte, wurde ich innerlich unsicher. Wie konnte ich anderen christliche Werte vermitteln, wenn ich selbst noch Hass gegen meine Mutter verspürte? Ich wollte ihr verzeihen, aber ich konnte es nicht. Diese Erkenntnis überkam mich und ließ mich fast verzweifeln. Ich fing an zu weinen. Schnell führte ich die Versammlung zu Ende und meldete mich beim Team ab.

„Patrick, es geht mir nicht gut, ich muss nach Hause gehen."

Er war sehr verständnisvoll, versuchte mich zu beruhigen und ließ mich gehen. „Ja, natürlich. Wir kommen schon durch."

Er hatte mit Rahel über mich gesprochen, und mein Schicksal bekümmerte ihn auch.

Ich floh in die Nacht hinaus und verhielt mich so, wie es viele Afrikaner tun, wenn es ihnen schlecht geht. Ich lief in den Busch und suchte dort Trost. Drei Tage lang wanderte ich in großer innerer Not in der Wildnis umher. Immer wieder fastete und betete ich. Ich schrie zu Gott, er möge mich doch von all diesen Wunden heilen, die durch die schlimmen Kindheitserfahrungen entstanden waren. Ich wollte meiner Mutter völlig vergeben und diese schreckliche Last loswerden.

„O Gott", weinte ich, „ich muss ihr vergeben. Wie kann ich jemals wieder über deine Liebe und Vergebung reden, wenn ich sie selber nicht praktiziere?"

Am dritten Tag machte ich eine seltsame und wunderbare Erfahrung. Ich spürte plötzlich, dass Gott die Last von Hass und Ablehnung von mir nahm, so wie ich es selbst nie gekonnt hätte. Die Bitterkeit wich von mir, und es kamen Gefühle des Erbarmens und Mitleids für eine arme, hilflose und „alte" Frau in mir auf. Ich sah meine Mutter aus dem Blickwinkel Gottes: Sie war eine elende, geschundene Seele. Jetzt konnte ich sie lieben. Eine innere Heilung hatte sich in mir vollzogen. Ich war nicht mehr länger das Opfer meiner Hassgefühle.

Danach kehrte ich wieder zu Rahel und meiner Mutter zurück und evangelisierte weiter bei der Dorothea-Mission. Ich hatte einen großen inneren Drang die frohe Botschaft vom Reich Gottes auszubreiten. Neben Rahel war dies für mich das Größte in der Welt.

In den späten siebziger Jahren gab es in Afrika ein starkes Gemeindewachstum. Ich reiste überall in Zentral- und Südafrika umher und stürzte mich in die Arbeit. Wir waren mit Mitarbeiterteams unterwegs, evangelisierten in Zelten, sprachen in riesengroßen Freiversammlungen und führten viele Einsätze durch. Eine tiefe Freude beseelte uns, wenn wir sahen, wie Menschen in ihrem Leben völlig verändert wurden, wenn sie die Liebe Gottes erkannten.

Diese Jahre waren auch für meine Familie eine gesegnete Zeit. Nach zwei Jahren fanden wir in Gillingham in unserer Nähe ein kleines Haus für meine Mutter. Wir brauchten mehr Platz, denn nach unserer Tochter Agnes wurden uns noch zwei weitere Kinder geboren. Als eine Nichte von mir ungewollt schwanger geworden war, nahmen wir auch dieses Kind auf. So wuchs unsere Familie schnell.

Meine Mutter machte in ihrem Glauben erstaunliche Fortschritte. Sie bewarb sich sogar bei der Soteria-Bibelschule und wurde aufgenommen. Drei Jahre lang lernte sie fleißig, und ich war sehr stolz auf sie. Dann wurde sie auch Evangelistin und arbeitete besonders unter Kindern und Frauen. Es war wunderbar mit anzusehen, wie das Leben mit Gott ihr so viel Glück und Erfüllung brachte, wo sie doch früher so viel Herzeleid erfahren musste. Mir war es eine besondere Freude, wenn ich zusammen mit ihr am Rednerpult stehen konnte. Ich war davon fasziniert, dass ich sie zum Glauben an Christus führen durfte und sie jetzt als meine geistliche Tochter vorstellen konnte. Wir erlebten glückliche und segensreiche Zeiten miteinander. Zwei Jahre lang wurde meine Mutter sogar nach Sambia abgeordnet, um dort mit dem Team der Dorothea-Mission zu arbeiten.

Es ist schon etwas Außergewöhnliches, wenn man in der gleichen Familie zwei internationale Evangelisten hat: Mutter und Sohn.

16. Wieder in Malawi

1978 luden mich Patrick Johnstone und die verantwortlichen Mitarbeiter in Südafrika zu einer Besprechung ein. Ich sollte ihnen über Malawi berichten. Sie wollten wissen, wie ich mir den Dienst der Dorothea-Mission dort vorstellen könnte.

Das Thema machte mir Freude, denn ich hatte eine Vorliebe für Malawi. Ich selbst war ein halber Malawier, und meine Frau stammte aus diesem Land. Es war meine zweite Heimat.

Das Land war viel ärmer als Simbabwe. Die politischen Spannungen behinderten zeitweilig die Ausbreitung des Evangeliums. Trotzdem arbeitete ich gerne dort. Im Laufe der Jahre hatte ich bei meinen Besuchen viele Beziehungen geknüpft. Das half mir sehr bei meiner Arbeit. Die Leute waren geistlich aufgeschlossen, und die Kirchen arbeiteten mit uns zusammen. Die Neubekehrten wurden von ihnen herzlich aufgenommen.

Die Missionsleitung fand das hervorragend. So fragte sie mich, ob ich ein Missionsteam für Malawi zusammenstellen wollte, um einen dauerhaften Stützpunkt in diesem Land aufzubauen. Dieser Vorschlag faszinierte mich. „Die Notwendigkeit ist vorhanden, und der Boden ist vorbereitet. Ich würde gerne mit einem solchen Team dort arbeiten", schwärmte ich.

„Was denkst du darüber, selbst ein solches Team aufzubauen und zu führen?"

Ich holte erst einmal tief Luft. Im Augenblick war ich sprachlos. Noch nie hatte ein Schwarzafrikaner die Leitung eines Evangelistenteams der Dorothea-Mission gehabt. Dass man mich nun darum bat, war für mich eine unvorstellbare Ehre.

Patrick schaute mich genau an. Nur er wusste, was dieses Angebot, dieses äußerste Zeichen von Vertrauen für mich bedeutete. Die Dorothea-Mission, die ihre Hauptniederlassung in Südafrika hatte, war sehr konservativ. Es war keine Frage, dass in ihren Augen nur die Weißen Verantwortungsträger sein sollten. Alles andere kam für sie nicht in Frage, wenigstens bis jetzt nicht.

Die nun folgenden Vorbereitungen und die freudige Erregung im Haus der Familie Lungu musste man mit eigenen Augen gesehen haben, um sie fassen zu können. Rahel strahlte bei dem Gedanken, in der Nähe ihrer Angehörigen wohnen und die Enkelkinder vorzeigen zu können. Auch ich freute mich. Doch als der Umzugstag näher rückte, fühlte ich mich ganz elend. Ich musste nun die Familie der Bibelschule verlassen und vor allem Patrick und Jill. Hannes Joubert hatte damals schon seine neue Arbeit in Südafrika begonnen.

Wie immer, wenn ich jemanden brauchte, der mich verstand, ging ich zu Jill.

„Du bist ein Teil unserer Familie und wirst es auch immer bleiben; aber jetzt ist es Zeit, dass du alles, was du hier gelernt hast, in deine neue Arbeit in Malawi einbringst", sagte sie.

„Ich wusste, dass du diese Aufgabe übernehmen könntest, Steve", meinte Patrick schelmisch. Er dachte dabei an all meine Einwände, die ich in den vergangenen Jahren gegen seine Pläne vorgebracht hatte.

„Aber was soll ich ohne dich anfangen?", erwiderte ich traurig.

„Du wirst deine Sache schon gut machen und deine eigenen Entscheidungen treffen. Außerdem werden wir nicht mehr lange hier bleiben."

Nach den vielen Jahren in Afrika hatten Patrick und Jill die Überzeugung gewonnen, dass Gott sie wieder nach England zurückrufen würde, um dort eine neue Arbeit zu beginnen.

„Weißt du, ich werde mir einfach vorstellen, wie du entscheiden würdest und dann entsprechend handeln", sagte ich.

Wir mussten alle lachen. Dass ich in vielem Patrick nachahmte, war in der Mission bekannt.

Doch niemand wusste besser als ich, dass Gott diesen lieben weißen Bruder mit der gewaltigen Aufgabe betraut hatte, aus mir etwas Brauchbares zu machen. Alles, was ich jemals werden oder erreichen könnte, würde ich nur seinem bewundernswerten Einsatz verdanken.

Patrick würde dies natürlich ganz anders sehen. Er würde sagen, ich hätte von Anfang an die natürliche Begabung zur Menschen-führung gehabt, und er habe mir nur geholfen, sie zu entdecken.

Jedenfalls war ich damit einverstanden, für Malawi ein neues Team aufzubauen. Doch bevor wir die neue Dorothea-Mission in Malawi einrichten konnten, mussten wir erst einmal dorthin kommen. Ein Christ in Südafrika unterstützte uns dabei großzügig. Rahel, die Kinder und ich wurden mit unserer ganzen Habe in einem VW-Käfer verstaut. So machten wir uns auf den Weg nach Malawi.

Wir richteten unseren Stützpunkt in Blantyre ein, und zwar im Haus von Rahels Mutter. Ihr Vater war schon vor längerer Zeit verstorben. Wir erhielten ein Zimmer, in dem ein Bett stand. Hier mussten unsere Habseligkeiten und die Kinder ihren Platz finden. Einige von ihnen schliefen bei uns im Ehebett und die Kleinen unter dem Bett.

Ich hatte Verbindung mit vielen Christen in Malawi. Als Erstes musste ich ihnen deutlich machen, dass ich hierher gekommen war, um hier zu bleiben.

Ich wurde eingeladen, in vielen Kirchen und Gemeinden zu predigen. Ich erklärte ihnen, dass die Dorothea-Mission ihre Aufgabe darin sah, die örtlichen Gemeinden zu unterstützen. Sie wollte evangelisieren und so durch Missionseinsätze und Versammlungen auf Märkten, in Fabriken und Schulen das Gemeindewachstum fördern. Wir hatten niemals die Absicht, eigene Gemeinden zu gründen, sondern wollten die Neubekehrten den örtlichen Gemeinden zuführen.

Die Christen in Malawi waren großartige Leute. Sie nahmen mich überall freundlich auf und versprachen, mich finanziell zu unterstützen und Seelsorgehelfer zur Verfügung zu stellen. Einige machten schon Termine für kommende Einsätze fest, und bevor ich mich recht versah, war die Arbeit schon im Gange.

Ich hatte besondere Freude an den Missionseinsätzen, zu denen siebentausend bis hunderttausend Menschen kamen. Von unserem Heimatort in Blantyre war die Arbeit viel leichter durchzuführen, als wenn wir noch in Salisbury gewohnt hätten.

Als die Regenzeit begann und Versammlungen im Freien nicht mehr möglich waren, suchten Rahel und ich nach anderen Möglichkeiten der Verkündigung in unserer näheren häuslichen Umgebung. Wenn die Christen in den Vororten um Blantyre Hausbibelkreise einrichteten, luden sie Rahel und mich dazu ein. Wir nahmen ihre Einladung voller Freude an. Viele Leute kamen aus Neugierde und hörten es gern, wenn wir von unseren Erfahrungen berichteten.

Die Kreise wuchsen schnell. Deshalb stellten wir eine Regel auf: Nicht mehr als 20 Personen sollten zu einem Hauskreis gehören. Wenn diese Zahl erreicht war, musste die Gruppe geteilt werden und sich in einem anderen Stadtteil treffen. Innerhalb von wenigen Monaten schossen diese Hauskreise wie Pilze aus dem Boden. Hunderte von Christen und interessierten Nichtchristen wurden angezogen.

Natürlich hat es auch in der Regenzeit nicht ununterbrochen Wasser vom Himmel geschüttet. Zwischendurch konnte man auch einmal nach draußen gehen und etwas frische Luft atmen. Das führte uns ganz zufällig zu einer neuen Form der Evangelisation. Es ergaben sich Familienversammlungen im Freien, die damit begannen, dass unser Hausbibelkreis eines Abends draußen vor der Tür saß und Lieder sang. Zu unserem Erstaunen lockte der Gesang die Menschen aus ihren Häusern. Sie wollten sehen, was da los war, denn in der Regenzeit war es ihnen ohnehin langweilig.

Bald standen eine Reihe von Leuten zusammen und warteten darauf, dass etwas geschehen sollte. Ich konnte es nicht lassen, stand einfach auf und erzählte, warum ich mit solcher Freude meine Lieder sang. Daraufhin kamen einige Leute zum Glauben. Das Team der Dorothea-Mission beschloss daraufhin ganz erfreut, diesen missionarischen Einsatz von Haus zu Haus in ihr Programm aufzunehmen und ihn auch weiterzuempfehlen. Es war eine Evangelisation im engsten Rahmen von Familienzusammenkünften.

Wir erlebten drei glückliche Jahre, in denen wir überall in Malawi und Rhodesien missionarische Einsätze durchführten.

Rhodesien war im Jahr 1980 in Simbabwe umbenannt worden.

Wir freuten uns, wenn wir von der Dorothea-Mission Besuch erhielten und informierten gern über den Fortgang unserer Arbeit. Die verschiedensten Menschen kamen bei uns zum Glauben: von einfachen Leuten bis hin zum Bankier. Sogar ein Fußballkommentator der Rundfunkgesellschaft in Malawi fand zu Jesus.

Dank der großzügigen Unterstützung der Christen am Ort konnte ich bald zwei weitere Mitarbeiter einstellen und für sie zwei kleine Häuser erwerben. Rahel und ich waren so daran gewöhnt mit den Kindern in einem Raum zu wohnen, dass wir gar nicht daran dachten umzuziehen. Manchmal kam mir schon der Gedanke. Dann aber dachte ich: *Ich bin damit zufrieden, mit Wenigem auszukommen, und möchte auch nicht besser wohnen als meine Mitarbeiter.*

Doch mittlerweile war uns noch ein Kind geschenkt worden, und sieben Leute in einem Zimmer waren wohl doch ein bisschen viel.

Im späten Frühjahr 1981 wurde in Malawi eine Keswick-Konferenz abgehalten, bei der Tausende von Christen zusammenkamen. Ich liebte große Veranstaltungen und freute mich auf die Gastredner.

Ich war davon begeistert, dass man mich gebeten hatte, für Michael Cassidy aus Südafrika zu übersetzen. Jeder kannte ihn. Er war der Gründer von „African Enterprise". Dagegen war die Dorothea-Mission ein kleines Unternehmen. African Enterprise hatte enorm große Geldquellen im Vergleich zu uns. Sie wurden nämlich von einigen tausend Christen in Amerika, Kanada, Australien und Neuseeland unterstützt.

Der Organisator der Konferenz dankte mir für meine Bereitschaft: „Wissen Sie, Herr Cassidy sucht jemanden, der absolut flüssig Englisch spricht und ein Gespür für Sprache hat." Ich unterdrückte ein Lächeln. Das hätte Patrick hören müssen.

Der Abend kam, und ich stand auf dem Podium neben Michael Cassidy. Er fing an zu predigen. Sehr schnell merkte ich, dass dieser Mann ein Genie war. Ich konnte mich sehr gut auf seine eindringliche, zu Herzen gehende Sprache einstellen. Durch meine Stimme klang die gleiche Leidenschaft, Seelen zu gewinnen. Ohne es zu merken, wedelte ich bald emphatisch mit den Armen. Wir gaben eine gewaltige Botschaft weiter und harmonierten in unserer Predigtweise miteinander. Trotzdem war er erstaunt, dass der Übersetzer seine eigene Note einbrachte. Hinterher kam er zu mir mit einem freundlichen Lächeln und stellte fest: „Wie ich sehe, sind Sie ein Evangelist."

Wir unterhielten uns ein wenig, und dann wollte er das nationale Hauptquartier der Dorothea-Mission in Malawi sehen.

Das brachte mich in eine ziemlich peinliche Situation; aber ich fuhr mit ihm zum Haus meiner Schwiegermutter. Dort erklärte ich ihm, dass das Hauptquartier aus einem Zimmer bestünde, das außerdem noch als Wohnung für meine Kinder, meine Frau und mich diente. Wir hätten sicher mehr Ruhe, wenn wir im Auto blieben. Michael Cassidy war zunächst etwas verwirrt, wollte dann aber mehr wissen. Er fragte mich eingehend nach der Mission und nach meinem Werdegang. „Wie bist du selbst Christ geworden?", wollte er wissen. So saßen wir dicht beieinander in einem kleinen VW Käfer draußen vor dem Haus, und ich berichtete ihm mit einer gewissen Scheu von meiner Vergangenheit. Dieser Mann hatte immerhin an der Universität in Cambridge studiert.

Als ich mit Erzählen fertig war, saß er eine Weile still da und wischte sich einige Tränen aus den Augen. „Bruder, wie weit bist du jetzt mit deiner Botschaft vorgedrungen?"

So genau hatte ich noch nicht darüber nachgedacht. Ich hatte nur die Gegenden aufgeschrieben, wo ich gepredigt hatte: Südafrika, Sambia, Mosambik, Malawi und natürlich Simbabwe. Zusammenfassend könnte man sagen: Zentral- und Südafrika.

Michael Cassidy schüttelte den Kopf. „Nein, nein. So weit ist das alles ganz gut. Aber hör, Bruder, du könntest mit deiner Botschaft noch viel weiter vordringen. Vielleicht kann dir African Enterprise einen Weg für einen weltweiten Dienst bahnen."

Bot er mir einen neuen Job an? Ich schluckte. Das war wohl eine Nummer zu groß für mich. Ehe er weitere Vorschläge machte, wollte ich ihm erst einmal die unangenehmen Dinge mitteilen. „Mr. Cassidy ...“

„Nenn mich Michael“, unterbrach er mich.

„Michael, in meiner Kindheit habe ich nur ganze vier Monate die Schule besucht. Die Missionare der Dorothea-Mission mussten sich viel Mühe mit mir geben, dass ich Lesen und Schreiben lernte. Nur so habe ich es bis hierher gebracht. Aber ich habe nicht die nötige Ausbildung, um über diesen Teil Afrikas hinaus meinen Dienst zu tun.“

Davon war ich überzeugt. Der bloße Gedanke daran ließ mich schon erzittern. Ich war froh, dass Patrick nicht da war, um mich aus meiner Tiefe herauszuholen.

Michael Cassidy fuhr dann fort: „Aber Gott kann dein Zeugnis auch auf internationaler Ebene gebrauchen. African Enterprise kann dir dabei in jeder Weise behilflich sein.“

Ich war zunächst noch ganz verwirrt. „Gib mir Zeit darüber zu beten. Ich müsste es auch noch mit meiner Frau besprechen.“

Michael Cassidy gab mir seine Visitenkarte. „Schreib mir, wenn du es dir überlegt hast und du zu einer Entscheidung gekommen bist.“

Am nächsten Tag reiste er ab. Ich blieb zurück, und viele neue Ideen gingen mir durch den Kopf. Ich war sehr unruhig. Trotzdem dauerte es einige Tage, bis ich mit meiner Frau darüber sprechen konnte.

Wie stellte ich mir meine Zukunft vor? Würde es für mich eine wesentliche Veränderung bedeuten?

Die Unruhe wuchs, bis ich schließlich mit meiner Frau darüber sprach. Sie war viel ausgeglichener als ich.

„Unsere Arbeit hier geht gut voran. Darüber freue ich mich. Ich bin jetzt fast vierzig Jahre, aber ich spüre eine innere Unruhe. Die neue Arbeit hat die gleichen Ziele. Ich würde für die Gemeinden evangelisieren. Aber ich hätte ganz andere Mittel und einen stärkeren Rückhalt.“

Während ich das sagte, war mir klar, dass ich mich nach einer Veränderung sehnte.

Ich suchte neue Ziele. Es reizte mich, noch einmal neue Mitarbeiter kennen zu lernen und eine solche Gemeinschaft zu erleben, wie ich sie mit Patrick Johnstone gehabt hatte. Wie würde er wohl darüber denken?

In der neuen Missionsarbeit hätten wir dann auch ein regelmäßiges Gehalt und ein kleines Haus.

Der Gedanke an ein neues Haus faszinierte mich.

Ich hatte erwartet, dass dieser Gedanke auch für Rahel verlockend wäre und sie mit Begeisterung dem großartigen Angebot von Michael Cassidy zustimmen würde. Stattdessen sagte sie: „Willst du die Dorothea-Mission verlassen nach all dem, was sie für dich getan hat? Deine eigene Mutter hat jetzt die Bibelschule Soteria abgeschlossen und ist Kinderevangelistin. Das kannst du doch nicht tun."

Sie hielt meine Pläne für unmöglich. „Ich bin bereit, bis an mein Lebensende bei der Dorothea-Mission zu bleiben", sagte meine Frau ruhig und bestimmt.

Ich war am Boden zerschmettert und schlich mich davon. Dass die Dinge eine solche Entwicklung genommen hatten, musste ich erst mal Gott unterbreiten.

„Lieber Herr, Rahel hat nein gesagt. Was soll ich jetzt tun? Ohne ihre Zustimmung kann ich nichts entscheiden. Wenn du willst, dass wir eine neue Aufgabe anfangen und von hier wegziehen, musst du mit ihr reden." Damit ruhte der Plan zunächst. Ich schrieb aber noch an Patrick.

Zu meiner Überraschung und großen Erleichterung ermutigte er mich, auf die neue Aufgabe zuzugehen. Ich würde die Dorothea-Mission ja nicht aus fadenscheinigen oder abwegigen Gründen verlassen. Doch Rahel wollte auf keinen Fall fortziehen.

Wochen und Monate vergingen. Wir führten viele Einsätze durch, und ich war oft unterwegs. Als ich eines Abends nach Hause kam, empfing mich Rahel schon an der Tür. „Stephen, wir müssen umziehen."

„Was?" Hatte ihre Mutter uns aus dem Haus geworfen?

„Wir müssen bei African Enterprise mitarbeiten."

Ich stand da und war ganz benommen. Ich staunte nicht zum ersten Mal darüber, dass Frauen die Gewohnheit haben, ernste Fragen anzuschneiden, wenn der Ehemann gerade zur Tür hereingestürmt kommt.

Doch die Sache war ihr und mir sehr wichtig, und so versuchte ich auf ihre Entscheidung einzugehen. „Warum? Wie kam es, dass du deine Meinung geändert hast?" Müde ließ ich mich auf einen Stuhl nieder und nahm dankbar das kalte Getränk, das die Kinder mir brachten.

„Es war gar nichts Besonderes. Ich weiß nur, dass wir gehen müssen." Alle meine Bemühungen, einen vernünftigen Grund dafür zu erfahren, waren vergeblich. Wie Rahel damals gegen meinen Plan war, so war sie jetzt dafür.

Dann trat noch ein Ereignis ein. Ich war zu einem Gottesdienst in Blantyre gegangen, und die Predigt war kurz und enttäuschend gewesen. Der Pastor sagte, dass Gott und das ewige Leben für uns ein großes Geheimnis wären. Es sei eine Anmaßung von Heilsgewissheit zu sprechen. Wir müssen weiter im Gespräch mit Gott bleiben und würden dann eines Tages vielleicht das Heil erreichen.

Diesem Gedanken konnte ich so nicht zustimmen. Ich bin dankbar, dass Sadrach mir damals gesagt hat, ich könne Gott wirklich finden. Wenn er mich mit einem ungewissen Suchen vertröstet hätte, wären in dieser Nacht bestimmt Benzinbomben geflogen. Die wunderbare Tatsache, dass Jesus für mich gestorben und auferstanden ist, und dass ich seiner Liebe und Vergebung für alle Ewigkeit gewiss sein kann, hat mir damals die Kraft gegeben auf dem Marktplatz meine erste Predigt zu halten.

In dieser inneren Not griff ich zu meiner Bibel. Als ich sie aufschlug, fiel mein Blick auf das Kapitel 55 des Propheten Jesaja. Dort las ich: „Ihr sollt Menschen aus anderen Völkern zu euch rufen, die ihr nicht kennt."

Fast hätte ich die Bibel fallen lassen, so traf mich dieses Wort. Man hatte mich immer gelehrt, meinen Glauben zu leben, indem ich täglich still die Bibel las. Ich sollte nicht irgendwelche Verse wie Rosinen aus dem Kuchen picken. Doch jetzt war es anders. Ich war mir absolut sicher, dass dieses Wort jetzt für mich bestimmt war.

„Lieber Herr", betete ich, „was sind das für Völker, die ich nicht kenne?"

African Enterprise kam mir in den Sinn. Der Kopf schwirrte mir, und ich hörte nicht weiter auf die Predigt. Der Pastor muss dann irgendwie zu Ende gekommen sein, denn die Leute fingen an zu singen. Ich durchlebte eine schlaflose, aufgeregte Nacht.

Rahel und ich lagen wach und unterhielten uns leise. Unsere Kinder schliefen zwischen uns. In dem schwachen Kerzenlicht strahlte Rahels glückliches Gesicht.

Am nächsten Tag schrieb ich einen Brief an Michael Cassidy. Ich erhielt sofort Antwort und wurde gebeten, im Januar 1982 nach Nairobi zu kommen. Ich sollte mich dort einem internationalen Missionsgremium vorstellen, das einen neuen Evangelisten suchte. Ein Flugticket war beigelegt. Michael Cassidy machte immer ganze Sache.

Als ich dort ankam, war ich zunächst schockiert. Es gab noch einen weiteren Kandidaten. Er war Ghanese und hatte eine hervorragende Ausbildung genossen. Das erfuhr ich von ihm selbst, als wir zusammen auf unser Vorstellungsgespräch warteten. Wenn ich an meine eigene Vergangenheit dachte, umschlich mich ein banges Gefühl in meiner Brust. Dieser Mann war mir weit überlegen. Panische Angst überfiel mich, dass ich mich doch zu weit vorgewagt hätte. Warum ließen sie mich hierher fliegen, damit ich dann diese demütigende Erfahrung machen musste? Mein Optimismus schwand, und ich fühlte mich ganz elend. Meine Unfähigkeit stand mir qualvoll vor Augen. Ich saß da und spielte mit einem kleinen Tischtennisball. Am liebsten wäre ich sofort wieder nach Hause geflogen.

Stephen Mungoma, ein Evangelist aus Nairobi, entdeckte mich, als ich zusammengekauert in der Ecke saß. Er gab sich alle Mühe, mich zu beruhigen: „Bruder, Gott hat dich hierher gebracht, nun solltest du alles andere ihm und dem Missionskomitee überlassen."

Das Vorstellungsgespräch mit dem Mann aus Ghana dauerte endlos. Ich brütete währenddessen vor mich hin. Dann wurde ich aufgerufen. Ich habe mich noch niemals so entmutigt gefühlt wie in dieser Situation. Heiser und zitternd stand ich vor den Herren. Es waren die internationalen Vertreter von African-Enterprise. Wie sollte ich *sie* überzeugen, dass ich der geeignete Mann für ihre Aufgabe war, da ich mich selbst so unfähig fühlte? Dass mich Michael Cassidy herzlich begrüßte, war der einzige Hoffnungsschimmer. Nachdem sie einige Fragen gestellt hatten, wollten sie mein Zeugnis hören. Hier hatte ich wieder festen Boden unter den Füßen und konnte einfach reden, so wie es mir ums Herz war. Zum Schluss stellten sie noch einige Fragen im Hinblick auf meinen gegenwärtigen Dienst.

Dann saß ich wieder draußen mit meinem Tischtennisball in der Hand, bis Bertha Graham, ein Mitglied des Südafrikateams, uns die Briefe mit der Entscheidung des Komitees überreichte. Der Mann aus Ghana öffnete seinen Brief und las: „Bitte bewerben Sie sich zu einem späteren Termin noch einmal."

Das war genug. Jetzt brauchte ich meinen Brief gar nicht erst zu öffnen. Ich wollte nur fort und begab mich so schnell wie möglich zum Flugplatz, wo ich die nächste Maschine nach Malawi nahm.

Ich wollte schnell nach Hause, denn ich musste mich bei Rahel entschuldigen. Meine liebe Frau hatte mit ihrer ersten Antwort recht gehabt. Unsere Zukunft lag bei der Dorothea-Mission. Es war verrückt von mir, andere Pläne zu haben.

„Nun, wie war es?", fragte Rahel sofort an der Tür. Traurig gab ich ihr einen Kuss.

„Nein."

„Nein?"

„Das Komitee trifft die Entscheidungen, nicht nur Michael Cassidy. Sie legen strenge Maßstäbe an. Sie haben sogar einen Mann mit einer ausgezeichneten Ausbildung abgelehnt."

Aus Rahels Blick entnahm ich, dass ich jetzt nicht wieder über meine mangelhafte Schulbildung reden sollte. Sie sagte nur zu mir: „Sie haben dich doch eingeladen. Warum haben sie dich abgelehnt? Wie haben sie das begründet?"

Ich warf den noch ungeöffneten Brief auf den Tisch. „Da drin steht alles."

„Aber du hast ihn ja noch gar nicht geöffnet?"

„Nein", erwiderte ich. Sie schaute mich an. „Du weißt, dass ich solche Enttäuschungen nicht leicht verkrafte. Ich muss jetzt in die Stadt fahren und noch einige Besorgungen machen."

Als ich nach Stunden zurückkam, wartete Rahel schon ungeduldig auf mich. Sie hielt den geöffneten Brief in der Hand und lief schnell zum Auto. „Du bist angenommen, mein Dummerchen!"

„Was?"

„Es steht hier in dem Brief." Sie legte ihn mir in meine zitternden Hände. Ich setzte mich hin und las die herzlichen Worte wieder und wieder: „Das internationale Komitee hat die Freude, Ihnen eine Stelle im Team der African Enterprise anzubieten. Sie werden zwei Jahre an einer Orientierungsphase in Harare teilnehmen und dann nach Malawi zurückkehren, wo Sie eine schon begonnene Arbeit weiterführen sollen."

Wellen der Freude überkamen mich. Ich konnte es nicht glauben.

„Ihr sollt Menschen aus anderen Völkern zu euch rufen, die ihr nicht kennt."

Gottes Verheißung sollte in meinem Leben wahr werden.

Trotzdem fiel es mir schwer, mich von der Dorothea-Mission zu verabschieden. Ich kündigte neun Monate im Voraus, damit sie Zeit hatten, einen neuen Leiter für das Team in Malawi einzuarbeiten.

Die Missionsleitung war entsetzt, als sie von meinem Entschluss hörte und ließ sogar Hannes Joubert aus Südafrika einfliegen. Er sollte mich noch umstimmen. Ich begrüßte meinen alten Freund und Mitarbeiter herzlich. Aber ich sagte ihm auch, dass ich meine Entscheidung getroffen hätte. Als er das einsah, beteten wir gemeinsam. Er wünschte mir gutes Gelingen.

17. African Enterprise

Nach 19 glücklichen Jahren bei der Dorothea-Mission übernahm ich im Mai 1982 meine Aufgabe bei African Enterprise. Damit begann eine neue Ära für mich. Ich war gespannt, wie mein Dienst mit einer noch größeren Verantwortung aussehen würde. Nachdem die Nachricht von meinem Weggang auf Patrick und Jill am Anfang wie ein Schock gewirkt hatte, freuten sie sich jetzt doch für uns. Ich fuhr nach Harare, um alles für die Ankunft meiner Familie vorzubereiten. Rahel und die Kinder packten unseren bescheidenen Hausrat zusammen und verabschiedeten sich von Freunden und Familienangehörigen.

Als ich in dem hellen und geräumigen Verwaltungsgebäude in Harare angekommen war, bat mich der Leiter des Teams, Chris Sewell, zu einem Gespräch in sein Büro.

Zuerst fragte er mich, ob ich schon ein Haus gefunden hätte. Ich teilte ihm mit, dass ich zwei Tage lang in verschiedenen Vorstädten gesucht hätte. „Es ist sehr schwierig, etwas Geeignetes zu finden, da ich ja auch an Rahel und die Kinder denken muss."

Chris Sewell schaute mich erstaunt an. „Stephen, warum suchst du nach Häusern in den Vororten?"

„Nun, wohin sollte ich denn sonst gehen?" Ich war ein Schwarzer und hatte immer in dem Vorort Highfield gelebt.

Doch Chris sagte: „Stephen, wir kennen bei uns hier keine Rassentrennung. Du wirst in einem Haus wohnen, das African Enterprise gehören wird. Es wird in einem Viertel liegen, in dem vor allen Dingen Weiße wohnen."

Ich stand wie vom Blitz getroffen da. Das war doch unmöglich. Schwarze lebten doch nur in den Vierteln der Schwarzen.

„Diese Zeiten sind vorbei. Du bist jetzt ein Evangelist von African Enterprise und kannst auch eine Dienstwohnung beanspruchen."

Chris winkte seinen Sekretär herbei und gab ihm den Auftrag, sofort die Anzeigen der Immobilienmakler durchzusehen und ein passendes Haus für mich zu kaufen. Als sie mir unsere neue Bleibe zeigten, traute ich meinen Augen nicht. Es war ein wunderbarer Bungalow mit einem großen Garten in der Vorstadt Eastlea, die früher nur von Weißen bewohnt war. Die Weißen hätten es nur als einen netten, kleinen Bungalow mit einem schönen Garten angesehen. In meinen Augen jedoch hatte er so viel Raum, Luft und Licht, wie ich es mir nie hätte träumen lassen. Ich war es bisher gewohnt gewesen, mit meiner Frau und den fünf Kindern in einem Zimmer zu leben.

Ich ging um mein neues Haus herum. Es erschien mir wie ein riesiger Palast. Ich musste vor Freude laut lachen. In diesem Moment erinnerte ich mich daran, wie ich vor dreißig Jahren als kleiner Junge in zerschlissener Kleidung diese Gegenden durchstreift hatte. Mein Ziel waren die Mülltonnen gewesen, und wenn mir ein schwarzer Diener begegnet war, starrte ich ihn ehrfürchtig an. Hatte ich vielleicht aus der Mülltonne dieses Hauses auch schon einmal etwas herausgesucht und gegessen?

Oder hatte ich über den Zaun geschaut und die Hausdiener wegen ihrer sauberen Kleidung und ihres guten Essens beneidet? Als Mitglied meiner Bande hatte ich davon geträumt, ein solches Haus zu besitzen, wenn die Nationalisten einmal an der Regierung sein würden. Nun war ich der Bewohner eines solchen Hauses.

Ich wurde an die Verse aus Matthäus 6, 33 erinnert: „Gebt nur Gott und seiner Sache den ersten Platz in eurem Leben, so wird er euch auch alles geben, was ihr nötig habt."

Tränen traten mir in die Augen. Ich war Gott so unendlich dankbar. Jetzt wurde das Leben für mich leichter. Christen aus aller Welt hatten sich großzügig bereit erklärt, die Mission in Afrika zu unterstützen.

Da mir der Schalk schon immer im Nacken saß, wollte ich meiner Familie einen Streich spielen und sie überraschen. Als sie nach einem Monat in Harare ankamen, sagte ich: „Ja, Kinder, wir haben ein Haus. Es hat ein Zimmer, das genauso groß ist wie in Malawi. Ich bringe euch jetzt dorthin, aber unterwegs müssen wir noch einen weißen Freund besuchen." Ich fuhr sie zu dem Haus.

„Oh Stephen, der Besitzer muss sehr wohlhabend sein", meinte Rahel mit einer etwas müden Stimme, als sie sich das Haus anschaute. „Aber es ist ja niemand zu Hause."

„Wir wollen trotzdem hineingehen."

„O Stephen, ist das ratsam?" Rahel war sehr vorsichtig. Aber die Kinder waren so neugierig, dass sie dann doch nachgab. Ich schloss die Haustür auf, und alle sechs kamen hinter mir hergetrippelt.

„O, das ist ja herrlich!" Die Kinder machten große Augen. Ehrfürchtig bestaunte Rahel das bequeme Sofa, den Tisch und die wunderschönen Vorhänge. „Gebt Acht, ihr Kleinen, dass ihr nichts anfasst", rief sie den Kindern zu.

Jetzt konnte ich nicht länger an mich halten. Ich nahm meine Frau in die Arme und rief laut: „Das gehört alles uns! Seid willkommen in unserem neuen Haus!"

Laute Freude und Staunen brach in der Familie Lungu aus. Rahel ging auf Zehenspitzen durchs ganze Haus und hatte Freudentränen in den Augen. Die Kinder quietschten vergnügt, wenn sie daran dachten, dass sie in eigenen Betten schlafen konnten und nicht mehr in Decken gewickelt unter unsere Schlafstätte geschoben würden.

Nachdem sich meine Familie gut eingerichtet hatte, begann ich meine Arbeit als Evangelist bei African Enterprise. Der Teamleiter, Chris Sewell, hieß mich in Harare herzlich willkommen und gab mir einen eigenen Schreibtisch im Büro der Mission. Ich gehörte zu einem Team von drei hauptamtlichen Evangelisten.

Es war schön, mit anderen zusammenzuarbeiten und einen Stab von treuen Mitarbeitern zu meiner Unterstützung hinter mir zu wissen. Das war ein gutes Fundament, auf dem ich Gottes Reich bauen konnte. Die Voraussetzungen stimmten.

Chris Sewell, der Leiter unseres Teams, und ich entdeckten bald, dass wir uns früher schon einmal begegnet waren, allerdings unter ganz anderen Umständen. Damals waren wir beide noch keine Christen.

Wir stießen zufällig darauf, während wir mit einem anderen Verantwortlichen von African Enterprise, einem Kanadier mit

Namen Dave Richardson, nach Mutare zu einem Einsatz fuhren. Da die Fahrt sich sehr lange hinzog, schlug Dave vor, dass jeder aus seinem Leben erzählen sollte, damit wir uns besser kennen lernten. Chris und ich fingen an. Wir erwähnten, dass wir in gefährliche Situationen geraten waren und doch noch mit dem Leben davongekommen sind. Beiläufig erzählte ich auch, dass ich und einige Mitglieder der politischen Jugendorganisation den früheren Premierminister von Rhodesien, Sir Edgar Whitehead, mit Steinen beworfen hatten. Es war während einer politischen Versammlung in der Cyril-Jennings-Halle. Dabei wären wir beinahe erschossen worden.

Erstaunt drehte sich Chris zu mir um. „Was! Warst du damals dabei?"

„Ja. Du etwa auch?"

„Ich war einer der Sicherheitsbeamten. Vielleicht habe ich sogar mit Tränengas nach dir geschossen." Später erfuhr ich, dass Chris in der Tat Kriminaloberinspektor bei der Polizei in Rhodesien gewesen war.

„Ja, das ist schon möglich. Die Sicherheitsbeamten schossen mit Tränengas nach uns. Beinahe hättest du mich getroffen. Vielleicht kam der Schuss auch von einem anderen. Ich kann mich noch heute gut an den ätzenden Geruch erinnern. Es hat mich zum Husten gereizt." Wir schauten uns an und konnten nur staunen, wie sich das Leben für uns beide geändert hatte.

Ob es nun dieses Erlebnis war oder einfach die freundliche Art, wie Chris mit mir umging, jedenfalls passte ich in das Team. Ich übernahm die Art der Evangelisation wie sie bei African Enterprise üblich war, und fühlte mich wie eine Gazelle auf freiem, weitem Feld. Ich hatte ein großes Betätigungsgebiet. Um kleine Dinge wie Stühle stellen, Zelt und Anlagen aufbauen, brauchte ich mich nicht mehr zu kümmern. Dafür sorgte jetzt ein hervorragend organisiertes Team. Stattdessen hatte ich jetzt viel Zeit, meine Predigten vorzubereiten.

Wir führten ständig Missionseinsätze durch, und bald arbeitete ich zusammen mit anderen Evangelisten in Simbabwe, Mosambik, Swasiland, Malawi und Sambia. Es war eine Freude mit anderen Christen zusammenzuarbeiten, die auch aus schwierigen Verhältnissen kamen und dann von Gott in diese wunderbare Arbeit gerufen worden waren. Wir standen immer in Verbindung mit den Gemeinden und predigten in Schulen, Fabriken, auf Märkten und anderen öffentlichen Plätzen. So wollten wir Menschen mit dem Evangelium erreichen, die es sonst nie gehört hätten. Da uns immer bewusst war, wie unser Leben ohne Christus verlaufen wäre, hatten wir den starken inneren Drang, auch andere vor so einem unglücklichen Lebensschicksal zu bewahren.

Ein Höhepunkt in dieser Zeit waren für mich die Gelegenheiten, bei denen ich in den Goldminen von Südafrika und Simbabwe predigen konnte. Da mein Vater selber in einer Goldmine gearbeitet hatte, wollte ich seine Wirkungsstätte einmal kennen lernen. Unser Team hatte eine einfache Strategie ausgearbeitet. Wir sprachen den Direktor der Mine an und stellten ihm höflich die Frage: „Hätten Sie etwas dagegen, wenn wir in Ihrem Werk predigen würden?"

Fast immer war die Leitung erstaunt und hatte Bedenken, schließlich aber wollte sie sich freundlich zeigen und meinte: „Einverstanden. Mit welchen unserer Leute möchten Sie denn sprechen?"

„Mit allen." Die Chefs zogen zunächst ihre Augenbrauen hoch, meinten dann jedoch: Wenn wir diese Mühe auf uns nehmen wollten, sei das unser Problem. Es wurde uns erlaubt, mit dem Förderkorb ins Bergwerk hinunterzufahren und dort während der Frühstückspause zu den Arbeitern zu sprechen.

Wir begannen damit, dass wir zunächst ein freundliches Gespräch mit ihnen anknüpften. Wir zeigten Interesse an ihrer Arbeit und baten sie, uns im Stollen herumzuführen. Wir erwähnten, dass das hier sehr tief unter der Erde sei und dass man sich hier auf Dauer nicht niederlassen und ein Haus bauen würde. Daraufhin lachten die Männer. Wenn wir so einen Draht zu ihnen bekommen hatten, fügten wir noch hinzu, dass wir Christen seien.

Dann erklärten wir ihnen das Evangelium so, dass sie es verstehen konnten: Wenn ein Mensch von Gott getrennt ist, befindet er sich in der gleichen Lage wie jemand, der tief unten in einer kalten, dunklen Mine lebt. Er spürt keine Wärme und Liebe und kann die Sonne nie sehen. Das ist ein ganz unnatürlicher Zustand. Aber Gott will nicht, dass wir ständig in der Dunkelheit leben, sondern will uns eine himmlische Behausung voller Licht und Wärme geben.

Unsere Verkündigung endete damit, dass wir ihnen anboten, mit jedem zu beten, der in das Haus des himmlischen Vaters kommen möchte. Am Schluss wiesen wir noch auf unsere Zeltversammlungen hin, die oft in der Nähe ihres Fußballfeldes oder einer ähnlichen Stelle stattfanden.

Nach ihrer Schicht kamen viele Männer aus Neugier zu uns. Eine Reihe von ihnen blieb auch zu den Versammlungen. Manche von ihnen begriffen etwas von der Liebe Gottes, die auch den Bergleuten galt, und begannen ein Leben mit Christus.

Diese wunderbare Arbeit bei den Bergleuten hatte nur einen Haken. Die Arbeit unter Tage ging rund um die Uhr, und in unserer Begeisterung ließen wir uns leicht mitreißen. Nach einem langen Tag und einer Zeltversammlung am Abend wollte ich unbedingt wieder in das Bergwerk hinunter, um mit den Männern der Nachtschicht zu reden. Wenn es dann ein Uhr war, wurde ich sehr müde und merkte plötzlich, dass ich mich noch einige hundert Meter tief in einem Bergwerksschacht befand.

Wir überlegten deshalb, wie wir noch andere Möglichkeiten ausfindig machen könnten, um mit diesen Abeitern Kontakt zu halten, die sonst nie etwas vom Evangelium hören würden. Es kam uns der Gedanke, Fußballspiele zu besuchen und mit den Zuschauern am Rande des Feldes Gespräche zu führen, wenn das Spiel gerade einmal etwas ruhiger verlief. Auf diese Weise kam ich in die außergewöhnliche Lage, Eintrittskarten für Spiele zu kaufen, die mich gar nicht interessierten. Ich suchte doch bloß den Kontakt mit Besuchern, denen es auch langweilig auf dem Platz war, bot ihnen christliche Literatur an und sprach mit allen, die mir zuhören wollten, über Jesus.

Einige Monate lang ging alles gut, bis ich im August 1982 bei einem Dienst in Mutare in Simbabwe eingesetzt war. Die Evangelisation dauerte sehr lange, und es kamen sogar Mitarbeiter unserer Missionsgesellschaft aus den USA, um unsere Arbeitsweise kennen zu lernen. Anscheinend waren sie auch an mir interessiert; denn plötzlich erfuhr ich, dass sie mich zu einer Vortragsreise in die Vereinigten Staaten einladen wollten.

Ich war sehr erschrocken. Zu Michael Cassidy sagte ich: „Ich habe beobachtet, wie die Amerikaner in Simbabwe arbeiten. Dieser Einsatz wäre eine Schuhnummer zu groß für mich!"

Michael lachte und meinte, ich solle ihm die Entscheidung überlassen. Das sei seine Sorge. Im Stillen hoffte ich, dass er über all seiner Arbeit die Vortragsreise vergessen würde.

Aber dann fand ich eines Morgens im Oktober 1982 auf meinem Schreibtisch folgendes Telex von Michael Cassidy: „Bin zu einem Einsatz im Sudan. Komm her zum Mitarbeiten." Chris Sewell lachte nur und sagte: „Los, mach dich schnell auf den Weg dorthin."

Ich war sehr überrascht und meinte: „*Du* bist der Leiter der Evangelisationsabteilung. Eigentlich solltest du dorthin gehen."

Chris sagte nur in seiner freundlichen Art: „Michael will aber, dass *du* kommst. Bisher hast du nur bei der Evangelisation in Mutare übersetzt. Sonst hatte er noch keine Gelegenheit, mit dir zusammenzuarbeiten. Pack also deine Sachen und geh!"

Rahel war ganz begeistert. Sie gab sich alle Mühe, mir meine Ängste zu nehmen. Ich packte meine Koffer und beschaffte mir bei den Behörden die Papiere. Ich brauchte Visa, Pässe und Fahrkarten. Der Papierkrieg nahm gar kein Ende mehr. Es wurde mir Angst und Bange, als ich sah, wie viele Stempel aufgedrückt wurden. Es war nämlich meine erste Vortragsreise, bei der ich über die Grenzen der mir schon bekannten Länder hinauskam. Ich arbeitete sehr eng mit Michael Cassidy zusammen. Er war ein international bekannter und angesehener Evangelist. Was wäre, wenn ich seinen Anforderungen nicht genügte und ihn enttäuschen würde?

Vom ersten Augenblick an, da ich Michael im Sudan begegnete, waren meine Ängste verschwunden. Es war eine reine Freude mit ihm zusammenzuarbeiten. Wenn doch diese gemeinsame Arbeit bloß nie enden würde!

Michael Cassidy ist ein Mensch, der beides in sich vereinigen kann: Er leistet ungeheuer viel und gibt doch keinem das Gefühl, ihm unterlegen zu sein. Sobald wir gemeinsam auf die Rednertribüne stiegen, fühlte ich mich durch seine Nähe ermutigt. Er motivierte mich in einzigartiger Weise und baute mich auf. Schon durch das Zusammensein mit ihm konnte ich viel lernen. Einen solchen Menschen musste man einfach lieb haben. Er wollte nur das Beste für mich.

Oft sagte er: „Stephen, das war großartig!" Am Ende des Missionseinsatzes im Sudan nahm er mich eines Abends beiseite und ermutigte mich, die Aufgabe in Amerika in Angriff zu nehmen. Es sei wichtig, dass ich dort über die Arbeit in Afrika und meinen Einsatz berichtete.

Ich war selbst über mich erstaunt, dass ich seinem Vorschlag zustimmte. Das Vertrauen, das Michael in mich gesetzt hatte, stärkte mich enorm.

Die Reise in die Vereinigten Staaten sollte im Frühjahr 1983 stattfinden. Als endlich das Flugzeug in New York landete, hielt ich mich an die Worte, die mir Michael beim Abschied gesagt hatte: „Steve, bleib so wie du bist, dann wird schon alles gut werden."

Ich hoffte nur, ich könnte meinen Zuhörern gerecht werden und ihren Erwartungen genügen. Meine Sorgen traten in den Hintergrund, als etwas Überraschendes passierte: Als wir in New York zur Landung ansetzten, gab der Flugkapitän die Ortszeit durch, aber zu meinem Erstaunen war es nur zwei Stunden später als beim Abflug. In Wirklichkeit waren wir aber doch viele Stunden in der Luft gewesen.

Niemand hatte mich davon unterrichtet, dass es internationale

216

Zeitzonen gibt. Ich verließ das Flugzeug und dachte, ich hätte es hier mit Hexerei zu tun.

Ein Vertreter von African Enterprise empfing mich am Flughafen. Ehe ich Zeit hatte, mich bei ihm über die seltsame Zeitvorstellung der Amerikaner zu erkundigen, machte ich noch eine andere außergewöhnliche Erfahrung. Außerhalb des Flughafens war alles weiß, wohin ich auch schaute. Und immer mehr Weißes flog vom Himmel herunter. Wahrscheinlich muss man in Afrika geboren und aufgewachsen sein, um das als Wunder anzusehen.

„Was ist das?"

„Schnee", meinte mein Begleiter mit einem Lächeln. „Sicher hast du schon davon gehört."

Ich hatte davon gehört. Aber ich hatte es mir nicht vorstellen können, wie es bei einem Schneesturm in New York zugeht.

„Kann man das weiße Zeug anfassen?", fragte ich vorsichtig.

„Natürlich."

Ich griff danach und zog schnell wieder meine Hand zurück. „Das ist ja kalt!"

Das war nur der Anfang von vielen Kulturschocks, die noch folgen sollten. Alles war in diesem Land auf hohem Niveau. Überall herrschte Luxus. Die Geschwindigkeit, die hier an den Tag gelegt wurde, und die riesigen Gebäude verwirrten mich: Angefangen von der großen Halle der Vereinten Nationen bis zur Fernbedienung an der Garage meines Gastgebers, ganz zu schweigen von der Größe seines Hauses.

Von den Amerikanern wurde ich begeistert und herzlich aufgenommen. Wenige Stunden nach meiner Landung in New York war schon mein erster öffentlicher Auftritt vorgesehen. Ich war hin- und hergerissen in meinen Gefühlen. Es freute mich sehr, dass sich so viele amerikanische Christen in den Schneesturm hinausgewagt hatten, um einen einfachen Mann aus Malawi über seinen Glauben sprechen zu hören. Aber ich war auch schrecklich müde und hätte auf der Stelle einschlafen können. Alles erschien mir neu und sehr seltsam, da ich mich noch nicht an die Zeitumstellung gewöhnt hatte. Viele Leute leiden darunter, und mir ging es genauso.

Als ich zum ersten Mal über mein amerikanisches Publikum hinwegschaute, merkte ich, dass es sehr anspruchsvoll war und viel von mir erwartete. Ich konnte nur beten, dass ich wieder klar denken konnte und nicht mehr so müde war. So war es dann auch.

Um zwei Uhr nachts war ich plötzlich hellwach. Ich lag im Bett, las meine Bibel und betete. Die Zeitumstellung machte mir noch zu schaffen.

Am nächsten Morgen entdeckte ich, warum Amerika fast in jeder Hinsicht eine Führungsrolle einnimmt. Man muss es selbst gesehen haben, mit welcher Energie und Hingabe die Menschen hier ihre Arbeit tun. Ich hatte damit gerechnet, jeden Tag einen Vortrag zu halten. Doch dann war ich ganz überrascht, dass meine Vortragsreise mit fast militärischer Genauigkeit auf die Stunde genau festgelegt war: zehn Uhr vormittags, zwei Uhr nachmittags, drei Uhr nachmittags, fünf Uhr nachmittags und sieben Uhr abends. Die Zuhörer waren Studenten, junge Frauen, junge Mütter, ältere Frauen, Großmütter, junge Männer, Ruheständler, Kinder. Innerhalb weniger Tage war ich mit all diesen Gruppen zusammengekommen. So ging es dann sechs Wochen lang. Ich kam in den ganzen Vereinigten Staaten herum. Bald hatte ich das Gefühl, ich stünde auf der Stelle, während all diese Begegnungen, Kirchen und Versammlungen mit ständig wachsender Geschwindigkeit an mir vorbeirauschten. Die Amerikaner waren großartige Leute. Es erstaunte mich immer wieder, wie freundlich sie mich aufnahmen.

Wohin ich auch kam, traf ich Menschen, die gut aussahen und vor Gesundheit strotzten. Ich begegnete einer Gastfreundschaft, die mich überwältigte, fand aufmerksame Zuhörer und wurde von den Gemeinden herzlich aufgenommen. Das Essen war hervorragend, und die Betten waren so schön hergerichtet, dass ich mich kaum traute mich hineinzulegen.

Amerika ist ein großes Land. Wir fuhren von New York bis nach

Vancouver und besuchten unterwegs viele andere Städte. Wir waren in Chicago, Denver, Minneapolis und Los Angeles.

Überall trafen wir Gemeinden, die African Enterprise unterstützten und die sich über den Besuch eines seiner Evangelisten freuten. Ich konnte es nicht abwarten, die Zentrale des berühmten Evangelisten Billy Graham zu sehen. Sie befand sich in Minneapolis. Ich verehre diesen großartigen Mann sehr.

Mal waren wir im Flugzeug unterwegs, dann wieder im Auto oder Taxi. Ich merkte, dass die vielen Reisen doch beschwerlicher waren, als ich dachte. Manchmal wurden sie mir zu viel, und ich war ganz erschöpft.

Einmal schlief ich im Flugzeug ein. Als ich aufwachte, wusste ich im ersten Augenblick nicht, woher wir kamen, wohin wir wollten und was wir vorhatten.

Für mich, Stephen Lungu, war es ein eigenartiges Gefühl, unter einem Nachthimmel zu fliegen, der mit Sternen der nördlichen Halbkugel übersät war.

Trotz meiner ungewohnten Erfahrungen machte es mir sehr viel Mut, dass die Amerikaner meine Botschaft gern hörten. Ich hatte mir schon ernstlich überlegt, ob mein Zeugnis für diese reichen und gebildeten Menschen nicht zu schlicht und unbeholfen sei. Aber immer wenn ich darüber nachdachte, kam ich doch zu dem Ergebnis, dass ich es nicht anders sagen konnte. Meine Liebe zu Jesus und der Bericht darüber, wie er mich gefunden hat, waren der entscheidende Inhalt meiner Botschaft. Mehr konnte und wollte ich auch nicht sagen. So blieb mir nichts anderes, als dafür zu beten, dass meine Zuhörer diesen wunderbaren Herrn auch finden wollten. Es war wundervoll zu sehen, dass Gott meine Worte trotz meiner Bedenken in Segen verwandelte; denn in jedem Staat dieses riesigen Landes, in dem ich predige, wurden die Menschen von ihrer Sünde überführt, weinten und suchten den Weg zu Gott.

Als ich an einem Abend in New York predigte, stand ein junger Mann auf und kam nach vorne. Viele andere schlossen sich ihm an. Ich konnte noch nicht einmal meine Botschaft zu Ende brin-

gen. Immer wieder kamen Leute, die von der Verkündigung angesprochen waren. Warum bewegte sie mein Zeugnis so sehr? Ich
weiß, es war nicht meinetwegen. Die Liebe und Gnade Gottes
hatte sie ergriffen. In unbegreiflicher Weise war sie durch mein
Lebenszeugnis zur Wirkung gekommen.

Ein Mitarbeiter von African Enterprise aus Uganda, Bischof
Festo Kivengere, begegnete mir, als ich in New York predigte.
Ich musste ihm gestehen, dass ich Hemmungen hatte, vor den
Amerikanern zu predigen. Bischof Festo gab mir einen wertvol-
len Rat: „Steve, bring einfach dein Zeugnis. Lass dir nicht von
der hohen Lehre der Theologie Angst machen. Dein Auftrag ist
zu evangelisieren, und dein wirkungsvollstes Mittel ist dein
Zeugnis. Du bist ein begabter Evangelist und du hast eine voll-
mächtige Botschaft." Dann beteten wir zusammen, und ich
fühlte mich neu gestärkt.

So gab ich gerne mein Zeugnis weiter, aber manchmal war das
nicht so einfach. Die amerikanischen Gottesdienste liefen nach
einem bestimmten Programm ab. Dabei kam der Gastredner
oftmals erst gegen Ende zu Wort. Er konnte dann eigentlich keine
richtige Ansprache mehr halten, sondern nur noch so etwas wie
ein Schlusswort anfügen. Nachdem ich über Tausende von Meilen von Malawi bis hierher geflogen war, und dann noch mehr als
2000 Meilen innerhalb Amerikas zurückgelegt hatte, war es für
mich frustrierend, wenn ich mir 40 Minuten lang ein musikali-
sches Programm und Abkündigungen anhören musste. Mir blieben dann nur noch fünf oder zehn Minuten für die Predigt.

Eines Abends wagte ich etwas dagegen einzuwenden. „Wie kann
ich in fünf Minuten von meinem Jesus reden, der mich gerettet
hat?" Ich brachte diesen Satz natürlich so höflich wie möglich vor.
Als ich vorgestellt wurde, stand ich auf und sagte: „Ihr Amerikaner seid gesegnet mit Armbanduhren. Aber ihr habt nicht viel
Zeit. Wir Afrikaner haben keine Armbanduhren, aber wir haben
viel Zeit."

Sie lachten, und ich schloss daraus, dass sie keinen Anstoß näh-
men, wenn ich länger als 10 Minuten brauchte, um meine Ge-

schichte zu erzählen. Ich holte tief Luft und predigte dann 40 Minuten lang. Bei uns zu Hause wären 40 Minuten nur eine Aufwärmphase gewesen, doch hier war es eine unerhört lange Zeit. An diesem Abend kamen einige Leute nach vorne, um mit uns zu beten. Eine alte Dame nahm mich in den Arm und sagte: „Sie hätten noch länger reden können. Es war wunderbar."

Meine aufregende Tour durch Amerika neigte sich nun bald dem Ende zu. Nach vier Monaten bestieg ich ein Flugzeug nach Amsterdam, wo Billy Graham einen Weltkongress für Evangelisten in der dritten Welt zusammengerufen hatte. Dazu gehörte auch ich. Diese Konferenz in Amsterdam 1983 war eine von Gott geschenkte Gelegenheit, um Stille zu halten und sich neu über den Auftrag Gottes klar zu werden. Wir wurden mit neuen Methoden der Evangelisation vertraut gemacht. Es ermutigte uns sehr, dass wir Teil einer großen Familie von Evangelisten waren, die das Reich Gottes in allen Ländern der Welt bauten.

Ein großes Problem für uns Evangelisten ist, dass wir oft als Einzelkämpfer dastehen.

Ich hatte das Glück gehabt, die Dorothea-Mission und dann African Enterprise zu entdecken. Dennoch bedeutete Amsterdam für mich einen Wendepunkt in meinem Dienst. Mir wurde neu klar, dass das Evangelium allen Menschen gilt, den Reichen und den Armen. Es gibt niemanden, der Jesus Christus nicht braucht. Jeder kann Gottes Gnade erfahren. Für mich war es vorher nie ein Problem gewesen, meinen afrikanischen Landsleuten den ganzen Ernst des Evangeliums zu verkündigen. Aber es fiel mir schwer, wenn ich in großen Versammlungen vor reichen, wohl situierten Amerikanern von Sünde und Buße reden sollte. Jetzt wurde mir klar, dass ich Bote war, und dass die Botschaft von Gott kam und allen Menschen in gleicher Weise galt. Ob schwarz oder weiß, ob reich oder arm, wir waren alle Sünder, und uns allen galt die Liebe Gottes.

Das wurde mir bestätigt, als ich mit anderen erfahrenen Evangelisten wie John Wilson und Bischof Festo Kivengere zusammen predigte. Sie sprachen immer von der Gnade Gottes und haben nie die wesentlichen Inhalte ihrer Botschaft abgeschwächt, um den Hörern nach dem Mund zu reden.

Dann fuhr ich wieder zurück nach Afrika, wo ich mich im August 1983 einem großen Team von African Enterprise unter der Leitung von Michael Cassidy anschloss. Wir wollten einen umfassenden Einsatz in Blantyre unterstützen. Es wurde ein gewaltiges Erlebnis. Ich stand zunächst noch ganz unter dem positiven Eindruck meiner Amerikareise. Doch während dieses Dienstes in Blantyre wurde ich von einer Woge tiefer Begeisterung getragen. Tausende von Menschen kamen, um unsere Abendveranstaltungen zu besuchen, bei denen Michael Cassidy die Verkündigung übernommen hatte. Tagsüber predigte ich vor Dutzenden von Menschen in Schulen, Fabriken, Märkten und, was für mich neu war, in Supermärkten.

Der Leiter eines solchen Marktes ließ mich jeden Morgen vor Geschäftseröffnung einige Minuten zu dem Personal sprechen. Vielleicht meinte er, dadurch würden sie ehrlicher werden, und es gäbe weniger Unregelmäßigkeiten bei ihrer Arbeit. Einige von ihnen ließen sich auch zu den Abendveranstaltungen einladen.

Im Laufe der Wochen kamen Tausende von Menschen in Blantyre zum Glauben. In den Schlagzeilen der Landeszeitungen war zu lesen: „Blantyre ist eine wiedergeborene Stadt".

Das war natürlich eine journalistische Übertreibung. Dennoch waren die Leute erstaunt und bewegt über die innere Aufgeschlossenheit der Besucher. Seine Exzellenz Präsident Dr. H. Kamuzu Banda und seine Regierung gewährten uns große Freiheit.

Am letzten Abend des gewaltigen Missionseinsatzes in Blantyre bat mich Michael nicht nur mit ihm auf der Rednertribüne zu sitzen, sondern auch einen Teil der Ansprache zu übernehmen.

Als Predigttext schlug er Jesaja 1,18 vor: „Kommt, wir wollen miteinander verhandeln, wer von uns im Recht ist, ihr oder ich. Eure Sünden sind blutrot, und doch sollt ihr schneeweiß werden. Sie sind so rot wie Purpur, und doch will ich euch reinwaschen wie weiße Wolle."

Wir vereinbarten, dass ich die erste und er die zweite Hälfte der

Predigt übernehmen sollte. Ich erinnere mich mit großer Dankbarkeit an unseren gemeinsamen Verkündigungsdienst.

1984 wurde ich eingeladen, für sechs Wochen nach Australien zu kommen. Wieder war es eine atemberaubende Tour durch einen anderen großen Kontinent. Ich denke noch gern an die Christen, die ich kennen lernte, an die Gemeinden, die Versammlungen und die vielen Straßen in diesem Land.

In diesem Jahr fand auch der erste westafrikanische Einsatz von African Enterprise in Monrovia in Liberia statt. Ich half Dave Richardson bei der Vorbereitung. Während des Dienstes wurden wir gute Freunde. Bei vielen Versammlungen predigte auch ich. Aus Liberia stammen die Vorfahren der Sklaven, die auf den amerikanischen Baumwollfeldern arbeiten mussten. Dieses Land hat ein ganz eigenes Lebensgefühl entwickelt.

Im Jahre 1985 war ich wieder zum Reisedienst in den Vereinigten Staaten und Kanada unterwegs. Diesmal war ich auf die Zeitunterschiede vorbereitet. Das Zusammensein mit den amerikanischen Christen bereitete mir viel Freude.

Als ich Ende 1985 wieder nach Harare zurückgekehrt war, hatte man dort neue Pläne gemacht. Michael Cassidy und andere Mitglieder des Missionsrates von African Enterprise waren der Meinung, dass man in Malawi einen Stützpunkt errichten sollte. Da die Menschen dem Evangelium gegenüber so aufgeschlossen waren, würde sich diese Arbeit sicher lohnen. Die Leitung der Kirche in Malawi war für solche Hilfe dankbar.

Michael Cassidy suchte noch einen geeigneten Mitarbeiter, der die Verantwortung übernehmen konnte. Er schlug mich vor, und das Leitungsgremium stimmte zu. Ich war von dem Vertrauen, das man mir entgegenbrachte, überwältigt. Diese neue Aufgabe wurde für mich noch einmal zu einer echten Herausforderung. Ich liebte Malawi, und es machte mir große Freude, als Leiter eines Teams in diesem Land tätig zu werden. Das war für mich ein großes Vorrecht. Der Kreis meines Lebens schien sich zu schließen. Das letzte Mal war ich von Salisbury nach Blantyre gezogen, um eine Außenstation der Dorothea-Mission einzurichten. Nun zogen wir nach Lilongwe, der Hauptstadt von Malawi, um dort eine Außenstation von African Enterprise zu gründen. Es kam mir zugute, dass ich schon eine langjährige Erfahrung hatte und finanziell, verwaltungsmäßig und auch durch Gebet unterstützt wurde.

Rahel war von dieser Nachricht beglückt. Jetzt zogen wir wieder nach Hause.

18. Reisen in viele Länder

Mancher wäre im Jahre 1985 nicht begeistert gewesen, wenn er nach Malawi hätte ziehen müssen. Die Lebensbedingungen in diesem Land waren sehr hart.

Die Regierung von Präsident Hastings Banda übte auf die Bevölkerung einen starken Druck aus. Leute, die bei ihrer Tätigkeit viele Reisen unternahmen und öffentliche Veranstaltungen abhielten, waren unerwünscht. Man verdächtigte uns oft, politische Unruhen anzuzetteln. Die Wirtschaft erlebte eine große Flaute. Manchmal konnte man kaum das Nötigste für den täglichen Bedarf kaufen. Überall herrschte schreckliche Armut.

Doch für die Familie Lungu war die Lebenssituation immer noch besser als in den Jahren zuvor, wo wir mit sieben Personen in einem Zimmer im Haus von Rahels Mutter gewohnt hatten. In Lilongwe hatten wir einen kleinen Bungalow ganz für uns allein. Ich bekam ein regelmäßiges Gehalt und hatte zwei Mitarbeiter, Jeremia Chienda und Songe Chibambo. Außerdem standen uns Geldmittel zur Verfügung, mit denen wir unsere Einsätze finanzieren konnten.

Wie überall bei African Enterprise war es unser Ziel, die Gemeinden zu unterstützen. Wir konnten ihnen unser besonderes Evangelisationsprogramm anbieten, die Ältesten unterrichten, damit sie andere lehren konnten, und einen Dienst der Versöhnung zwischen Unternehmern, verantwortlichen Politikern und Kirchenführern leisten.

Für diese Art von Arbeit bestand im ganzen Land ein dringendes Bedürfnis. Die Menschen nahmen unseren Dienst gerne an.

Das Wetter und die Jahreszeiten legten wesentlich den Plan für unsere Arbeit fest. Von Mai bis September war die Trockenzeit, in der viele Freiversammlungen abgehalten werden konnten. Wenn im Oktober die Regenzeit begann, mussten wir unsere Arbeit in überdachten Räumen durchführen. Wir konzentrierten uns auf Evangelisationen mit Kleingruppen und führten Schulungen in den Gemeinden durch. Es war schwer zu sagen, welcher der verschiedenen Dienste erfolgreicher war. Aber wann immer uns etwas gelang, waren wir froh und arbeiteten mutig weiter.

Eine der Freiversammlungen erinnerte mich an unsere Arbeit in Mutare. Wir hatten unsere Lautsprecher auf zwei großen Felsen in der Nähe einer Eisenbahnlinie aufgestellt, und ich predigte vor vielen Menschen. Während ich sprach, konnte ich in der Ferne eine junge Frau vorbeigehen sehen. Sie hielt ihr Baby ganz seltsam auf dem Arm. Der Kopf und die Beine des Babys baumelten herunter. Sie schien gar nicht zu beachten, dass diese Lage für ihr Kind sehr unbequem war. Langsam verschwand sie hinter einem Hügel, während wir unseren Gottesdienst feierten. Am Ende packten wir unsere Ausrüstung zusammen. Meine Mitarbeiter führten noch mit einigen Besuchern seelsorgerliche Gespräche, als ich plötzlich entdeckte, dass die junge Frau mit ihrem Baby wieder aufgetaucht war. Sie kam auf mich zu und fragte: „Woher wollen Sie wissen, wo ich die Ewigkeit zubringen werde?"

Erstaunt schaute ich sie an und antwortete nur: „Wir sind Christen, und wir haben Jesus verkündigt."

Nach und nach erfuhr ich ihre Geschichte. Sie war mit einem Nichtsnutz von Mann verheiratet, der Prostituierte mit nach Hause brachte. In ihrer Verzweiflung war sie an diesem Nachmittag fortgegangen, um sich vor einen Zug zu werfen. Sie war gerade an unserem Versammlungsort vorbeigekommen und hatte sich auf die Schienen gestellt, um auf den nächsten Zug zu warten. Da hörte sie über den Lautsprecher, wie ich mit lauter Stimme in die Versammlung rief: „Wo wirst du die Ewigkeit zubringen?"

Dann bog der Zug um die Ecke und donnerte auf sie los. In letzter Sekunde sprang sie von den Schienen.

Meine Frage hatte sie nicht mehr losgelassen. Schließlich entschied sie sich, zurückzukommen und zu fragen, was ich mit diesem Satz gemeint hätte.

Wir konnten sie zu Christus führen und bemühten uns darum, dass sie Anschluss an Christen in ihrer Nähe fand. Sie bat uns auch um Rat, wie sie mit ihrem Mann umgehen sollte.

„Bleiben Sie bei ihm und haben Sie ihn lieb. Wenn die Prostituierte kommt, geben Sie ihr zu essen", rieten wir ihr.

„Das ist schwer, was Sie da von mir erwarten."

„Tun Sie das, dann können Sie Ihren Mann auch zu Christus führen."

Die junge Mutter befolgte unseren Rat. Der Mann konnte sich ihr verändertes Verhalten kaum erklären und war verwirrt. Sie kochte ihm die besten Mahlzeiten und bat ihn dann vorsichtig, die Kirche besuchen zu dürfen. Er erlaubte es und spionierte hinter ihr her. Ihr Verhalten war ihm so unerklärlich, dass er den Verdacht schöpfte, sie habe sich einen Freund angelacht. Doch als er ihren Schritten folgte, landete er geradewegs in der Kirche.

An diesem besagten Morgen war ich Gastredner und sprach über die Ehe.

Ich sagte, dass Männer, die ihre Frauen misshandeln und schlagen, schlimmer seien als Tiere.

Der Mann ging ärgerlich nach Hause. Als seine Frau aus dem Gottesdienst kam, versetzte er ihr einen so heftigen Schlag ins Gesicht, dass sie dabei einen Zahn verlor. „Du hast dem Prediger von mir erzählt", tobte er vor Wut.

In der nächsten Woche ging die Frau wieder in die Kirche, und der Mann folgte ihr. Jetzt stand ein anderer Pastor auf und predigte auch über Ehe und Liebe.

Es dauerte nicht lange, bis der Mann plötzlich während des Gottesdienstes nach vorne lief und den Prediger unterbrach: „Meine Frau ist hier. Wo ist sie?", rief er.

Die junge Frau legte ihr Kind einer Freundin in die Arme. „Jetzt werde ich auch noch in der Kirche verprügelt", sagte sie und ging nach vorne.

Doch stattdessen nahm ihr Mann sie in die Arme und brach in Tränen aus. „Vergib mir, vergib mir!" Auch er wurde Christ.

Damals erhielt ich noch eine zweite Einladung nach Australien. Auf einer Vortragsreise sollte ich viele Gemeinden besuchen, die African Enterprise unterstützten. Anscheinend war man sehr zufrieden, wie positiv meine Reise durch Amerika aufgenommen worden war. Man traute es mir zu, die wichtige Arbeit in Malawi vorzustellen.

Von Anfang an wurde die Reise ein Erfolg. Ich war auf mein Programm vorbereitet und konnte mir alles gut einteilen. Die Australier selbst erinnerten mich an die Amerikaner. Sie waren herzlich, gastfrei und wohlhabend. Allerdings sprachen sie das Englisch ganz anders aus als die Amerikaner. So begrüßte mich einmal ein Australier mit dem Satz: „Sind Sie zum Sterben gekommen?" Ich war völlig verblüfft. Dann erst kam mir zum Bewusstsein, dass dies ein Missverständnis war. Es hing damit zusammen, dass das englische Wort „Today", das „heute" heißt, bei ihnen so ausgesprochen wird wie die beiden Worte „to die", was „sterben" bedeutet.

Der Australier hatte also gefragt: „Sind Sie heute gekommen?" Ich war erleichtert.

Ich predige in großen und kleinen Städten, in Kirchen, in Schulen und im Freien. Es machte Freude, diesen netten Menschen mitzuteilen, wie die Gemeinden in Malawi wuchsen. Sie brachten mir einige interessante Lieder bei, in denen Worte wie „billebong" vorkamen. Im Gegenzug brachte ich ihnen Gesänge aus Malawi bei.

Ich hatte Begegnungen mit Menschen aus allen Schichten. Einmal war ich zum Tee beim Erzbischof Sir Marcus Loane und seiner Frau in Sidney eingeladen. Dann wieder konnte ich einen Drogenabhängigen in den Elendsvierteln von Perth zu Christus führen.

Als ich wieder in Malawi war, hatten wir so viele Einsätze durchzuführen, dass wir an die Grenzen unserer Belastbarkeit stießen. Wir drei Evangelisten waren ständig unterwegs. Wir verkündigten das Evangelium in den Schulen, Fabriken, Instituten, Bergwerken, Parks und auf den Marktplätzen. In den Städten kamen oft einige tausend Menschen zusammen, um uns zu hören. In Großstädten waren es sogar noch mehr, oft bis zu 15 000.

Eine dieser Evangelisationen fand in Tansania statt und hatte das ehrgeizige Ziel Daressalam zu Gott zurückzuführen. Mehrere

Teams arbeiteten zusammen. Unsere Versammlung hielten wir in einem großen Park, der in einem Randbezirk lag. Die Leute in den Hochhäusern dort konnten von ihrer Wohnung aus das Zelt sehen. Sie hingen an den Fenstern und hörten unseren Predigten zu. Als ich am letzten Tag zu der gewaltigen Menschenmenge redete, wurde es mir warm ums Herz. Ich hatte nur noch das eine Ziel: Ich musste predigen um jeden Preis.

Das bedeutet nicht, dass Predigen eine leichte Sache ist. Unabhängig von der Größe des Einsatzes hatte ich mir seit langem eine gewisse Vorlage für meine Predigten ausgearbeitet. Denn wenn ich der Hauptredner war, konnte ich in der Nacht vor der ersten Predigt kaum ein Auge zutun. Die Verantwortung lastete schwer auf mir. Vorher kniete ich mich immer hin und schrie zu Gott um Weisheit und um die richtigen Worte. Sobald die Versammlung begonnen hatte, brannte mir die Botschaft wie Feuer in meinem Herzen. Die einzige Schwierigkeit ergab sich immer dann, wenn das Programm zu überladen war, und ich erst nach einer Stunde an die Reihe kam. Man sitzt dann auf der Tribüne voller Erwartung, hat nichts zu tun und wird allmählich müde. Wenn man endlich an der Reihe ist, muss man versuchen, eine mit dem Schlaf kämpfende Zuhörerschaft anzusprechen.

Am meisten ermutigt haben mich die Erlebnisse von einzelnen Menschen. So zerrte in einer meiner Versammlungen eine Frau ihren Mann nach vorne mit den Worten: „Du musst jetzt dahin gehen!"

„Nein, mein Schatz, ich bin noch nicht so weit."

Nach meiner Predigt lud ich wie üblich die Menschen zur Seelsorge ein: „Lasst euch nicht vom Teufel einlullen, der euch auf eurem Stuhl festhalten will. Im Namen Jesu kommt nach vorne!" Der Ehemann war der Erste, der der Aufforderung folgte. Seine Frau lief ihm nach und weinte vor Freude.

Wenn man predigt und Leute gehorchen dem Aufruf, ist das zugleich auch etwas, was mich sehr demütig macht. Oft stelle ich mir dann die Frage: „Warum gebraucht Gott gerade mich?" Denn ich kenne meine eigenen Fehler doch nur allzu gut.

Andererseits demütigt es mich noch mehr, wenn man das Wort Gottes verkündigt und niemand sich bekehrt. Das kommt auch vor. Ein Evangelist ist nur Bote, aber kein Zauberer. Man reißt die Leute nicht von ihrem Stuhl, wie ein Magier die Kaninchen aus dem Hut hervorzaubert. In vielen Fällen reagiert keiner auf den Ruf Gottes. Ich habe schon gebetet und mit Tränen in den Augen gepredigt. Ich war überzeugt, dass Gott mir diese Botschaft aufs Herz gelegt hat; aber in der Versammlung herrschte nur ein eisernes Schweigen.

Einmal, in der Stadt Bulawayo, war ich so am Ende, dass ich nach Hause ging und in Tränen ausbrach. Einige Monate später war ich wieder am gleichen Ort. Die bedrückende Erfahrung dieses Abends lag immer noch wie eine Last auf mir. Ich hatte gerade meinen Wagen beladen und wollte wegfahren. Vorher wollte ich noch eine Flasche Cola trinken. Dann hörte ich jemanden rufen, und ein Mann auf einem Fahrrad winkte mir zu. „Hallo, Stephen Lungu! Stephen Lungu!" Ich blieb stehen und ging auf ihn zu. Auf seinem Gesicht lag ein breites Lachen. „Erinnerst du dich noch an mich?"

Ich schüttelte den Kopf. „Es tut mir Leid."

„Das macht nichts. Ich war am letzten Abend in deiner Evangelisation, als du über die Wiederkunft Christi sprachst und niemand deinem Aufruf folgte." Kleinlaut antwortete ich: „Ja, das war ein schwieriger Abend."

„Das war er. Ich war betrunken. Als ich nach Hause kam, konnte ich nicht einschlafen. Ich musste immer an die Worte denken, die du gesagt hast. Am nächsten Morgen gab ich meinen Widerstand auf und übergab Jesus mein Herz."

Vor Freude umarmte ich ihn und lachte. „Du bist der ‚verlorene Sohn', auf den ich an diesem Abend gewartet habe."

Er sagte nur: „Am nächsten Morgen wollte ich dir von meiner Hinwendung zu Christus erzählen, aber als ich zum Zelt kam, hattest du deine Sachen schon gepackt und warst abgefahren."

Ich musste ringen und beten, wenn der ausgestreute Samen des Wortes Gottes nicht gleich aufging. Ich suchte eine Antwort von

Gott, die mir half, dazu die richtige Einstellung zu gewinnen. Gott machte mich auf eine Bibelstelle bei dem Propheten Habakuk aufmerksam, die mir im Lauf der Jahre eine große Hilfe bedeutete. Dort heißt es in Kapitel 3,17-18: „Noch trägt der Feigenbaum keine Blüten, und der Weinstock bringt keinen Ertrag, noch kann man keine Oliven ernten, und auf unseren Feldern wächst kein Getreide; noch fehlen Schafe und Ziegen auf den Weiden, und auch die Viehställe stehen leer. Und doch will ich jubeln, weil Gott mir hilft, der Herr selbst ist der Grund meiner Freude!"

Als ich diese Verse las, wurde mir deutlich, dass ein Evangelist nur ein Bote ist. Er muss das Ergebnis seiner Verkündigung allein Gott überlassen. Von ihm wird nicht erwartet, dass er Erfolg hat, sondern dass er treu ist.

Ein Höhepunkt Ende der achtziger Jahre war für mich meine Reise nach Großbritannien. Dort traf ich Patrick Johnstone. Er nahm mich mit nach Schottland, wo wir beide auf einer christlichen Konferenz sprachen. Das war die Erfüllung eines Traumes, den wir seit den sechziger Jahren hatten. Wir wollten als Brüder gemeinsam nicht nur in meinem, sondern auch in seinem Land Dienst tun.

In dieser Zeit war auch Rahel nicht mehr so stark durch unsere fünf Kinder beansprucht. Wenn ich oft zu Evangelisationen unterwegs war, suchte sie Möglichkeiten, in ihrem engeren Lebenskreis das Evangelium weiterzusagen. Sie tat es vor allem durch Eheberatung.

Das Leben in Malawi war hart. Viele Menschen hatten keine richtige Ausbildung und auch keinen Beruf. Weithin herrschte Armut in unserem Land. Diese sozialen Härten erwiesen sich für die Familien als lebensbedrohend. In einer Zeit, in der Männer, Frauen und Kinder die liebende Geborgenheit eines harmonischen Familienlebens gebraucht hätten, brachen viele Ehen auseinander.

Rahel begann damit, dass sie christliche Ehefrauen in der Nachbarschaft besuchte. Einige hatten Männer, die noch keine Christen waren. Sie bot ihnen Hilfe an und betete mit ihnen. Durch diese Frauen wurden einige der Ehemänner Christen. Wir luden sie in unser Haus ein, und es war immer ein nettes Beisammensein. Bald wurden daraus regelmäßige Zusammenkünfte. Weitere Männer und Frauen stießen dazu, und es dauerte nicht lange, bis die örtlichen Gemeinden uns baten, Vorträge über die Bedeutung der christlichen Ehe zu halten.

Rahel und ich waren mittlerweile so von der westlichen Kultur geprägt, dass es uns keine Probleme bereitete, auch über die intimen Seiten des Ehelebens zu reden.

In Malawi ist das allerdings ein Tabuthema, über das viel Unwissenheit herrscht. Unsere Vorträge hatten die christliche Sicht der Ehe zur Grundlage, wie sie uns in der Bibel gezeigt wird. Außerdem sprachen wir über folgende Fragen: Grundlagen sexueller Erziehung, die Notwendigkeit echter Verständigung, die Rolle der Verwandten, Geldeinteilung, Familienplanung und vor allem die Stellung der Frau.

Es ist entscheidend, ob Männer Frauen als ihre Sklavin oder als echte Partnerin betrachten. Unsere Vorträge waren für manche Ohren sehr ungewohnt, aber sie brachten neue Erkenntnisse. Niemand ließ sich abhalten, zu uns zu kommen. Bald hatten wir so viele Zuhörer, dass die Kirchen sie nicht fassen konnten. Deshalb boten wir weitere Veranstaltungen an. Die Nachfrage war groß, und wir merkten, dass wir ein heißes Eisen in Angriff genommen hatten. Bald wurde unsere Eheberatung zu einem festen Bestandteil unserer Arbeit während der Regenzeit. Im Laufe der Jahre wurden Dutzende von Männern und Frauen durch das Zeugnis ihrer Ehegefährten Christen. Einige hundert Ehen konnten geheilt und gestärkt werden.

Für mich bedeutet es immer eine große Freude, wenn ich an die Kinder aus diesen Ehen denke. Sie müssen nicht erfahren, wie es ist, wenn man einen gewalttätigen Vater hat und hungern muss, damit der Vater sich seinen Schnaps kaufen kann. Es bleibt ihnen erspart, vernachlässigt zu werden und ohne Liebe aufzuwachsen. Ihre Mütter sind nicht so verzweifelt und ohne Hoffnung, dass sie nicht für die Familie sorgen könnten.

Wenn sich jemand in dieser Weise um die Ehe meiner Eltern gekümmert hätte, wäre mein Leben ganz anders verlaufen.

Als ich einmal zu einem Missionseinsatz in Karonga in Malawi war, begegnete ich drei jungen Leuten, die ähnlich wie mein Bruder, meine Schwester und ich auch ausgesetzt worden waren. In diesem Fall war es nur so, dass die beiden Mädchen schon zwölf und vierzehn Jahre alt waren. Sie wandten sich der Prostitution zu, damit sie und ihr kleiner Bruder nicht verhungern mussten. Ihre Geschichte brach mir fast das Herz. Alle drei kamen während eines Missionseinsatzes zum Glauben und konnten mit der örtlichen Kirchengemeinde in Verbindung gebracht werden, die für sie sorgte.

Menschen mit unterschiedlichstem Lebenshintergrund kamen zum Glauben.

Einmal war es ein Mann aus Simbabwe mit Namen Patrick. Er war ein so schlimmer Säufer, wie ich zuvor noch keinem begegnet war. Unser Team hielt an einem Nachmittag eine Freiversammlung in einer kleinen Stadt in Simbabwe. In unmittelbarer Nähe befand sich eine Kneipe. Während ich predigte, kam dieser junge Kerl aus dem Bierlokal heraus. Sein Hemd und seine Hosen waren zerschlissen und dreckig, und er wankte wie ein Matrose auf einem schlingernden Schiff. Er torkelte in unsere Versammlung. Dann blieb er stehen, und hatte Mühe, sein Gleichgewicht zu finden. Ich wusste nicht, ob er gekommen war um zuzuhören oder ob ihn seine Beine nicht mehr weitertrugen. Jedenfalls blieb er so lange stehen, bis ich meine Rede beendet hatte. Als ich zur Entscheidung für Christus aufforderte, hob auch er den Arm. Im Grund war das unklug von ihm, denn er verlor das Gleichgewicht und wäre beinahe gestürzt. Doch ich eilte schnell zu ihm, hielt ihn fest und fragte: „Kann ich Ihnen helfen?"

„Ich will diesen Jesus haben", sagte er halb lallend.

„Wissen Sie auch, welche Folgen das für Sie hat?"

„Ja", erwiderte er. „Ich habe nämlich Bier getrunken. Und das macht mir Probleme. Aber Sie sagen, wenn man stattdessen Jesus hat, sind alle Probleme gelöst. Deshalb brauche ich ihn."

Er ließ sich nicht abweisen, und ich forderte ihn auf niederzuknien.

„Nein", sagte er.

„Warum nicht?"

„Dann falle ich hin." Das war fraglos richtig. So beteten wir im Stehen. Dann torkelte er wieder davon. Es war eine ungewöhnliche Bekehrung, aber sie hielt stand. Am nächsten Tag besuchte ich ihn zu Hause. Er war jetzt nüchtern und wollte mehr über Jesus wissen. Wir führten ein gutes Gespräch, und ich brachte ihn in Verbindung mit bewährten Christen. Patrick machte die Erfahrung, dass von da ab Jesus ihn beherrschte und nicht das Bier. Er wurde völlig von seinem Alkoholismus geheilt.

Heute ist dieser Mann Pastor einer blühenden Gemeinde, die sich die „Versammlung Gottes" nennt (Assemblies of God).

Im Jahre 1986 erhielt meine Mutter eine ungewöhnliche Nachricht. Mein Vater war noch am Leben und wohnte in einem Dorf in der Nähe von Blantyre. Rahel und ich suchten nach ihm, aber wir hatten keinen Erfolg. Deshalb nahmen wir mit den örtlichen Behörden Kontakt auf. Nach einigen Tagen schickten sie uns in ein abgelegenes Dorf. Dort fanden wir einen alten Mann, der unter einem Baum saß und Zuckerrohr kaute. Ich starrte ihn an und erkannte ihn als meinen Vater wieder. Er blickte mich aus seinen alten Augen an und wurde unruhig, weil er vermutete, ich käme von der Polizei und wollte ihn verhaften.

Der Beamte, der uns dorthin begleitet hatte, stellte uns höflich vor. Die Angst im Gesicht meines Vaters wandelte sich in Verwunderung. Allmählich kam seine Erinnerung zurück. Immer wieder schaute er mich an. „Stephen. Du bist der kleine Stephen. Ich erinnere mich noch an dich."

Wir weinten beide. Für ihn war diese Begegnung wie ein Schock, ich aber musste daran denken, dass unser Leben auch anders hätte verlaufen können. Ich empfand keinen Hass und keine Bitterkeit, sondern war nur bekümmert und hatte Mitleid mit diesem alten, traurigen Mann. Er hatte noch einige Male geheiratet. Seine jetzige Frau war sehr gebrechlich. Doch er selbst war nun schon fast

90 Jahre alt und stand zu ihr. Er wollte mich und Rahel wiedersehen, und in den folgenden Monaten und Jahren besuchten wir ihn regelmäßig.

Es wird Sie, lieber Leser, kaum überraschen, dass ich meinem Vater von Christus erzählt habe. Zu meiner großen Freude hat auch er den Weg zu Jesus gefunden. Es war leichter, als ich erwartet hatte. Mein Vater war in seinem Herzen schon durch die Predigt von Sadrach Wame, einem örtlichen Evangelisten, zum Glauben an Jesus vorbereitet worden.

Unser Team bekam immer wieder Gelegenheiten zum Evangelisieren. Manchmal waren die Versammlungen ungewöhnlich. Ich musste oft an Paulus denken, wie er jede Gelegenheit nutzte und jedem Menschen alles wurde, nur um einige für Christus zu gewinnen. So entdeckten wir zum Beispiel, dass man den berufstätigen Mann am besten über seinen Magen erreicht. Wir richteten in einem Hotel Vortragsabende aus, die mit einem Essen verbunden waren, zu denen wir führende Beamte, Bankiers und Regierungsangestellte einluden. Sie kamen gerne und bezahlten auch die Kosten für Essen und Trinken. Nachdem sie durch das gute Mahl freundlich gestimmt waren, bezeugten wir ihnen unseren Glauben. Diese Methode bewährte sich bei unserem Großeinsatz „Lilongwe für Christus" in Malawi im Jahre 1987. Wir konnten höhere Beamten und Diplomaten für unsere Veranstaltungen gewinnen. Es war eine großartige Gelegenheit, diesen einflussreichen Persönlichkeiten, die kaum Zeit hatten sich mit religiösen Fragen zu beschäftigen, die Botschaft von Jesus zu verkündigen.

Während wir einerseits großartige Essen veranstalteten um die Menschen zu erreichen, trug ich bei anderen Gelegenheiten außergewöhnliche Kleidung, was Rahel nicht sonderlich gefiel. Während eines Einsatzes in Lusaka zog ich ägyptische Gewänder und einen Turban an, die mir ein Freund gegeben hatte. Wenn die Leute dann auf dem Weg zum Marktplatz einen Mann in muslimischer Kleidung sahen, wie er Christus verkündigte, blieben sie stehen und hörten zu. Einige fanden sogar zum Glauben.

Ich war so über diesen Erfolg erfreut, dass ich diese Kleidung wieder anzog, als ich in Sambia in der Universität von Lusaka vor der Vereinigung evangelikaler Studenten Vorträge hielt. Hier war ich in diesem Aufzug aber fehl am Platz. Die ziemlich konservativen Studenten waren über meine ägyptische Kleidung entsetzt und baten mich, sie vor meinem Vortrag abzulegen. Ich hatte aber keine Ersatzkleidung in meinem Koffer – und damit ein echtes Problem. Am Ende beschlossen sie, dass ich meine Rede nicht hielt. Es war die einzige evangelistische Versammlung, bei der ich außer dem Schlussgebet kein Wort sprach.

Im folgenden Jahr 1989 kam ich zum ersten Mal nach Ägypten selbst. Ich arbeitete mit einigen Christen in Kairo zusammen. Aus diesem Anlass holte ich wieder meine ägyptische Kleidung hervor und war der Meinung, in diesem Aufzug Eindruck schinden zu können. Rahel war von meiner Bekleidung nicht gerade erbaut. Aber der Turban konnte wenigstens dazu dienen, mich vor der Sonne zu schützen, wenn ich die Pyramiden besuchte. Unabhängig von Rahels Meinung war meine Kleidung jedoch ein gutes Mittel, um die Aufmerksamkeit Fremder auf mich zu ziehen.

So begannen wir unsere Arbeit. Mein Team und ich fühlten sich wie kleine Esel, die Jesus durch Afrika trugen. Wir wandten uns an alle sozialen Schichten, um das Evangelium jedem Menschen nahe zu bringen.

In Swasiland trat ich in Verbindung mit Michael Cassidy und hielt einen Vortrag vor höheren Beamten. Am späten Vormittag traf er mit führenden Regierungsbeamten zusammen, während ich die Gelegenheit nutzte, noch vor dem Mittagessen an einem Busbahnhof eine Freiversammlung abzuhalten. Dutzende blieben stehen und hörten zu. Einige wollten noch mehr wissen.

Als ich wieder in Malawi war, sprach ich vor Geschäftsleuten und Regierungsbeamten nach einem Essen in Karonga. Am nächsten Tag predigte ich dann wieder vor einfachen Fischern, die am Ufer eines Sees mit ihren Netzen beschäftigt waren. Bald danach hatten mein Team und ich bei einem Einsatz in Salima ein ganzes Fußballfeld mit Tausenden von Erwachsenen und Kindern vor uns.

Wir stellten uns immer auf die jeweilige Situation der Menschen ein, doch die Botschaft blieb die gleiche.

Im Jahr 1991 starb die Frau meines Vaters. Er war jetzt schon über 90 Jahre alt und zog zu uns. Die Sorge für ihn lag besonders in diesem ersten Jahr allein auf den Schultern von Rahel, denn 1991 war ich durch meinen Reisedienst sehr beansprucht. Ich fuhr zur Internationalen Konferenz von African Enterprise nach Victoria Falls, um den Haushaltsplan und die kommenden evangelistischen Großeinsätze zu besprechen. Der ganze Verwaltungskram mit seinem Papierkrieg war noch nie meine Sache gewesen. So war ich froh, wenn wir nach getaner Arbeit zur Erholung mit dem Stab der Missionsgesellschaft Tennis spielen konnten. Hierbei machte ich eine wertvolle Bekanntschaft. Ich freundete mich mit Reverend Richard Bewes von der „All Souls"-Gemeinde in London an. Das war der Beginn einer guten Freundschaft. Er gab mir ein paar wertvolle Tipps für mein Tennisspiel, besonders was meine Rückhand betraf.

Dann fuhr ich nach Europa. Diesmal reiste ich mit Michael Cassidy und einigen anderen Evangelisten unserer Organisation. Nach den Einsätzen in Afrika, bei denen die ganze Gemeinde durch die Musik in Bewegung gerät und gelegentliche begeisterte Rufe zu hören sind, war die Ansprache vor 200 Schweizer Damen bei einem Frauenfrühstück in Lausanne eine entmutigende Erfahrung. Es war so still, dass man eine Stecknadel hätte fallen hören, während ich mein Zeugnis ablegte. Es gab überhaupt keine Reaktionen. Aufgeregt ging ich wieder zu meinem Platz.

Einige andere afrikanische Evangelisten waren von der Zurückhaltung der Schweizer seltsam berührt. Von ihrem Dienst in Afrika waren sie es gewohnt, dass die Menschen ihren Gefühlen spontan Ausdruck verliehen.

Wir ließen unseren angestauten Emotionen freien Lauf, als wir z.B. eines Abends im Schnee spazieren gingen und uns mit Schneebällen bewarfen. Schließlich kamen wir durchgefroren, aber völlig entspannt ins Hotel zurück. Wir hatten uns ausgetobt, und waren nun so ruhig und angepasst, dass auch der Hotelier nichts mehr an uns auszusetzen hatte. Danach kehrte ich nach Malawi zurück, wo ich im Frühjahr sehr viele Evangelisationen durchführte.

Im Jahr 1992 flog ich noch einmal nach England. Jean Wilson, die internationale Schatzmeisterin von Afrikan Enterprise, und der britische technische Direktor achteten darauf, dass alles genau nach Plan ablief. Es war für mich eine schöne Zeit, als ich dieses interessante Land bereiste und in verschiedenen Kirchen Hunderte von Sponsoren von African Enterprise traf. Mein Herz wurde froh, wenn ich sah, mit wie viel Freude und großem Interesse sie unsere Arbeit unterstützten. Ich hatte das Gefühl, dass wir uns schon lange kannten. Sie waren unsere Freunde.

Nach meiner Rückkehr nach Malawi war die Bekehrung von 89 Muslimen ein Höhepunkt dieses Jahres. Als sie ihre kleinen Turbane abnahmen, um ihre Entscheidung für eine völlige Hingabe an Christus deutlich zu machen, war ich sehr ergriffen. Es waren mutige, entschiedene Menschen, und sie würden sicher für ihren neuen Glauben leiden müssen.

Im Jahre 1992 erhielt ich die traurige Nachricht, dass meine liebe alte Freundin, Jill Johnstone, in England an Krebs gestorben war. Ich habe über diesen Tod lange getrauert. Ihre Liebe und ihre Unterstützung hatten mir vor zwanzig Jahren dazu verholfen, auch in anfechtungsreichen Zeiten Gottes Berufung treu zu bleiben. Ich muss noch heute oft an sie denken.

Wie froh wäre sie, wenn sie sehen könnte, wie wir die einfachen Menschen in Afrika mit dem Wort Gottes erreichen können, die sie so sehr geliebt hat.

Im selben Jahr 1992 beschlossen wir auch, dass das Hauptquartier von African Enterprise nicht mehr in meinem Hause sein sollte. Es war zu unruhig und zu chaotisch. Wir zogen für einige Monate in Büroräume nach Lilongwe um. Dann hatten wir das Glück, einige Büroräume im Gebäude des Bibellesebundes in Lilongwe beziehen zu können. Dort blieben wir einige Jahre und konnten uns ganz auf die evangelistischen Vorstöße konzentrieren. In einer Fabrik ließ uns der Geschäftsführer vor Hunderten seiner Mitarbeiter während der 15-minütigen Teepause sprechen. In Gruppen kamen drei Stunden lang jeweils 50 Leute, denen mein Mitarbeiter und ich von Jesus erzählen konnten. In der Ansprache und seelsorgerlichen Beratung haben wir uns abgewechselt. Als wir nach drei Stunden fertig waren, hatte uns dieser Dienst eine Menge Kraft gekostet. Doch es war eine unbeschreibliche Freude, wenn wir sahen, dass die Menschen, so wie sie waren, in ihren mit Öl beschmutzten Arbeitsanzügen zum Glauben kamen.

Dann suchten wir auch die Polizeistationen auf und predigten dort während der Teepausen. Mittlerweile habe ich keine Angst mehr vor Polizisten.

Ich nehme eine ganz kleine Bibel mit und sage, ich sei ein Geheimpolizist Jesu Christi. Dann hole ich meine Bibel hervor und erkläre ihnen: „Das sind meine Handschellen." Sie brechen in Lachen aus und hören umso besser zu.

Sogar Diebe haben wir mit dem Evangelium erreicht. Bei einer unserer Freiversammlung kam ein Autodieb. Er hatte eine raffinierte Methode entwickelt, indem er in Simbabwe Autos stahl, sie in Malawi verkaufte, sie erneut stahl und wieder nach Simbabwe zurückführte, um sie ein zweites Mal zu verkaufen.

Auch er wurde Christ. Zuletzt hörte ich von ihm, dass er bemüht sei, die Leute zu entschädigen, die er betrogen hat, soweit er sie noch ausfindig machen kann.

Mörder haben keine Möglichkeit, ihre Opfer zu entschädigen. Ein Mann, der acht Morde begangen hatte, kam zum Glauben, als er den Dolch noch in der Hand hatte. Dadurch wurde ich stark an meine eigene Vergangenheit erinnert, als ich noch die Benzinbomben bei mir trug. Ich habe mir viel Zeit genommen, mit ihm zu reden. Dann bat er das Team und mich mit in sein Haus zu kommen. Wir sollten die ausgehöhlten Kürbisse, in denen selbst gemachtes Bier aufbewahrt wurde, zerschlagen. Er sagte uns, das Bier mache ihn gewalttätig, und deshalb habe er auch acht Menschen umgebracht. Seine Mutter stand dabei und schaute uns bekümmert zu. Ich fürchte, sie war auch eine Alkoholikerin.

Bei einer anderen Gelegenheit bekehrte sich ein junges Mädchen und war sehr glücklich, dass sie ihre Vergangenheit hinter sich lassen konnte. Sie hatte sich nämlich mit Zauberei befasst und bei bestimmten Zauberpraktiken sogar Menschenfleisch gegessen. Jetzt ist sie Glied einer Gemeinde und baut sich ein neues Leben auf.

Bei unserem Missionseinsatz in Ntcheu in Malawi kamen Tausende, um uns zu hören. 1500 Menschen fanden zu Christus.

Jede Bekehrung ist eine besondere aufregende Geschichte von Gottes Gnade und Liebe, die verzweifelte, einsame Menschen in ihrer Not erreicht. Es gibt keine aufregendere Aufgabe in der Welt, als Evangelist zu sein und den Menschen die frohe Botschaft von Jesus zu sagen.

19. Ein Kaleidoskop von Menschen und Orten in den Jahren 1994 bis 2000

Während ich das Schlusskapitel schreibe, nähert sich das Jahr 2000 seinem Ende. Im Rückblick auf die vergangenen Jahre kann ich Gott nur danken für das große Vorrecht, Hunderttausenden von Menschen in vielen Ländern und Kulturen das Evangelium weitersagen zu können.

Mein Leben war sehr abwechslungsreich, und ich möchte hier noch ein Kaleidoskop von Erinnerungen aufzeigen, die sich auf die letzten sechs Jahre beziehen.

Gegen Ende des Jahres 1994 fand eine Großstadtevangelisation von African Enterprise in Addis Abeba, der Hauptstadt von Äthiopien, statt. Wochenlang predigten wir in Dutzenden von Bezirken überall in der Stadt. Unsere beiden Abschlussversammlungen wurden draußen auf dem Rennsportgelände abgehalten. Das war ein großer, freier Platz. Wir waren in dieser Zeit in ganz Addis Abeba bekannt geworden. Riesige Menschenmassen strömten zu uns. Die Regierung war besorgt, dass eine so große christliche Versammlung Ärger von Seiten der muslimischen Fundamentalisten hervorrufen könnte, und schickte deshalb eine Abteilung bewaffneter Soldaten, die für Ruhe sorgen sollte. Edward Muhima, ein Mitarbeiter von African Enterprise, und ich hielten die Ansprachen. Er predigte am Samstag und ich am Sonntag. Wir sprachen vor einer riesigen Schar von Menschen. Man sagte mir später, es seien ungefähr 250 000 gewesen.

Als ich mit meinem Verkündigungsdienst zu Ende war, rief ich alle die auf, die Christen werden wollten. Sie sollten nach vorne zum Rednerpult kommen. Ich machte es so dringend, dass ich vielleicht unvorsichtig dabei war und ihnen zurief: „Lauft hin zu Jesus!"

Das geschah dann auch. Zu meinem Erstaunen kamen fast 10 000 Menschen angelaufen. Es war unglaublich. Einer der Zuhörer, die nach vorne eilten, war ein Soldat. Er trug ein Gewehr. Als er an der Rednertribüne ankam, ging eine Seelsorgehelferin vorsichtig auf ihn zu und fragte ihn, ob sie ihm helfen könne. Zu ihrem Entsetzen übergab er ihr sein schweres Gewehr und fiel dann auf seine Knie um zu beten.

Wir schulen unsere Seelsorgehelfer, sodass sie für alle möglichen Situationen vorbereitet sind. Aber wir hatten sie nicht darauf vorbereitet, eine schwere Schusswaffe in der Hand zu halten.

Afrika ist sehr offen für Jesus. Wohin man auch kommt, reagieren die Menschen auf die Botschaft. Das Problem ist nicht, wie man die Menschen zum Zuhören bewegt und ob sie dann Christen werden wollen, sondern wie wir zu ihnen kommen. Die gewaltigen Entfernungen und die katastrophalen Verkehrsverbindungen in Afrika erfordern es, dass man immer wieder neue Reisemöglichkeiten suchen muss. Am leichtesten ist es noch mit Flugzeugen, Hubschraubern, Eisenbahnzügen, Autos, Motorrädern, Lastwagen oder Fahrrädern zu reisen. Nur wenn es gar nicht mehr anders geht, nehme ich einen Esel – oder einen Ochsenkarren, um ein abgelegenes Dorf zu erreichen.

Am schlimmsten sind die Kanufahrten, mit denen man sich einen Weg durch die Sümpfe von Malawi bahnen muss. Diese Kanufahrten sind schwierig. Wenn man ruhig sitzt, wird man langsam bei lebendigem Leib von den Moskitos gefressen. Wehrt man sich gegen die Moskitos und rüttelt das Kanu hin und her, dann verliert es leicht das Gleichgewicht und kippt um. Man fällt kopfüber in das schlammige Wasser, das außerdem von Krokodilen bevölkert ist ...

Im Düsenflugzeug quer durch Amerika zu fliegen, geht schneller und ist auch viel bequemer. Während man in den Kanus auf den Sümpfen höchstens sagt: „Bruder, sitz bitte still!", oder „Ist das die richtige Richtung?", kann man im Flugzeug lange, tiefgründige und persönliche Gespräche führen.

So erging es mir, als ich von Toronto nach Chicago flog und neben einer elegant gekleideten blonden Dame saß. Als wir starteten, betete ich im Stillen für sie, wie ich es auch sonst für alle

Mitreisenden mache. Ich bat Gott, mir eine Gelegenheit zu geben, ihr Christus zu bezeugen. Doch das schien ausgeschlossen. Sie war sehr zurückhaltend und kühl. Eiscreme wäre in ihrem Mund sicher nicht geschmolzen.

Plötzlich geriet das Flugzeug in einen Sturm und wurde von den Turbulenzen gründlich hin- und hergeschüttelt. Diese Flugreise war ungewöhnlich. Die Schließfächer öffneten sich und Taschen und andere Gepäckstücke flogen den Passagieren auf den Kopf. Der Eispanzer meiner Begleiterin schmolz schnell dahin.

Als Erstes wandte sie sich an mich und fuchtelte ganz aufgeregt mit ihren Händen. „Was passiert jetzt?", fragte sie mich entsetzt.

Ich war so sehr darauf eingestellt, ihr den Glauben an Christus zu bezeugen und sie zu trösten, dass ich ziemlich taktlos begann: „Sind Sie bereit, Gott zu begegnen?"

Das war ihr dann doch zu aufdringlich. „So schlimm ist es ja wohl noch nicht!", rief sie. „Wir werden doch nicht sterben. Behaupten Sie das bloß nicht!"

Ich beruhigte sie, so gut ich konnte. Als nach einigen Minuten das Flugzeug aufhörte zu schlingern und wieder normal flog, ließ sie mich langsam los, und wir begannen ein Gespräch. Es stellte sich heraus, dass sie bereits unter großer innerer Anspannung stand. Sie hatte gerade ihren Ehemann verlassen und nun drohte auch noch der Tod durch den Flugzeugabsturz.

Ich begann ihr von meinem Leben und Glauben zu erzählen. Die junge Dame hörte zu. Es muss ihr klar geworden sein, dass sie nichts zu verlieren, aber alles zu gewinnen hatte, denn noch im Flugzeug wurde sie Christ. Wir beteten zusammen, und als wir landeten, bat sie mich, bei ihr zu bleiben, bis sie mit ihrem Ehemann telefoniert und die Trennung rückgängig gemacht hatte. Ich sah dann noch, wie sie einen Rückflug buchte.

Auch die Amerikaner leiden unter großen geistlichen Problemen. Im Jahre 1996 ereignete sich der Skandal mit der Polizei von Los Angeles, die einen hilflosen Schwarzen auf der Straße verprügelt hatte. Bald darauf war ich in Los Angeles zusammen mit Chris Sewell, meinem früheren Teamleiter aus Simbabwe. Die Spannung zwischen Schwarzen und Weißen, Polizei und Banden eskalierte immer wieder. Das amerikanische Büro unserer Organisation sagte zu Chris und zu mir: „Das ist eine Gelegenheit, die uns herausfordert. Wir müssen uns ihr stellen."

Man schickte uns in ein gut bekanntes Rehabilitationszentrum für Drogensüchtige. Dort sollten wir den Glauben an Christus bezeugen. Schließlich waren wir ein weißer ehemaliger Polizist und ein schwarzer ehemaliger Bandenführer, die beide aus Simbabwe kamen.

Als wir dort ankamen, waren wir doch sehr verwundert. Ich hatte schon vieles in meinem Leben gesehen, aber was ich hier sah, war nicht leicht zu verkraften. Wir schauten den Drogensüchtigen ins Gesicht und wussten sofort: Dies wird kein leichter Abend für uns. Doch zu unserem Erstaunen hörten sie unserer Botschaft zu. Etwa vierzig blieben noch zu weiteren Gesprächen zurück.

Als wir im Mai 1997 wieder in Malawi waren, starb mein Vater. Er war 104 Jahre alt geworden und ging als bewusster Christ in die Ewigkeit. Er hatte fast acht Jahre lang bei uns gewohnt. Rahel und er waren wie Tochter und Vater. In seinem hohen Alter machte ihm sein früheres Leben viel zu schaffen. Immer wieder bat er mich um Vergebung, obwohl ich ihm schon Jahre zuvor alles Unrecht verziehen hatte. Rahel und ich trauerten über den Verlust, den wir durch seinen Tod erlitten hatten, aber wir dankten auch Gott für ein Leben, das er in seiner großen Liebe von allem Bösen erlöst hatte.

Im Jahre 1998 hatte African Enterprise seinen jährlichen gesamtafrikanischen Missionseinsatz in Ghana. Das bedeutete eine gewaltige Verwaltungsarbeit: Der Kontakt mit den Gemeinden, der Transport, die einzelnen Einsatzorte, die seelsorgerliche Nacharbeit, die Ausgabe von Literatur, die Pressearbeit, die Gebetsgruppen und noch vieles mehr müssen organisiert werden. Es ist ein ungeheurer Arbeitsaufwand, der sich aber auf jeden Fall lohnt. Der Missionsmarsch in Ghana am Ende dieser Tage war ein bewundernswerter Höhepunkt nach den anstrengenden Wochen der Verkündigung und sonstigen Aufgaben.

Bei den Vorbereitungen gibt es auch erhebende Momente. Dave Richardson, ein kanadischer Mitarbeiter unserer Organisation, ist ein Spezialist auf dem Gebiet der Einsatzplanung. Als er einmal nach Sierra Leone aufbrach, um einen Missionseinsatz vorzubereiten, nahm er mich mit. Die Christen in Freetown baten uns, bei einer Pastorenkonferenz zu sprechen, die weit draußen im Busch stattfand. Für die dreißig Kilometer brauchten wir vier Stunden. Als wir ankamen, hatte man uns zu Ehren ein großes Eisenbett aufgestellt, auf dem wir beide schlafen sollten. Das war nicht gerade ein erhebender Gedanke, aber wir wollten unsere Gastgeber nicht vor den Kopf stoßen.

Während wir unser Bett noch betrachteten, boten sie uns etwas zu essen an. Als wir davon kosteten, konnten wir es kaum herunterschlucken, denn man hatte für dieses Gericht die schärfsten Gewürze verwandt, die ich jemals kennen gelernt habe. Gegen Ende des Abends fand Dave eine Tafel Schokolade in seiner Tasche, die wir zusammen aßen. Danach kletterten wir auf das große Bettgestell. Bald entdeckten wir, dass die Matratze so weich war, dass wir beide in die Mitte des Bettes rollten. Die nächsten beiden Tage überlebten wir nur, indem wir immer wieder Schokolade aßen und uns nachts an den Bettkanten festhielten. Was tut man nicht alles im Namen des Evangeliums!

Seit dem Frühjahr 1999 trage ich einen großen mit Gold verzierten Federhalter mit mir herum. Das bedeutet nicht, dass ich jetzt größenwahnsinnig geworden bin. Er war das Geschenk einer ägyptischen Familie, das ich im Februar 1999 nach einer bewegenden Begegnung bekommen hatte. Ich war zu einem Missionseinsatz in Sohag, als ein junger Mann am Tag nach einer Ansprache zu mir ins Zimmer kam. Sein Anblick war zum Erbarmen. Sein Haar war kahl geschoren, und er war dünn wie ein Skelett. Er legte mir einige Dokumente vor. Es waren ärztliche Bescheinigungen, aus denen hervorging, dass er an Leukämie litt und nur noch wenige Monate zu leben hatte. Er war erst 24 Jahre alt. Seine Tränen flossen ihm über die Wangen, und er bat mich, mit ihm zu beten.

Ich zögerte zunächst. Ich war Evangelist, und ich glaubte nicht, dass ich eine besondere Gabe zur Krankenheilung hätte. Doch aus Mitleid mit ihm legte ich ihm die Hände auf und betete. Ich wusste noch nicht einmal, was ich überhaupt bitten sollte. So übergab ich den jungen Mann in die Hände Gottes und bat darum, dass Jesus ihn segnen möge. Als ich ihn berührte, spürte ich nur, wie meine Hand warm wurde, weiter nichts. Er sprang aber auf und wurde plötzlich ganz lebendig. Seine Muskeln spannten sich wieder. Später sagte er mir, er habe während meines Gebetes ein Gefühl gehabt, als ginge ein elektrischer Strom durch seinen Körper.

Ich konnte nur hilflos die Achseln zucken. „Ich bin Evangelist, und Gott hat mir nicht den Auftrag zum Heilen gegeben." Mit diesen Worten verabschiedete ich mich von ihm und stellte ihn unter den Segen Gottes.

Der Missionseinsatz an diesem Ort dauerte dann noch ein paar Tage. An einem Abend, als ich die Verkündigung übernommen hatte, kam der junge Mann in die Versammlung. Er wollte sich nicht setzen, sondern hatte einige Atteste, die er in der Luft schwenkte. Er war ganz aufgeregt, seine Augen leuchteten und er rief: „Hört alle mal her! Ich habe euch etwas mitzuteilen."

Wir ließen ihn auf die Rednertribüne kommen, und er fuhr fort: „Ich hatte Leukämie und war sterbenskrank. Die Ärzte gaben mir nur noch ein paar Monate zu leben. Doch vor einigen Tagen betete man über mir, und am nächsten Tag fühlte ich mich so verändert, dass ich wieder zum Arzt ging und mich untersuchen ließ. Es waren keine Anzeichen von Leukämie mehr zu finden. Hier habe ich die Ergebnisse meiner Blutuntersuchung. Sie sind eindeutig. Ich weiß, dass ich geheilt bin. Mein Arzt sagt, das könne nur ein Wunder sein."

Die Leute in der Versammlung brachen in lauten Jubel aus. Ihre Freude war nicht einzudämmen, und ich kam gar nicht mehr zum Predigen. Am nächsten Tag stand die ganze große Familie des jungen Mannes vor meiner Tür. Alle wollten sie mir danken, und, was mir noch wichtiger schien, sie wollten Jesus Christus kennen lernen. Dabei übergaben sie mir den teuren Federhalter. Ich bewahre ihn als ein Erinnerungsstück an diese wunderbare Gebetserhörung auf. Zwei Jahre sind seitdem vergangen. Der junge Mann ist frisch und munter und ein froher, lebendiger Christ.

Der Höhepunkt des Jahres 1999 war für mich die Organisation des allerersten Präsidentengebetsfrühstücks in Malawi. Während des Wahlkampfes zogen sich düstere Wolken über Malawi zusammen. Zwischen den drei wichtigsten politischen Parteien gab es starke Spannungen, und die Leute fürchteten, dass ein Bürgerkrieg ausbrechen könnte.

Mit einigen Freunden, die wegen der politischen Lage sehr besorgt waren, betete ich einige Zeit für diese Bedrohung. Wir sahen uns dann so geführt, dass wir ein Gebetsfrühstück organisieren sollten. Es wäre ein neutrales Forum, zu dem wir alle verantwortlichen Politiker einladen könnten. Es ginge dann nicht um die Fragen der Politik, sondern wir hätten Zeit, vor Gott zusammen zu sein und für das Wohl Malawis zu beten. So machten wir uns an die Arbeit. Zu unserem Team gehörten außer mir noch Rev. Dr. Madalitso Mbewe, Rev. Dr. Lazarus Chakwera, Rev. Mgala, Brigadegeneral Chinjala und Joyce Mlelemba. Es war gut, dass wir uns gegenseitig stärken konnten und einen starken, ausdauernden Glauben hatten; denn wir brauchten fast fünf Monate, um die sieben politischen Parteien zum ersten Mal zu einem Gebetsfrühstück in Malawi an einem Tisch zusammenzubringen.

Ein Problem war die Finanzierung dieses Frühstücks. Doch dann gab uns die deutsche Botschaft großzügig das nötige Geld.

Es war auch nicht einfach, das Frühstück selbst zusammenzustellen. Die Führer der einzelnen politischen Parteien meinten, es sei am klügsten, wenn sie selbst die Lebensmittel mitbrächten, damit wir sie nicht vergiften könnten. Auch war es nicht unproblematisch, den Präsidenten selbst einzuladen. Er hatte große Vorbehalte und meinte, es sei nicht klug sich zusammen mit der Opposition an einen Tisch zu setzen. Am Tag vor dem Frühstück sagte er nur unter der Bedingung zu, dass wir den Austragungsort von einem renommierten Hotel in Lilongwe in ein neues, staatliches Gebäude verlegten. Dort tagte sonst das Parlament, und er würde sich sicherer fühlen.

„Suchen Sie sich dort einen Raum aus, der Ihren Vorstellungen entspricht", sagte er zu uns. Nach anfänglichem Zögern gingen wir auf seinen Vorschlag ein.

Wir hatten jedem verantwortlichen Politiker einen Fragebogen mit der gleichen Frage zugesandt: „Was schlagen Sie vor, um den Frieden in Malawi zu sichern und die Einheit im Lande herzustellen?" Wir meinten, das sei eine berechtigte Frage, die alle bewegen müsste, und die ihnen unsere Anschauung vermitteln könnte. Wir waren der Meinung, dass das Wohl des Landes Malawi und nicht der Vorteil irgendeiner Partei im Vordergrund stehen dürfe.

Jetzt mussten wir nur noch einen Redner finden. Wir hatten an Michael Cassidy, Edward Muhima oder einige andere gedacht. Aber sie waren alle zu weit weg oder terminlich schon festgelegt. Am Dienstagmorgen sollte das Frühstück stattfinden. Das ganze Wochenende beteten wir um ein Wunder. Am Montag um fünf Uhr nachmittags wurde uns klar, dass kein Wunder geschehen würde. Um neun Uhr abends kamen wir zu dem Entschluss, dass ich die Aufgabe übernehmen sollte.

Ich ging in mein Zimmer und wurde immer aufgeregter. Worauf hatte ich mich eingelassen? Ich dachte an die Zeit mit Patrick Johnstone und die gemeinsamen Vorbereitungen zurück. Wenn er mich jetzt nur sehen könnte. Ich wünschte sehnlichst, er wäre hier und könnte meine Gedanken ordnen. Doch er konnte mir nicht beistehen. So suchte ich verzweifelt die Nähe Gottes und bereitete mich bis zwei Uhr in der Nacht vor. Dann ging ich zu Bett und betete noch fast bis zum Tagesanbruch.

Das Frühstück verlief hervorragend. Die Führer aller politischen Parteien kamen mit ihren wichtigsten Abgeordneten zusammen. Ich predigte über die Kraft der Vergebung und Versöhnung. Niemand nahm Anstoß daran. Niemand hatte etwas gegen unseren Fragebogen einzuwenden. Es wurde auch niemand vergiftet. Ich wusste, dass es ein gelungenes Unternehmen war, als der Präsident uns seinen Dank aussprach und vorschlug, jährlich ein solches Gebetsfrühstück einzurichten.

Im Dezember 1999 wurde klar, dass das Büro von African Enterprise in Malawi in andere Räumlichkeiten umziehen sollte. Seit 1993 hatten wir in dem Gebäude des Bibellesebundes in Lilongwe eine gute Bleibe gefunden. Aber diese Missionsgesellschaft brauchte jetzt mehr Platz, und deshalb mussten wir ausziehen. Das war sehr schade, denn das Team musste nun eine Zeit lang mit meiner Garage vorlieb nehmen. Es war keine ideale Lösung, aber sie bewirkte doch etwas Gutes. Befreundete Christen in aller Welt hörten von unserer misslichen Lage und sammelten ein paar tausend Dollar. So konnten wir ein eigenes kleines Bürogebäude mit drei Räumen auf einem Grundstück in unserer Nähe in Lilongwe bauen.

Der Wechsel ins neue Jahrtausend war für die Menschen in der ganzen Welt ein bedeutendes Ereignis. Für einen Buchhalter in Lilongwe war es jedoch ein niederschmetterndes Erlebnis. Seine Depressionen wurden anlässlich des bevorstehenden Ereignisses nur noch verstärkt. Hinzu kam, dass seine Frau von seinen zahlreichen Affären erfahren hatte und ihn verlassen wollte.

Ich hörte zum ersten Mal davon, als nachts um zwei Uhr am 1. Januar 2000 das Telefon läutete. Unter Tränen sagte ein Mann: „Herr Lungu, ich werde mir das Leben nehmen."

„Hallo – wer sind Sie? Was ist los?", stammelte ich noch halb im Schlaf.

„Das Leben bedeutet mir nichts mehr. Es ist alles vorbei", rief er.

„Können wir uns treffen?", schlug ich vor.

„Würden Sie kommen? Ich habe schon zwei Freunde angerufen, und sie meinten, ich solle noch bis zum Morgen warten. Aber am Morgen bin ich nicht mehr am Leben."

„Ich komme", antwortete ich. „Jetzt sofort. Wo sind Sie?"

Er wohnte nur einige Kilometer von mir entfernt. Das waren nur wenige Minuten mit dem Auto. Doch dann fiel mir ein, dass ich mein Auto über Nacht einem Freund verliehen hatte.

„Ich komme zu Fuß", sagte ich. „In zwei Stunden bin ich bei Ihnen."

„So lange kann ich nicht warten", wandte er ein. „Dann komme ich zu Ihnen."

In fünfzehn Minuten war er bei mir. Seine Frau schaute noch ganz ängstlich, weil sie mit dem Wagen so gerast waren. Der Mann war so aufgeregt, dass er seine Frau im Auto zurückließ, ohne den Motor abzustellen. Er rannte in mein Haus, setzte sich auf einen Stuhl und weinte bitterlich. Er konnte kein Wort hervorbringen. Seine Frau kam dann ins Zimmer und erzählte uns, dass in seiner Familie schon öfter Selbstmorde geschehen seien. Fünf seiner Verwandten hätten sich das Leben genommen, und er gerate immer wieder in große seelische Nöte.

Rahel und ich sprachen die ganze Nacht mit dem Ehepaar. Als am 1. Januar 2000 die Sonne aufging, waren der Mann und seine Frau Christen geworden. Der Mann fertigte eine Liste von all den Frauen an, von denen er sich lösen wollte. In den folgenden Tagen schloss sich das Paar einer lebendigen Gemeinde an. Nach einigen Wochen vernahmen sie den Ruf Gottes, Besuchsdienste in Gefängnissen durchzuführen. Diese Arbeit haben sie seitdem treu verrichtet. Eine schöne Verbindung ergab sich auch dadurch, dass der Mann seinen eigenen Vater zum Glauben führen konnte, dem ich vor Jahren schon einmal das Evangelium verkündigt hatte.

Während das neue Jahrhundert voranschreitet, kann African Enterprise ein Wachstum verzeichnen. Die Mannschaft in Malawi ist nur eines von zehn Teams. Dazu gehören noch: Südafrika, Simbabwe, Kenia, Uganda, Ruanda, Tansania, Ghana, Äthiopien und hoffentlich auch bald Ägypten.

Wir arbeiten als eine lose Vereinigung von evangelistischen Teams. Wir führen unsere eigenen Missionseinsätze durch, so weit sich auf nationaler und internationaler Ebene die Möglichkeiten ergeben und unsere finanziellen Mittel es erlauben. Aber in jedem Jahr zieht African Enterprise alle Mitarbeiter zusammen, um einen gesamtafrikanischen Einsatz durchzuführen. Er kann Jahre zur Vorbereitung benötigen und dauert immer einige Wochen lang.

Wir treffen uns auch bei internationalen Vorstandstagungen, die jedes Jahr stattfinden. Ich schätze sie sehr und bin besonders über die geistliche Gemeinschaft mit anderen Teamleitern froh. Dort können wir uns über unsere Probleme und Aufgaben austauschen und eng miteinander Kontakt halten.

Gegenwärtig besteht unser Team in Malawi aus vier Personen. Ich habe die Leitung übernommen und kann froh darüber sein, dass ich so hervorragende Mitarbeiter habe. Einer von ihnen ist Abel Sauti-Phiri, unser Organisationsleiter. Er war früher Pastor einer Gemeinde und ist seit zwanzig Jahren mein Freund. Im letzten Jahr war es schwer für uns, als Abel an Malaria erkrankte.

Dann ist da noch Martyn Phiri, unser technischer Leiter. Er übte früher den Beruf des Radiotechnikers aus und war ein eifriges Mitglied in einer Gemeinde der Assemblies of God. Als ich entdeckte, wie gut er mit Radio und Übertragungssystemen umgehen kann, war für mich klar, wofür er bestimmt war. Ich war fest entschlossen, ihn in unser Team zu holen. Wir schickten ihn dann noch zu einer Weiterbildung auf dem Gebiet der Technik ins Hauptquartier der African Enterprise in Pietermaritzburg. Martyn ist für unsere Ton- und Übertragungsanlagen verantwortlich. Er steht sehr oft unter Stress, denn die elektrischen Geräte, die wir in Malawi kaufen können, sind fast immer schadhaft und störungsanfällig.

Man macht sich erst eine Vorstellung davon, wie wichtig elektrischer Strom bei der modernen Evangelisation ist, wenn man mitten in einem großen Zelt steht und die Menschenmenge plötzlich im Dunkeln sitzt.

Zu Weihnachten 2000 konnte ich Martyn glücklich machen. Vorher hatte ich zusammen mit Anne Coomes einige Wochen in England gearbeitet, um mein Buch fertig zu schreiben. Wir gingen währenddessen in einen Laden und kauften für Martyn einige Verlängerungskabel, die wirklich funktionieren.

Morrison Chigamba ist unser Projektmanager. Bis zu seinem Ruhestand hatte er in verschiedenen Projekten für die Regierung gearbeitet. Er war schon unser Vorstandsmitglied gewesen, dann haben wir ihn als Mitarbeiter für unsere kleineren Projekte gewonnen. Dazu gehört die Ausbildung von Frauen in den Dörfern zu Hebammen, Literaturarbeit für Erwachsene und das Bohren von Wasserbrunnen.

Vor einigen Jahren mussten wir den Verlust einer Mitarbeiterin beklagen. Sie starb an Aids. Ihre Geschichte ist ein Beispiel für die Tragödie, die Afrika heute erlebt. Sie war eine treue, bewährte Christin, aber dadurch, dass ihr Mann sie betrog, infizierte sie sich mit Aids. Sie war gesundheitlich nicht wiederstandsfähig und ist der Krankheit schnell zum Opfer gefallen. Ihr Mann starb wenige Monate später.

Wie es bei allen Evangelisten von African Enterprise der Fall ist, gehören die Mitglieder unseres Teams verschiedenen Denominationen an und sind auch in unterschiedlichen Gemeinden beheimatet. Wir sehen diesen Gesichtspunkt als sehr wichtig an, denn African Enterprise bildet keine eigene Denomination. Ich erhalte oft Einladungen, in verschiedenen Gemeinden zu predigen. Dieser Dienst macht mir große Freude. Hier predige ich gewöhnlich zwei oder zweieinhalb Stunden lang. Die Afrikaner erwarten das nicht anders.

Ich möchte dieses Buch so abschließen, wie ich es begonnen habe. Ich will von meiner Familie erzählen.

Meine frühesten Erinnerungen gelten meiner Mutter, meinem Vater, meinem Bruder John und meiner Schwester Malesi. Meine Mutter ist jetzt Mitte siebzig und hat sich glücklich in Harare niedergelassen. Von der aktiven Mitarbeit in der christlichen Gemeinde hat sie sich fast ganz zurückgezogen, aber gelegentlich hält sie noch gerne eine Frauenveranstaltung. Gottes Liebe hat ihr Leben völlig verändert. Sie ist eine glückliche Frau und lebt ausgesöhnt mit ihrem Schicksal. Im vergangenen Jahr flog sie zum ersten Mal mit dem Flugzeug und besuchte uns in Lilongwe, wo sie drei Monate blieb. Wir waren gerne mit ihr zusammen, und sie steht auch Rahel sehr nahe.

Mein Vater ist, wie ich schon erwähnt habe, im Alter von 104 Jahre bei uns zu Hause verstorben. Auch er ist Christ geworden und lebte im Frieden mit Gott, wenn ihm auch manchmal sein altes Leben zu schaffen machte.

Mein Bruder John und meine Schwester Malesi sind leider noch keine Christen. Malesi wohnt in der Stadt Tafara in Simbabwe. Sie ist verheiratet, hat vier Kinder und arbeitet in der häuslichen Krankenpflege. John hat Salima niemals verlassen, nachdem Papa uns Kinder dorthin gebracht hatte. Er ist verheiratet, hat Kinder und arbeitet als Lastwagenfahrer. Die beiden Geschwister hatten sich 14 Jahre nicht gesehen, bis Malesi uns besuchte um Papas Grab in Lilongwe zu sehen. Dann stellte ich die beiden einander vor und sagte: „Ihr kennt euch doch."

„Kennen wir uns wirklich?", fragten sie. „Ihr seid Geschwister", antwortete ich. Sie fielen sich in die Arme und weinten.

Meine Mutter war schon immer für Überraschungen gut gewesen. So mussten wir entdecken, dass sie in den Jahren nach ihrer Trennung von John, Malesi und mir noch einmal mit meinem Vater zusammen gewesen ist. Aus diesem Kontakt ging noch eine Tochter mit Namen Ruth hervor. Dann trennten sie sich wieder, kamen aber noch einmal zusammen und hatten noch zwei weitere gemeinsame Kinder. Es waren Töchter mit Namen Rhoda und Janet. Alle drei Mädchen wurden wie wir auch von verschiedenen Verwandten meiner Mutter aufgezogen.

Tante M. mit ihrem Hühnerstall und ihrer Familie blieb in Highfield. In den Jahren nach meiner Bekehrung versöhnten wir uns wieder und waren wie gute Freunde. Ihre Familie bedeutete viel für mich. Ich war sehr traurig, als Tante M. vor sechs Jahren starb. Heute leben zwölf Familienmitglieder im Hause Lungu. Meine älteste Tochter Agnes studiert in London Computerwissenschaft. Mein ältester Sohn James ist in Malawi in der Marketing-Branche tätig. Meine zweite Tochter Faith wurde Kindergärtnerin. Samuel will ein College in den Vereinigten Staaten besuchen, und Esther geht noch zur Schule. Wir haben auch schon Enkel, einige Neffen und eine Reihe Kinder, die wir im Lauf der Jahre adoptiert haben.

Die Leute sagen, dass Rahel und ich die bedeutendsten Eheberater in Malawi seien. Da wir in dreißig Jahren Ehe 13 Kinder großgezogen haben, können wir schließlich auch einige Erfahrungen weitergeben.

Ich bin immer noch im Reisedienst tätig. Wenn ich meinen Kalender ansehe, stelle ich fest, dass ich allein im Jahr 2000 Ägypten, Südafrika, Nigeria, Australien, Neuseeland, Kanada, Deutschland, Holland, Argentinien und England besucht habe. Außerdem habe ich oft in Malawi gepredigt. Und der Dienstauftrag geht weiter. Wir versuchen immer einen Ausgleich zwischen den Missionseinsätzen in Afrika und dem Schreiben von Berichten zu finden, um die Sponsoren unserer Arbeit auf dem Laufenden zu halten. Wir bitten sie dann auch um Gebetsunterstützung.

Rahel und ich pflegen unser geistliches Leben, indem wir regelmäßig christliche Literatur und die Bibel lesen, beten und fasten. In meinem Glaubensleben steht mir auch ein vollmächtiger Seelsorger zur Seite. Er ist ein reifer Christ, mit dem ich über alle geistlichen Fragen sprechen kann. Zu Hause fasten wir alle jeden Freitag, bevor wir eine Gebetsnacht halten, die früh am Samstagmorgen zu Ende geht. So haben wir keine Probleme, wie wir unsere Wochenenden zubringen sollen.

Die Gemeinde in Malawi ist stark und wächst, und ich bin froh, dass ich dort ein Team von African Enterprise leiten darf. Wir wissen, dass alle, die neu zum Glauben an Christus kommen, in den örtlichen Gemeinden eine gute innere Heimat und geistliche Betreuung finden können. Sooft ich predige, sei es in den Sumpfgebieten von Malawi oder in den Straßen von Kairo, bin ich immer ganz gespannt, was Gott im Leben von Menschen tun wird.

Es gibt wirklich keine interessantere Arbeit auf der ganzen Welt, als Evangelist zu sein und den Menschen die frohe Botschaft von Jesus zu verkündigen.

In unserer Reihe „Biografien" liegen außerdem vor:

Sam Wellman
Billy Graham - Licht in der Dunkelheit der Welt
Bestell-Nr. 330 532
ISBN 3-86122-532-8
208 Seiten, Paperback

Das Leben des populärsten Evangelisten aller Zeiten, packend nacherzählt von einem Meister des zeitgeschichtlichen Romans.

Wer hätte das gedacht – der Bauernbub mit dem Ruf eines Früchtchens wird zum „Ausnahme-Prediger", der Frucht bringt für das Reich Gottes. Sein Ackergerät: die ganze Bandbreite der Massenmedien. Mit ihrer Hilfe bringt er Ernten heim wie kein anderer Prediger zuvor. Was mit einem dahingestotterten Lebenszeugnis vor Knastbrüdern beginnt, endet im Lichtkegel der internationalen Öffentlichkeit: Als eine führende Persönlichkeit in der christlichen Gemeinde des 20. Jahrhunderts wird er respektiert, und sein Rat ist gefragt – in Washington wie in Warschau.

Staunen, Schmunzeln, Weinen und Mitfiebern – alles ist drin bei der Geschichte des Farmersohns aus North-Carolina, der furchtlos die Gräben zwischen den Rassen und Ideologien dieser Welt überspringt, weil er ein Ziel hat: ausgerechnet die Menschen mit dem Glauben anzustecken, die immun zu sein scheinen.

Sam Wellman
Florence Nightingale – er heilt alle ihre Wunden
Bestell-Nr. 330 533
ISBN 3-86122-533-6
192 Seiten, Paperback

Es gibt für sie nicht die Spur eines Zweifels – Gott hat sie in seinen Dienst gerufen. Wie dieser jedoch aussieht, wird nicht leicht zu erklären sein. Arbeit hat nämlich keinen Platz im Leben vornehmer Damen im England des 19. Jahrhunderts. Schon gar nicht in der verseuchten Atmosphäre britischer Armee-Lazarette. Doch ausgerechnet hierher glaubt sie sich gerufen! Aufopfern will sie sich für die kranken, verwundeten und sterbenden Soldaten, kämpfen will sie für deren Rechte in einer gleichgültigen Gesellschaft.

Was niemand für möglich hält – sie schafft es tatsächlich. Bewaffnet mit einer Karbidleuchte zieht sie über die Schlachtfelder – mitten durch die Hölle des Krim-Krieges. Damit entfacht sie ein Leuchtfeuer, das der ganzen medizinischen Welt den Weg in eine menschlichere Zukunft weisen wird. Und bald schon verehrt ganz Europa sie als die „Lady mit der Lampe" ...

Besuchen Sie uns auch im Internet unter:

www.francke-buch.de